NOTÍCIAS DE
BRECHERET

Notícias de Brecheret
Sandra Brecheret Pellegrini

Fotos: Romulo Fialdini
Horst Merkel
Carlos Terrana
Leonardo Crescenti
Fernando A. Silveira
José Colucci Jr.
Julio Abe

Capa: Estudo Sepultamento, 1923,
mármore, 30 x 51 cm

Papel (miolo): Votorantim Celulose e Papel

Impressão e acabamento: Lis Gráfica e Editora Ltda.

Dados Internacionais de Catalogação na Publicação (CIP)
(Câmara Brasileira do Livro, SP, Brasil)

Notícias de Brecheret / organização Sandra Brecheret Pellegrini. - - São Paulo : S.B. Pellegrini, 2000.

ISBN 85-901464-2-1

1. Brecheret, Victor, 1894-1955 2. Escultores - Brasil I. Pellegrini, Sandra Brecheret.

00-3117 CDD-730.920981

Índice para catálogo sistemático:

1. Brecheret : Escultores brasileiros : Biografia e obra 730.920981

NOTÍCIAS DE
BRECHERET

Sandra Brecheret Pellegrini

Agradecimentos

Livraria e Editora Estação Palavra – Ubatuba – SP

ALMED

Almed Editora e Livraria Ltda.
Alameda Jurupis, 1 382
04088-004 – São Paulo – SP
Telefone: (0xx11) 542-4591
Fax: (0xx11) 531-8227
e-mail:almed@almed.com.br

Nota Explicativa

Ao nos propormos editar este livro, visamos acima de tudo a propiciar uma visão da obra do escultor VICTOR BRECHERET, por intermédio das mais diversas fontes de informações, abrangendo um período de mais de meio século.

O material deste livro é produto da compilação de crônicas, recortes, reportagens, notícias, manuscritos, nacionais e estrangeiros, desde 1916 até a presente data.

Este material, com raras exceções, pertence aos arquivos da autora, sendo que grande parte dele é oriundo de fontes hoje inexistentes, motivo pelo qual entendemos necessária a sua divulgação e conhecimento.

Na elaboração deste livro, foi observado um critério cronológico na relação e seleção dos textos, propiciando-se desta forma uma visão da carreira do artista, envolvendo, inclusive, alguns aspectos de sua vida.

Há algumas transcrições de jornais e revistas, todos de nossa propriedade, sem menção à sua data ou mesmo ao nome do periódico mas que, pela sua importância, foram igualmente relacionadas.

Os textos reproduzidos foram ortograficamente atualizados.

Complementando os textos, há uma série de fotografias, ora como parte integrante de determinado texto, ora como função meramente elucidativa, além de fotografias do artista no Brasil e no exterior.

Nossos agradecimentos a todas as pessoas e periódicos que, direta ou indiretamente, contribuíram para a feitura deste livro.

A Autora

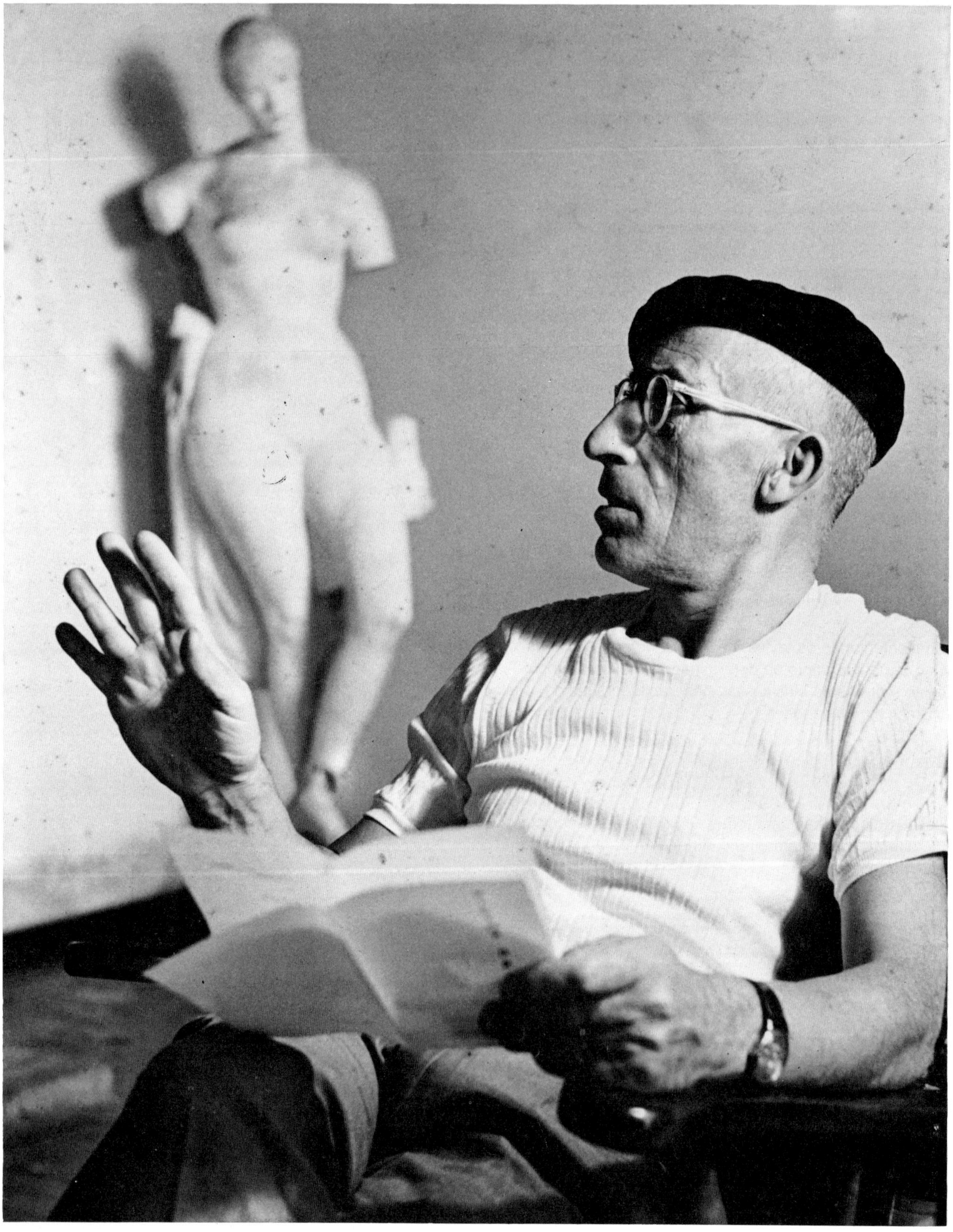

Brecheret

Não vou falar sobre Brecheret, o artista. A sua figura, a sua personalidade, as suas obras, são conhecidas e já foram comentadas e criticadas e elogiadas por quem tem muito mais autoridade artística ou crítica do que eu.
Eu sou como um intruso amigo que penetrou na sua vida casualmente devido ao fato de pertencer ao mesmo grupo intelectual que idealizou e realizou a Semana de Arte Moderna, tais como Mario de Andrade, Oswaldo de Andrade, Sérgio Milliet, Guilherme e Tácito de Almeida, Rubens Borba de Moraes, Antonio Carlos Couto de Barros e outros. No apartamento da avenida São João onde nos reuníamos quase todas as noites foi que conheci Brecheret, aí levado se não me engano por Sérgio Milliet. De vez em quando ele aparecia para as nossas tertulias que terminavam sempre antes de meia-noite, muitas vezes na minha ausência, pela necessidade de partir mais cedo e assumir minhas funções ou no O Estado de São Paulo ou, depois de 1927, no Diário Nacional, órgão oficial do Partido Democrático do qual eu era um dos diretores.
Nessa ocasião, penso, Brecheret já havia sido "descoberto" por Menotti Del Picchia, e se tornara conhecido desde 1922.
Evidentemente interessei-me pela sua obra e conquistou-me o interesse por ela. Aquela escultura meia grega, meio clássica, meio profana, revolucionária, evidentemente foi um atrativo delicioso que permitiu eu conservasse as nossas relações, primeiro e no fim até o atelier do Ibirapuera, quando eu o visitava mais freqüentemente e não só porque queria acompanhar a execução do Monumento às Bandeiras que alí se realizava, se não também o Monumento a Duque de Caxias, presente hoje na praça Princesa Isabel.
Aliás, ao que parece, este período foi o mais produtivo na criação do grande escultor. Aí ele já era mais do que revolucionário Os seus trabalhos principalmente no mármore, já definiam o vigor do artista moderno, talvez mesmo mais moderno e perfeito, na escultura, que teve até hoje este país. Como eu residisse perto do Ibirapuera à rua Guarará, esses encontros freqüentes puderam tornar-se de maior intimidade, dado que numerosas vezes Brecheret para descansar de um dia atribulado dentro da torre de madeira — catedral uma altura que nós não podíamos alcançar e ainda as personagens do Monumento às Bandeiras em avançada execução.
Muitas vezes Brecheret chegava à minha casa para me surpreender em flagrante atividade horticultora e a primeira vez achou uma graça infinita porque jamais podia pensar que após o meu trabalho de jornalista e de escritor, na minha biblioteca da mesma rua Guarará, pudesse ter continuação com a atividade de hortelão amante da terra e das plantas a que me dedicava todas as tardes. Aí ele conheceu a minha maior criação perpetrada até hoje, uma horta e um pomar que enchia todos os oitocentos metros quadrados da minha residência, e muitas vezes antes de sair ainda me ajudava a colher as verduras e as frutas do pequeno pomar misturada com as primeiras para continuar a pensar em mim ao regressar à sua casa. Desse mesmo tempo guardo dele dois trabalhos interessantíssimos, duas terracotas com que ele em dias diferentes me regalara tirando-a do meio de suas obras recolhidas naquele enorme galpão da hoje praça Armando Salles de Oliveira.
Trata-se de uma Nossa Senhora bem moderna e bem burguesa e de uma Figura de Mulher deitada em qualquer coxim como um sofá, trabalhos ambos legitimamente Brecheret daquela fase que era grega e não era grega, era clássica e revolucionária ao mesmo tempo.
Levei um dia, até o seu atelier, Armando Salles de Oliveira, então governador de São Paulo, que se tornara entusiasta da obra do escultor. Não sei bem ou melhor, não me lembro bem da conversa que mantivemos os três. Sei apenas que só se falou dos trabalhos de Brecheret, um dos quais o máximo deles deveria mais tarde figurar naquela praça verde com o nome do grande governador que São Paulo teve.
Nesses encontros em minha casa é que tive conhecimento mais pormenorizado da vida de Brecheret em Paris, que ele freqüentou em diversas épocas, desde 1922 até 1937.
Logo depois de 1937, já instalada a ditadura no Brasil, eu, expulso do país tendo permanecido fora durante quase dez anos, não vi nesse período o grande escultor meu amigo que no entanto me mandava notícias principalmente por meio de Sérgio Milliet e de Mário de Andrade. Vim encontrá-lo novamente depois de 1945 ao voltar do estrangeiro e aqui pude então reatar agora com mais conhecimento de causa as nossas convervas fiadas não só sobre o movimento moderno em Paris pois me fizera amigo de André Breton, Duchamp, Tanguy, Leger, que se tornaram meus amigos íntimos durante a longa estada na grande cidade que ambos amávamos com toda a nossa ternura.
Ele ficou até contentíssimo quando me referi aos trabalhos seus presentes no Museu du Jeu de Pomme, nas Tulherias.
Aí comecei a freqüentar com certa freqüência o seu atelier da rua João Moura, depois começou o

período de freqüentes viagens pois eu continuava em atividade também no Museu de L'Homme, mas quando presente em São Paulo e depois com mais estabilidade como redator-chefe do "O Estado de São Paulo", Brecheret vinha algumas tarde ao meu gabinete naquele jornal onde permanecíamos às vezes até a hora do anoitecer.
Alguns meses passei sem vê-lo e isto no ano de 1955, até que uma manhã me telefonam de sua casa, não sei bem se sua mulher, para anunciar o seu falecimento. Comuniquei-me com Sérgio Milliet que ficou chocadíssimo com a notícia pois estivera com Brecheret na Biblioteca Municipal três ou quatro dias antes, mas a emoção de Sérgio não era maior do que a minha, tanto que me recusei a ir ao seu enterro, preferindo guardar na memória, a derradeira lembrança que eu tivera da sua figura. Era ele com seu avental branco dentro do atelier ou marchando placidamente sob as árvores do meu quintal sempre na mesma conversa íntima de sempre.
E é assim que o vejo hoje, nunca mais tive qualquer contato com a sua família. Dele me bastavam as duas estatuetas que me acompanham desde então, dentro deste campo de concentração mais ou menos confortável que é a minha casa, no mesmo lugar da rua Guarará, na qual exerço as minhas atividades profissionais quase sem sair de casa mas, felizmente, com a mesma intensidade de até dez horas por dia de trabalho.
A meu lado as figuras desaparecidas mas presentes em espírito do meu grupo quase dizimado completamente pela morte: Sérgio Milliet, Tácito de Almeida, Carlos Couto de Barros, Oswaldo de Andrade, Brecheret, sobrando apenas, creio eu, Rubens Borba de Moraes, que recolhido lá no seu tugurio de Bragança de vez em quando, raramente, vem encher a atmosfera da minha sala de trabalho, com aquela espiritualidade que me ajuda a viver e enfeita extraordinariamente o ambiente em que labuta ainda a ação que nunca interrompi, apesar de ter deixado de ser moço mas não me considerar ainda um velho, um moço usado apenas.

Paulo Duarte/76

* PAULO DUARTE — Escritor, jornalista, advogado, professor, nascido em 1899. Fez seus estudos no Instituto Champgnat de Franca, na Faculdade de Direito de São Paulo e no Museum d'Histoire Naturelle, de Paris. Foi orador do Centro Acadêmico XI de Agosto, redator-chefe do "Diário Nacional", e redator-chefe de "O Estado de São Paulo" Foi Secretário-geral do Institut Français de Hautes Études Bresiliennes de Paris. Trabalhou durante oito anos no Mussé de L'Homme, de Paris e no Museum of Modern Art, de New York. Membro da Coéfrérie des Chéveliers du Tastevin, da França. Publicou entre outras obras: Sob as Arcadas, em 1927, Agora Nós, em 1927, Versos de Trilussa, 1928, Que é que há, 1931, Contra o Vandalismo e o Extermínio, 1938, Mario de Andrade por ele mesmo, 1971, etc.

SÍNTESE ARTÍSTICA E BIOGRÁFICA

1894 — Nascimento de Victor Brecheret, em São Paulo — 22 de fevereiro

1912 — Aluno do Liceu de Artes e Ofícios de São Paulo

1913 a 1916 — Discípulo do escultor Dazzi

1915 — Abre seu primeiro "atelier" em Roma, na via Flaminia, 22

1916 — Participa na exposição dos "Amatori e Cultori", com a escultura **Despertar,** primeiro prêmio na Exposição Internacional de Belas Artes de Roma

1917 — Viagem a Paris para acompanhar os funerais de Rodin

1919 — Participa da "Mostra degli stranieri alla Casina del Pincio", retornando ao Brasil em março desse ano ,através do navio "Re Vittorio"

1920 — 27 de julho expõe na Casa Byington a "maquette" do **Monumento às Bandeiras,** concorrendo no concurso então instituído. Expõe em Santos juntamente com outros artistas, a maquete do **Monumento aos Andradas**

1921 — 24 de abril apresenta na Casa Byington a escultura **Eva.** A Prefeitura de São Paulo adquiriu a escultura. No mesmo ano é contemplado com bolsa de estudos com destino a Paris.

1922 — Participa da "Semana de Arte Moderna", através de obras expostas no saguão do Teatro Municipal.

1923 — Expõe no Salon d'Automne, em Paris, tendo sido premiado com sua obra **Mise au tombeau** (Sepultamento).

1924 — Expõe no Salon d'Automne, em Paris, sua obra **Porteuse au Parfum** (Portadora de Perfumes".

1925 — Participa do Salon de la Société des Artistes Français — Section de Sculpture et Gravure sur pièrre — Paris. Recebe Menção Honrosa. Expõe no Salon d'Automne a escultura **Danseuse** (Dançarina).

1926 — Expõe no Salon d'Automne.
1a. Exposição individual em São Paulo.

1929 — Expõe no Salon des Indépendents as esculturas **Après le bain** (Depois do banho) e **La fuit en Egipte** (Fuga para o Egito)

1930 — Mostra individual em São Paulo.

1932 — Sócio fundador da Sociedade Pró-Arte Moderna (SPAM).

1934 — Aquisição pelo governo francês do **Grupo,** para o Musée du Jeu de Paume, recebendo a "Cruz da Legião de Honra", a título de Belas

Artes, no "Grau de Cavaleiro".
Exposição individual no Rio de Janeiro.

1935 — Exposição individual em São Paulo.

1936 — Início dos trabalhos para a execução do **Monumento às Bandeiras**.

1937 a 1939 — Participa do I, II e III Salão de Maio.

1941 — Vence o concurso internacional de "maquetes" para o **Monumento a Caxias**.

1942 — Esculpe o **Fauno**.

1948 — Exposição individual em São Paulo, na galeria "Domus", rua Vieira de Carvalho n.º 11.

1950 — Participa da XXV Bienal de Veneza.

1951 — 1.º Prêmio Nacional de Escultura na I Bienal de São Paulo, com **O Índio e a Sussuapara**.

1952 — Participa da XXVI Bienal de Veneza.

1953 — 25 de janeiro, inauguração do **Monumento às Bandeiras**.
Exposição individual na galeria "Tenreiro", rua Marquês de Itú, n.º 64.

1954 — Viagem a Europa.

1955 — Participa da III Bienal de São Paulo, expondo **Bartira**. Em maio desse ano participa da mostra "Artistes Brésiliens" em Paris, através dos Museus de Arte Moderna do Rio e São Paulo.

1955 — 17 de dezembro, falecimento em São Paulo.

POST MORTEM

1957 — Homenageado com Sala Especial na IV Bienal de São Paulo, com 61 trabalhos expostos.

1962 — Exposição da Faculdade de Arquitetura e Urbanismo — FAU — USP.

1969 — Exposição retrospectiva na Fundação Armando Alvares Penteado — MAB.

1975 — Obras expostas no "Salão Brasília".

1976 — Exposição retrospectiva-seletiva no Museu Lasar Segall — setembro/outubro.

OBRAS EM LOCAIS PÚBLICOS

1. **Monumento às Bandeiras** — Ibirapuera.
2. **Duque de Caxias** — Praça Princesa Isabel.
3. **Fauno** — Parque Siqueira Campos (antigo Trianon).
4. **Banho de Sol** — Largo do Arouche.
5. **Eva** — Anhangabaú.
6. **Graça I** — Galeria Prestes Maia.
7. **Graça II** — Galeria Prestes Maia.
8. **Busto de Santos Dumont** — Aeroporto de Congonhas.
9. **Diana Caçadora** — Teatro Municipal.
10. **Fachada do Jockey Clube de São Paulo** (Cidade Jardim).
11. **Morena** — Ministério da Educação e Cultura — Brasília.
12. **Depois do Banho** — Ministério da Educação e Cultura — Brasília.
13. **Bartira** — Ministério da Educação e Cultura — Brasília.
14. **Via Crucis, São Paulo e Cristo** — Capela do Hospital das Clínicas.
15. Palácio do Governo em Campos do Jordão.
16. **Fachada do Grupo Industrial Santista** (Rua Boa Vista — São Paulo).
17. Palácio Bandeirantes.
18. **Joana D'Arc** — Teatro Maria Della Costa.
19. **O Índio e a Sussuapara** — Middelheim — Anvers, Bélgica.
20. **Máscara de Menotti Del Picchia** — Praça Juca Mulato — São Paulo.
21. **Busto de Alcântara Machado** — Academia Paulista de Letras (Largo do Arouche) — São Paulo.
22. **Busto de Brasílio Machado** — Faculdade de Direito do Largo São Francisco — São Paulo.
23. **Banho de Sol** — Palácio Itamarati — Brasília.
24. **O Grupo** (La Roche sur Yon) — sul da França.
25. **Retrato de Santos Dumont** — Sala Presidencial da Base Aérea de Brasília — DF.

OBRAS EM MUSEUS

1. Museu de Arte Moderna — MAM
2. Museu de Arte Contemporânea — MAC
3. Museu de Arte de São Paulo — MASP
4. Pinacoteca do Estado
5. Acervo Mario de Andrade — USP
6. Fundação Armando Alvares Penteado — MAB
7. Museu de Arte Moderna — MAM — Rio de Janeiro
8. Museu da Casa Brasileira — São Paulo
9. Casas Guilherme de Almeida — São Paulo
10. Fundação Maria Luiza e Oscar Americano — São Paulo
11. Museu Júlio Prestes — Itapetininga — Estado de São Paulo
12. Fundação Cultural de Curitiba — Paraná
13. Banco Interamericano de Desenvolvimento — BID — Washington — Estados Unidos.

OBRAS EM CEMITÉRIOS

1. **Sepultamento (Mise au Tombeau)** — propriedade da Família Guedes Penteado. Premiada no "Salon d'Automne", Paris, 1923 — Cemitério da Consolação, SP.
2. **Pietá** — propriedade da Família Selini — Cemitério da Consolação, SP.
3. **Anjo** — propriedade da Família Botti — Cemitério da Consolação, SP.
4. **Anjos** — propriedade da Família Schurachio — Cemitério São Paulo.

Maquete do **Monumento aos Andradas**, década de 20, bronze patinado, 23 x 23 cm.

Brecheret, Di Cavalcanti, Menotti, Oswald de Andrade e Hélio Silinger, década de 20.

Bailarina, década de 20, bronze patinado, 33 x 19 cm.

AD IMMORTALITATEM
ACADEMIA BRASILEIRA

Sandra

Felicito a minha afilhada
Sandra pela obra monumental
que nos deu... historiando a
vida e a obra de Brecheret
criador de monumentos.

O livro é tambem para
mim um livro de memorias.
Tão grande foi a fraterna
amisade que nos uniu e certas
passagens são tambem um pouco
pouco da minha historia.

Você e seu colaborador e
marido prestaram um grande ser-
viço á historia e á cultura de
S. Paulo, ou melhor, do Brasil

Um abraço do seu padrinho
orgulhoso de sua afilhada

S. Pau
30-77

Menotti del Picchia

Brecheret e Menotti, em seu atelier, 1931.

Estudo primitivo para o **Monumento às Bandeiras**, década de 20, Paris, desenho, c. 50 cm.

Corriere d'Italia

23 de março de 1916

Di solito la escultura é scarsa nelle esposizioni italiane: quest'unna, pói, se capisce facilmente che doveva esserlo auche piu. Inconpenso, le opera me diocri sono poche.

Primeggia un grande gesso di Vittorio Brecheret, un giovane sud americano che modella cun una vigoria ed un largyezza veramente rivelatrici. Col titolo **Risveglio**, egli plasma un mirabile e casto nudo maschile: e una figura che si stira, sollevandosi, dal suo giaciglio. E i muscole delle gambem e delle braccia protese nella movenza di chi si sgranchisce le membra, si contraggono e si gonfiano con mirabile elasticitá.

Artes e Artistas — Escultura Paulista

O Estado de S. Paulo — 31-7-1916

Notícias que recebemos de Roma, de pessoa competente, referem-nos que, na última exposição artística anual, ali realizada, dos **Amatori e Cultori**, se apresentou galhardamente um moço paulista. Trata-se do sr. Victorio Brecheret, que se acha, há três anos apenas em Roma; nunca estudou escultura, apenas aprendeu um pouco de desenho aqui em S. Paulo, no Liceu de Artes e Ofícios, e, em Roma, foi discípulo durante um ano, do escultor Dazzi. Há dois anos trabalha sozinho.

O jovem paulista expos, no referido certame, uma grande estátua, que denominou **Risveglio** (Despertar), provocando a admiração dos artistas e de todos que a viram. O trabalho foi muito elogiado pela imprensa de Roma, sendo dignos de menção os encômios que lhe foram feitos nas colunas da revista **Emporium**.

Como se vê pela reprodução, que hoje estampamos, o nosso patrício modelou a sua obra com espontaneidade e firmeza, dando-lhe uma linha estética admirável, aliada à frescura da execução. Sabemos mesmo que alguns membros do júri lhe disseram que, se este ano houvesse prêmios, ele seria um dos premiados.

Do Corriere d'Itália de 23 de março traduzimos o seguinte trecho:
"Habitualmente a escultura é escassa na exposição italiana; este ano, porém, compreende-se que o deveria ser ainda mais. Em compensação, as obras medíocres são poucas. Em primeira lugar está um grande gesso de Victorio Brecheret, um jovem sul-americano que modela com vigor e uma larguesa verdadeiramente reveladoras.

Sob o título **Despertar,** ele plasmou um admirável e casto nu masculino; é uma figura que se estira, soerguendo-se do jazigo.

Os músculos das pernas e dos braços esticados num movimento de quem distende os membros, se contraem e se encordoam com admirável elasticidade."

Despertar, 1916, mármore.

DE S. PAULO - Segunda-feira, 31 de Julho de 1916

Artistas brasileiros na Europa

Note d'Arte

Stranieri alla Casina del Pincio — Cronaca di Roma
L'Epoca — 21 de Febbraio 1919
La domenica
A.F.

Dei due scultori brasiliani, Brecheret e Silva, il primo ha più grazia; il secondo maggior vigore: entrambi con notevoli resultati di espressione e con amorosa descrizione della forma. Il Brecheret, fa pensare al nostro Selva, e a certi suoi favori nel uaqli la natura umana appare più primitiva. Una medaglia Centenario brasiliano ricorda anche di più le influenze ante-belliche della Scesione viennese, da cui derivò Mestrovich; e poi altro dopo di lui.

Il Messagero — La Domenica (. . .)

Lo scultore Brecheret, un giovanissimo brasiliano, espone poche cose, ma buone: risente ancora l'unfluenza dei maestri maggiori: egli deve molto aver ammirato quel violentatore cerebrale della plastica che é Mestrovic, e anche certe masse muscolari esasperate di Rodin — ma nella sua **Eva** c'è una reale forza nel disporre le masse plastiche con un senso dinamico efficace.

(. . .) O recorte de jornal em apreço não contém data. Recorte de propriedade da família Brecheret. Pelo seu teor, tudo indica ser de 1919, mormente por estar expondo **Eva.**

Escultor Brasileiro

Diário Popular — 28-3-1919

Pelo vapor **Re Vittorio,** que ontem chegou a Santos, vindo da Itália, regressou a esta capital, o sr. Vittorio Brecheret, nosso patrício, que há anos partira para Roma, a fim de aperfeiçoar-se na arte da escultura.

Sob a direção de professores competentíssimos, Brecheret alcançou o seu grau de perfeição, tendo sido os seus trabalhos apresentados nas melhores exposições européias, com elogiosas referências para o seu temperamento de artista, honrando, no estrangeiro, a sua pátria de nascimento.

Foi colega de estudos na capital da Itália, o sr. Francisco Leopoldo e Silva, distinto professor paulista e irmão do sr. arcebispo metropolitano, que ainda ali se acha, em continuação do seu aprendizado de arte.

Brecheret pretende ofertar ao sr. presidente do Estado um dos seus trabalhos executados na Europa.

Artes e Artistas — Victor Brecheret

O Estado de S. Paulo — 30-3-1919

Chegou de Roma, há dias, um jovem artista brasileiro, o sr. Victor Brecheret, cujo nome vimos em órgãos da imprensa italiana, cercado de elogiosas referências, a prósito, dos trabalhos de escultura que apresentou recentemente numa exposição de artistas estrangeiros em Roma.

O talentoso escultor brasileiro é um antigo aluno do nosso Liceu de Artes e Ofícios, a benemérita casa onde têm saído tantos talentos e capacidades, embora conte quase que exclusivamente com a iniciativa particular e a dedicação dos seus diretores.

Sentindo irresistível vocação para a escultura, Victor Brecheret seguiu para a Itália, a fim de aperfeiçoar os estudos, à sua própria custa. Volta agora com as provas da sua competência e do resultado do seu esforço esperando encontrar a animação devida aos que lutam por um ideal, honrando no estrangeiro o nome da pátria.

Brecheret

Correio Paulistano — 15-1-1920
Helios *

Aquele Brecheret mudo como um peixe, sem zabumbas e fogos de bengala, a esgaravatar com um buril a carne cor de ocre da argila, é o caso de arte mais sério que conheço.

Modesto como um coelho, sem ter o tronco de um roble onde se enlaçasse como uma liana parasita — neste S. Paulo que oficializa os talentos... — fez sua arte, soberba e honesta, plasmando na greda essa **Eva** rodiviana, esse **Genio** meditabundo, que é um assombro de técnica, de símbolo e de força.

Brecheret tem vinte e poucos anos e um talento prodigioso. Nasceu em S. Paulo, o que quer dizer que é filho da terra e não faz milagres.

Não fuma, não bebe e é pacato como um funcionário com trinta anos de burocracia. Nunca, como Alcebíades, cortou o rabo de um cachorro, para tornar-se célebre, nem pechinchou artigaletes laudatórios em jornais e revistas. Tem atitudes retráteis e de sensitiva e medos ariscos de corça... Só lhe falta roer as unhas e olhar de esguelha, para um tipo clássico de casmurro, à boa maneira do viúvo do Capitú.

Vive em silêncio e trabalha. Buda integrado na solitude fecunda do Nirvana, também trabalhava, agitando forças e criando. Nada de cabotinismos regamboleantes, de pechinchos, de exibicionismos irrequietos. Brecheret, acariciado pelo seu sonho de arte, como cingindo uma samarra de sacerdote do rito da Beleza, esculpe no seu atelier, onde as estátuas, umas encordoadas de músculos, outras na imatura confusão da forma embrionária, se erguem, mudas e solenes, das banquetas, como vidas ilibertas, anciando o sopro humanizador e divino.

Não sei de talento mais original e fantasioso entre nossos artistas; a sua técnica acepilhada no convívio dos mestres europeus, é destra e moderna; seus torsos michelangiolescos, se obedecem à fatalidade realista dos moldes fisiológicos, espiritualizam-se no arrojo da sua estilização admirável, forrando-se às animalidades anatômicas, para criarem uma alma profunda, impressionante, soberba.

Oxalá S. Paulo saiba aproveitar-lhe o gênio. Brecheret é ingênuo e necessita ler, à pressa, um tratado de semiótica. Se tivesse lábia como tem talento, seria hoje o Júpiter tonante da nossa escultura.

Por enquanto para mim é apenas, deliciosamente, o admirável Brecheret...

* Menotti Del Picchia (Helios). Nasceu em S. Paulo em 1891. Bacharel em Direito, jornalista, poeta e escritor. Estreou como poeta em 1913, com "Poemas do vício e da virtude". Em 1917 publica sua mais fomosa obra, "Juca Mulato", prefaciada por Julio Dantas. Como jornalista escreveu para a "A Tribuna", "Gazeta", "Correio Paulistano" e outros. Durante a década de 20 escrevia para o Correio Paulistano sob o pseudônimo de "Helios". Membro da Academia Brasileira de Letras. Participante ativo da Semana de 22.

Victor Brecheret

Revista do Brasil: **Resenha do Mês,** n.º 50, São Paulo, fev. 1920, pág. 169 — Documentação — I.E.B. USP

Monteiro Lobato *

Encontrará o leitor nesta revista duas reproduções de esculturas que merecem uma parada. Paremos juntos, e juntos admiremos tão soberba manifestação da grande arte. Admiremos sem reserva, que isso é arte de verdade, da boa, da grande, da que põe o espectador sério e, se é sensível, comovido. **Despertar** e **Eva** sugerem-nos de chofre grandes obras de grandes escultores mundiais. Porque os característicos essenciais destas — a vida, o movimento, a elegância da linha, a força da concepção e sobretudo esse misterioso quid que é a alma perturbadora das verdadeiras obras d'arte — são também os característicos que individualizam os trabalhos de Brecheret, Victor Brecheret — é este o nome do novo escultor, paulista, de nascimento, extremamente novo ainda, 22 anos apenas — Brecheret como escultor é um produto do seu próprio esforço.

Fez-se por si, sem a calentura cômoda do hálito oficial — mau hálito, muitas vezes, conforme é a boca a qual a inconsciência do Estado empresta a força divina de formar artistas. Honesto, fisicamente sólido, moralmente emperrado na convicção de que o artista moderno não pode ser um mero ecletisador de formas revelhas e há de criar arrancando se à tirania do autoritarismo clássico, Brecheret apresenta-se-nos como a mais séria manifestação de gênio escultural surgida entre nós. Por mal seu, já que é assim, porém, uma coisa só tem a fazer: as malas, e raspar-se. São Paulo — já o proclamou Martim Francisco — é um eito. O monumento da Independência breve dirá se é assim ou não.

* Nasceu em Taubaté em 1892 e faleceu em S. Paulo em 1948. Escritor, jornalista. Em 1913 publica seu primeiro trabalho no Correio Paulistano. Em 1917 escreve o célebre artigo contra Anita Malfatti. Em 1918 edita "Urupês". Autor de "Saci", "Marquês de Rabicó", "Jeca Tatuzinho" e outros. Como jornalista escreveu para a "Tribuna", "O Estado de S. Paulo" e outros periódicos.

Brecheret

Tribuna — 22-6-1920
Menotti Del Picchia

Certo dia Di Cavalcanti, o diabólico artista a Beardsley, Helios Selinger, o boêmio admirável, e Oswald d'Andrade, fariscavam no Palácio das Indústria coisas de arte. Em vão passeavam a curiosidade bisbilhoteira entre as escadarias do Ximenes — o escadeiro-mór da escultura — entre os bonecos de Ribiano, que consegui dar da arte nacional uma das mais lamentáveis amostras. De repente alguém lembrou:

— Lá em cima está um escultor brasileiro.

— Como se chama?

— Brecheret.

Ninguém o conhecia. Ninguém ouvira falar desse nome afrancesado, pouquíssimo nacional e muito sonoro. E, para rir um pouco, porque não podiam compreender um escultor nacional, sobretudo paulista, guiado pelo espírito novo, subiram a escadaria florentina em construção, e, reprimindo o riso, entraram. A princípio ficaram desnorteados.

Grandes e bizarras estátuas erguiam-se dos socos, em greda ainda, misteriosas e solenes. No meio do salão, um enorme gênio, todo músculos, com a cabeça a roçar o teto, o corpo de lama marcado como um mapa anatômico, curvava a cabeça cheia de pensamentos nos ombros quadrados, de atleta.

O primeiro a dar o brado fora o Di Cavalcanti. Parara, pasmo, diante de uma **medalha comemorativa do centenário,** onde os cavalos, a pátria, os gênios da raça faziam grupos maravilhosos.

— Isto é soberbo!

Mas Helios, tão profundo conhecedor da arte moderna, vivido na Alemanha, em Paris, em Roma, ao lado dos grandes mestres, aparvalhara-se, estático, deslumbrado, diante da figura enigmática do **Idolo,** um portento de força, de técnica e de mistério!

Os dois pintores e o romancista entreolharam-se, pasmados. Tinham ido para rir...

— Onde está o homem?

Foi então que, olhando para um canto do atelier, viram um moço, de rosto comprido, olhos gateados, hostil e mudo, metido dentro do purel branco, sujo de grada.

— É o senhor Brecheret?

— Sou.

Monossilábico e aguerrido, o grande escultor paulista recebia o grupo de artistas como um magote de inimigos. É que, incompreendido até essa data, a sua prodigiosa arte não despertara a curiosidade de ninguém, ou melhor, fora hostilizada pelos Pachecos da estatuária, embevecidos em aplaudir os Zadigs, os Staraces, os Ximenes e outros de igual força e sabedoria...

Brecheret, entretanto, na Europa, onde estudara com os formidáveis Dazzi, Mestrovic, era tido como uma das mais seguras esperanças, senão realizações da escultura italiana. Sua **medalha para o Centenário do Brasil,** fora adquirida pelo Museu de Haya e pela Regia Scuola de Roma. Era um nome feito na terra da arte; no Brasil, sua pátria, em S. Paulo, seu Estado, era um obscuro, senão um desprezado!

Helios, Di e Oswald procuraram-me, anunciando-me a América que havia descoberto. Eu, precavido, desiludido, desconfiei. No outro dia, após um almoço no qual Brecheret — que eu via pela primeira vez — não disse uma palavra, fui ao Palácio das Indústrias. Colheu-me a mesma surpresa! E, com meus quatro amigos, começamos a clarinar a glória de quem era tão grande e tão humilde. São Paulo possuia um dos maiores artistas da América.

Dado o alarme, a falange engrossou. Antes, Brecheret só fora compreendido e protegido pelo dr. Ramos de Azevedo, esse benemérito da arte paulista. Agora eram Monteiro Lobato, Guilherme de Almeida, Mario Moraes de Andrade, Amadeu Amaral, Agenor Barbosa, Oswald, Pedro Rodrigues de Almeida, Paim, Albertino Moreira, tudo, enfim, o que S. Paulo tem de mais requintado em gosto e pensamento. E, no Rio, o seu nome foi proclamado pelas principais revistas como de um dos maiores artistas da nossa pátria.

Crescíamos, nós, os Colombos desse grande artista, em entusiasmo e alegria quando, vindo da França o eminente pintor Jean Gras, ao ver um dos trabalhos do jovem escultor patrício, teve esta exclamação sincera:

— Mas isto é uma coisa séria. Isto é o que o Brasil tem de melhor em arte! Isto honraria a arte da minha pátria!

Estava terminada a cruzada com a vitória. Brecheret, pelas opiniões mais imparciais das maiores autoridades críticas do país e do estrangeiro, era considerado um dos maiores escultores de nossa terra.

Pois bem: até hoje não lhe deram um trabalho sequer... A onda metediça e cavatória dos pássaros de outras plagas, em tudo pousou, como tudo se cevou! Brecheret tem um grande e imperdoável defeito: é brasileiro. Pior que isso: é paulista.

Victor Brecheret

Papel e Tinta, ano 1, n.º 2 — São Paulo — Rio de Janeiro, jun. 1920 — Documentação — I.E.B. USP

Ivan

"A natureza nunca foi avara em criar grandes talentos, mas falta muitas vezes em dar ao mundo quem os entenda".

Fr. Luiz de Souza

Permanecem geralmente os nossos artistas tão atrasados do movimento contemporâneo, muito embora vão sempre dessedentar-se nas castálias do velho mundo, que causa espanto o aparecimento em São Paulo de um artista como Victor Brecheret. Se estas nossas linhas fossem lidas, quantos e quantos leitores perguntariam quem é Victor Brecheret?

Escultor ainda tão ignorado que o conhecê-lo assume quase a proporção de um descobrimento, este brasileiro nos voltou a alguns meses da Itália, onde foi aprender o catecismo da arte que o enleva. Mas, na Europa Brecheret não se limitou apenas a estudar com aplicação as normas medicinais da escola, antes, possuído de uma clara inteligência e de uma força criadora ainda rara neste país de lenta evolução, observou as idéias modernas da escultura, comungou com elas e tornou-se por isso quase único em nosso meio. Brecheret é atual e vivo num entremez de bonecos que refletem o movimento artístico europeu de cinquenta anos atrás. Não queremos falar senão de artes plásticas...

Entre estas é a escultura a mais desprovida de idéias, ou antes aquela em que idéia é mais difícil de representar-se. A realização escultural, quase que unicamente corpórea, rechassa n'alma, o espírito para um segundo plano pouco atentado e muitas vezes esquecidos por completo.

Caminhando o homem para um espiritualismo ardente, era natural que as artes seguissem o progresso da humanidade — sendo elas o expoente, porventura mais exato, do espírito de cada época. E de Rodin poder-se-ia datar a arraiada da escultura espiritualista.

Rochefort insultando a maravilhosa criação do mestre, que é a estátua de Balzac, tem uma frase com que se pode definir quase toda a orientação nova: "Jamais on n'a eu l'idée d'extraire ainsi la cevelle d'un homme et de la lui appliquer sur la figure". E o crespo antes nos parece laurel. Elevando cada vez mais a estética do Miguel Anjo de Meudon foram aparecendo Bourdelle, Niederhausen, Metzner, Wildt, Barzaghi, outros ainda e sobretudo esse grande, formidável Mestrovic, sem dúvida a figura mais possante da arte de nossos dias.

E o Brasil poder representar-se nesta ronda de inovadores com um aliado do valor de Victor Brecheret! É um sonho para esta nossa vida de carneiros, achanados pela canga da sujeição!

Mas B. não reflete apenas as idéias modernas. Não é um espelho, é uma fonte viva de criação, impressionante na coerência com que junta à utilização eloquente do símbolo, a sadia inocência dos primitivos. Compreendeu qual o valor da arcaização para que propendem esses escultores modernos — como Carl Milles imaginando os monumentos de Sten Sture e Engelbrekt, orientado pelos baixos relevos ornamentais da velha Escandinávia; como Bourdelle nos altos relevos romanizantes do teatro dos Campos Elíseos ou ainda como Mestrovic, no monumento aos heróis mortos. Brecheret faz a sua escultura endireitar para o futuro apoiando-se proficuamente nos preceitos ancestrais, no alicerce de uma tradição reflorida na saudade. A

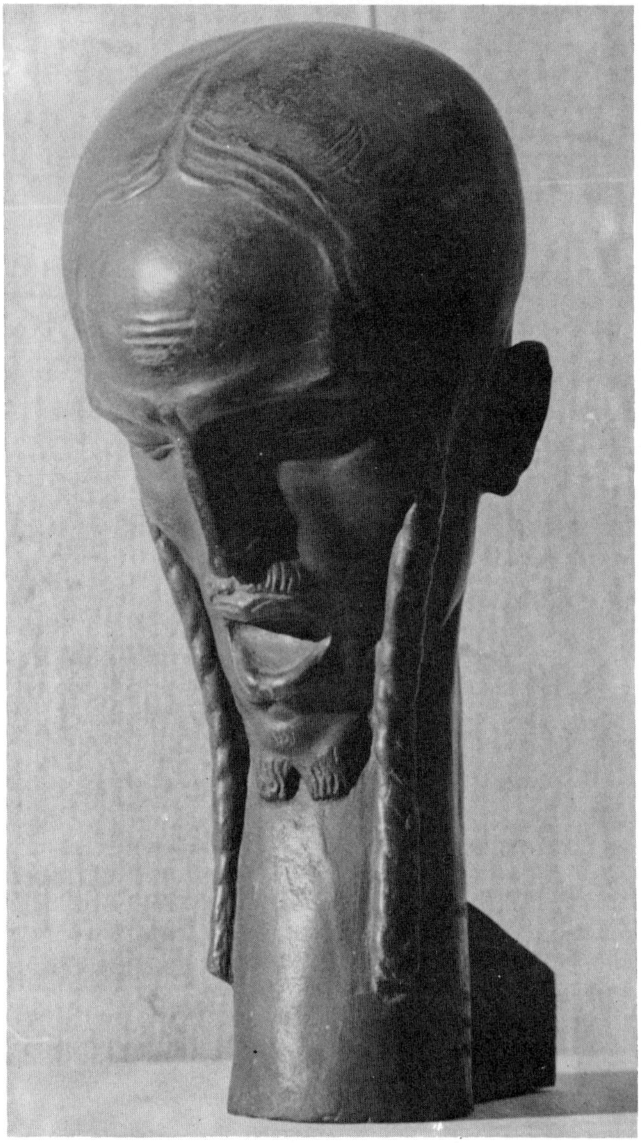

Cabeça de Cristo, 1920, bronze, atl. 32 cm., Col. Acervo Mário de Andrade, Instituto de Estudos Brasileiros da Universidade de São Paulo.

Cabeça de Cristo, uma das suas criações magistrais, é de uma concepção originalíssima, belo na sua estravagância, denunciando um escultor com uma visão toda sua da arte. Naquela imobilidade pensativa, naqueles lábios sobrenaturais, no rictus da boca, nas tranças arcaicas o artista conseguiu prender, de modo genial, as tragédias, as esperanças, o sacrifício divino — todo o calvário de imolações formidandas. O Cristo de Brecheret é Deus.

A **Eva** serve de contraste. É a mulher da Terra, é a filha do limo, trazendo no sangue estuante o fogaréu interno do planeta, levando nos cabelos o cheiro verde dos vegetais e nos seios o milagre amoroso da germinação. Por isso ela enfia os dedos longos da mão esquerda na terra, num apoio de filha, enquanto com a mão direita acaricia as moedas lindas do pecado. Os novos jardins da Paulicéia clamam por que se lhes oferte para a glorificação a **Eva** de Brecheret.

São as duas obras melhores do escultor.

Será isso depor contra a **Vitória,** cuja concepção é soberba, contra a dor religiosa da **Pietá,** contra o macabro ídolo feminino sarcástico, hermafrodita, cujo torso é um trecho de carne viva, ou contra **Ave-Maria,** que simboliza tão exatamente o cansaço de um dia de luta indo depor-se às mãos da Divindade? Absolutamente não. São produções superiores demonstrando um engenho criador singular entre nós.

Apenas existe nelas ainda aquela incerteza muito leve do artista que não chegou à completa maturidade intelectual e não está de posse de todos os seus meios de expressão. É preciso um conhecimento maior das manifestações multifárias da moderna escultura.

Lançamos, das páginas de Papel e Tinta, um veemente apelo ao governo do Estado para que facilite ao espírito do artista desenvolver-se mais, permitindo-lhe viajar pelos centros europeus que ainda desconhece. O escultor paulista irá honrar-nos, como representante mais digno das nossas possibilidades artísticas no Parnaso europeu.

E vendo, fecundando-se, criando, Victor Brecheret, pela larguesa da sua estética, pela força gigantesca dos seus recursos, poderá tornar-se um dos máximos estalões da latinidade no cenáculo da arte contemporânea.

Monumento das Bandeiras

Correio Paulistano — 6-7-1920

Reunião da Comissão Provisória

Reuniu-se ontem um grupo de literatos paulistanos com o fim de deliberar sobre a organização da Comissão Provisória do monumento comemorativo da epopéia das Bandeiras, que os paulistas vão oferecer a S. Paulo, por ocasião do centenário. Estiveram presentes, entre outros, os srs. Monteiro Lobato, Menotti Del Picchia, Guilherme de Almeida, José Lannes, Oswald de Andrade, Leo Vaz resolvendo entregarem a presidência da Comissão Provisória ao sr. Monteiro Lobato, funcionando como secretário o sr. Menotti Del Picchia.

Entre outras deliberações tomadas, ficou decidido exporem, por estes dias, num lugar central, a maquette já executada pelo escultor paulista Brecheret, que é um admirável trabalho de arte. Será então organizada definitivamente a Comissão Executiva do Monumento, para a qual serão convidados os representantes do governo e das várias classes sociais.

Monumento às Bandeiras

O Estado de S. Paulo — 28-7-1920

Na casa Byington, à rua Quinze de Novembro, realizar-se-á hoje, às 15 horas, a inauguração da maquette do monumento às bandeiras que uma comissão composta dos srs. Monteiro Lobato, Oswald de Andrade e Menotti Del Picchia projeta construir em nossa capital.

É autor da maquette o sr. Brecheret.

Ao ato inaugural deverá comparecer o sr. dr. Washington Luis.

Il Monumento ai Bandeirantes

Fanfulla — 28-7-1920

Quest'oggi, nei locali della Casa Byington avrá luogo l'naugurazione della maquette che il giovane e valoroso sculture Brecheret ha presentato alla comissione organizatrice per il Monumento dei Bandeirantes.

Di questa opera d'arte, che ha suscitato un'ottima impressione, parleremo più dettagliatamente nei prossimi numero.

Maquette dos Bandeirantes

Diário Popular — 31-7-1920

Continua, em exposição, à casa Byington, a maquette do escultor paulista Victor Brecheret sobre a epopéia dos Bandeirantes.

A dificuldade de interpretação do maior feito da nossa raça foi felizmente vencida pelo jovem escultor pátrio, que se entregou a esse trabalho com um ardor meritório. Não podia haver melhor prêmio aos seus esforços que o próprio esboço do monumento que lhe saiu das mãos. A concepção era original e grandiosa e a execução técnica correspondeu ao quadro imaginado. Sem ater-se a convenções de escola, sem ficções acadêmicas, sem seguir, como tantas vezes acontece aos artistas novos, um mestre predileto, o escultor Brecheret, modelando as figuras dos seus heróis, revelou uma personalidade de artista, dotado de um raro vigor concepcional e já possuidora de uma técnica audaciosa e segura.

O monumento, que foi amplamente descrito no memorial apresentado pelo seu autor, merece, entretanto, comentários mais detalhados.

As massas arquitetônicas sobre as quais repousa o monumento, ladeada de vastas escadarias, são de um desenho harmonioso e feliz e os planos superpõem-se habilmente desde os degraus da base até ao corpo central que sustenta o grupo dos Bandeirantes. No plano imediatamente inferior ao do grande conjunto, inicia-se o monumento por uma figura de mulher representando a terra brasileira. Depois, somente é que chegamos à massa principal. A testa de uma espécie de cortejo, dos grandes cavalos, parecidos com aqueles que decoravam o Pantheon, montados por homens hercúleos, seguidos por criaturas de músculos possantes. Paira sobre esses homens que carregam um arado, uma vitória de azas desfraldadas; termina-se o grupo por algumas figuras arrastando uma canoa e uma outra carregando a ânfora com água do Tietê.

O grupo central, cujo pálido resumo aqui publicamos está completado por figuras laterais representando os vários obstáculos que interromperam, por vezes, a marcha dos Bandeirantes: são febres, insídias das florestas, índios bravios, etc.

Poderíamos apenas objetar que o monumento carece de certas linhas mais desafogadas. O efeito procurado foi o de um impulso irresistível, de uma corrida aos sertões, de uma luta, de uma caminhada de sacrifícios, e podemos dizer que o artista acertou; persiste, todavia, a nossa observação, nesse sentido que, conseguindo o monumento, no seu aspecto geral, dar a impressão do esforço, da tenacidade, do heroismo, essa energia está muito maciça, muito fechada naquele bloco compacto.

O autor, de um temperamento forte e original, sacrificou um pouco as silhuetas e o efeito decorativo, mas esculpiu com alma os sofrimentos dos nossos antepassados, deu aos bandeirantes atitudes pitorescas e violentas de lutadores e simbolizou esta grande verdade que deve sempre estar presente no espírito dos brasileiros: que somente conquistaremos a nossa própria terra, combatendo-lhe os flagelos com a mesma abnegação e a mesma intrepidez que os velhos Paulistas.
Paulista, o sr. Brecheret fez uma obra muito nossa, muito pessoal, cheia de melancolia mas também de grandeza e animada por essa inspiração que é o apanágio dos verdadeiros artistas.

Il Monumento das Bandeiras

Fanfulla — 29-7-1920

Opera dello scultore Brecheret

Iere, alle ora tre, nella casa Bynington, in via 15 de Novembro, è stata esposta la maquette del **monumento das bandeiras**, opera dello scultore Brecheret e che i paolisti offriranno al municipio di S. Paulo, nella commemorazione del Centenário della Indipendenza del Brasile.

Uno dei primi visitanti fu S.E. il dtt. Washington Luis, presidente dello Stato, il quale venne ricevuto dai membri della Commissione Provvisoria, dr. Monteiro Lobato e dr. Menotti del Picchia.

Si trovavano presenti all'arrivo di S.E. i rappresentanti dei diversi ministeri, della stanpa, della Lega Nacionalisto, del Centro Accademico e molto publico.

Il dr. Washington Luis abbe parole di viva lode per l'opera dello scultore Brecheret, manifestando la sua viva soddisfazione nel vedere espressa in una concezione originale forte e moderna l'epopea massima dei paolisti.

Nel momento di partire, il presidente dello Stato che si trattene quasi mezz'ora ad esaminare attentamente la maquette felicitó nuovamente il suo autore. Dopo la partenza di S.E. il publico si trattenne lungamente, esaminando ed ammirando la bella opera d'arte.

1.ª maquete do Monumento às Bandeiras, 1920, gesso, Col. Pinacoteca do Estado de São Paulo.

Monumento aos Andradas

O Estado de S. Paulo — Edição da Noite — 14-9-1920

Monteiro Lobato

O concurso aberto em Santos para o monumento aos Andradas frisa inda uma vez o doentio alheamento dos artistas da terra à obra que mais interessa ao povo, qual seja a arte monumental pública.

Por indolência, pessimismo, falta de talento, ou o que quer que seja eles não concorrem à pugna e deixam que um por um os monumentos erguidos no país para a comemoração de fatos e heróis sejam realizados por artistas de fora.

Daí o caráter inevitável de arranjo que hão de oferecer esses monumentos. Desconhecedor da psicologia do povo e da significação íntima de tema a desenvolver em pedra e bronze, o artista exótico, por mais talento que possua, sempre faz sermão de encomenda. Faz arranjos. Não sente a obra, e vem disso a frieza delas, a sua fraqueza, a sua incapacidade emotiva.

Imagine-se um concurso para um poema épico, eminentemente nacional, aberto entre poetas estrangeiros. Grande poeta que fosse o poeta premiado, sua obra seria obra de técnico de verso, nunca de poeta no sentido amplo da palavra, visto como não poderia sentir, nem penetrar-se do tema no grau de que é mister para que o verso se anime da chamada poesia. Na escultura dá-se o mesmo, embora o fato seja menos chocante. O baixo nível de cultura da nossa "elite" e a total ausência de cultura no povo não habilitam, nem uma nem outro, a julgar um monumento. O povo abre a boca e a "elite" murmura frases feitas: duas modalidades de incompreensão.

No concurso de Santos apenas dois artistas nacionais concorreram: Leão Velloso e Brecheret. O trabalho daquele é digno de nota pela originalidade da figura de cima. Em vez de uma clássica figura de vitória, reproduzida já um milhão de vezes, qual vinheta tipográfica, o sr. Velloso "criou". Indicada apenas, porque as proporções em extremo reduzidas do esboço não permitem senão indicações, essa figura tem "elã", levita-se para as alturas como que atraindo, arrastando consigo a parte inferior do monumento, em vez de esmagá-lo, de detê-lo em certo ponto como fazem as figuras em repouso.

Monumento quer dizer arranjo simbólico, e um que assim culmina dá a sensação de um símbolo que se não limita dentro de formas rígidas.
Além desta nota pessoal, mui valiosa, a linha geral do monumento é sóbria, esgalgada e elegante.

Infelizmente, repetimos, o esboço é de muito exíguas proporções para que se possa ter uma idéia completa da obra.

Brecheret é o revolucionário do dia. Representa aqui o sol, sendo visível a influência deste formidável estilizador da figura humana na alma do nosso conterrâneo.

Brecheret é um arrastado. Será maior, entretanto, no dia em que se libertar de vez dessa influência, bem como de qualquer outra, e entrar em campo com a sua personalidade absolutamente livre de vincos alheios. Aquela rispidez dos seus símbolos, aquela permanente estilização da dor no contorsido dos corpos nus, mesmo quando não entra em causa a dor, como no caso presente, eleva o espírito, consegue, mesmo, fazer-nos doer a alma, mas afasta-nos da idéia que o monumento se propõe a comemorar: um triunfo.

A obra-prima de Brecheret ele a fará, solitário e rude, frente a frente à alma universal e não diante de um programa de concurso. E será esta obra um grupo estupendo, dessas que levam um artista à imortalidade: "A DOR". Amadurecida em seu espírito, ela deflagra a todo o instante e surge aqui e ali em fragmentos. Está criada já em seu cérebro, e realizada inconscientemente por partes.

Basta reunir esses elementos, coordená-los, harmonizá-los, para que surja de chofre a "sua" obra-prima — passaporte magnífico à posteridade. Brecheret é uma ascenção.

Com o mesmo calor falaremos de Rollo. Tocado de uma fagulha de gênio criador, este artista derrama em tudo que faz ondas de talento. Sua maqueta é uma obra-prima de força, de movimento, de vida e de harmonia. Uma grande idéia liga todas as figuras, subordina-as, "lança-as"...

Personalíssimo, sem influência marcada de uma escola, dotado do senso da composição, Rollo faz escultura monumental como o grande músico faz óperas, ou o grande vate faz poemas épicos.

Nunca "pot-pourri", nunca arranjo, nunca repetição inconsciente de elementos decorativos clássicos e estafados, fáceis de agradar à platéia. Um monumento como esse, de que dá pálida idéia a sua maqueta, nunca vence nos concursos, porque desnorteia os julgadores, e é obra que vai além do estado mental da época em que surgem. A vitória atual é sempre o galardão do talento habilidoso; os gênios criadores têm a vistoria vindoura, póstuma quase sempre. O hoje é dos Ximenes; o amanhã é que é dos Rollos.

A maqueta da Companhia Construtora, obra do escultor Sartório, não se arroja às audácias de Brecheret nem procura compor o poema formidável de Rollo. Limita-se, com muita honestidade, a indicar um monumento perfeitamente adaptado aos fins propostos, ao povo e à cidade que o erguerá. Harmoniosa de linhas, rica, sem sobrecarga, de elementos decorativos onde se procura imprimir a nota da terra, sem enfeites inúteis e insignificativos, concretiza um arranjo ideológico ao alcance do povo. Os símbolos empregados são acessíveis, compreensíveis, e mantidos sempre numa feliz justa medida. A linha geral é elegante e discreta, e se peca é no arranjo dos três Andradas, susceptíveis de arrumarem-se melhormente.
Do ponto de vista nacional cabalmente desempenha as funções de um "monumento nacional", isto é, rico de elementos que lembrem a nacionalidade.

A de Starace impressiona bem à primeira vista, mas denuncia logo algumas falhas. Os grupos dos cantos figurando os heróis comemorados, a cavalo, comandando arrancadas de soldados, são grupos guerreiros, magníficos de movimento, mas sem significação no caso de heróis civilíssimos como os Andradas. A ação deles no país foi política, social, moral — guerreira nunca. E menos ainda episodicamente guerreira. Outro ponto fraco deste projeto é, na parte arquitetônica, o emprego de planos inclinados, que dão a idéia de instabilidade e sobre os quais os Andradas ameaçam escorregar. Além disso, a figura de cima, mulher que coroa e tem ao lado um leão, é tema por demais repetido e gasto.

O projeto Ximenes é uma boa piada, como as sabe fazer esse inteligente humorista.
Já no de Cipicchia, um amador extremamente modesto e despido de pretensões, observa-se uma nota feliz, qual seja a estilização em barroco no corpo central da maqueta. Está aqui um elemento

de escultura sempre desprezado pelos vários artistas e, no entanto, dos mais dignos de atenção e de re-estilização à moderna. O barroco é dos estilos importados do velho mundo e mais radicado no país. Como a palmeira imperial, embora exótico, já é nosso por força de remota naturalização.

Zani apresenta dois projetos: um em excesso funerário, mais próprio para um campo santo que para uma praça pública, e outro que diz alto das qualidades desse artista, sua pureza de linhas e seu amor à simplicidade. Infelizmente, a exigüidade das dimensões do esboço não nos permite fazer uma idéia perfeita do que poderia ser o monumento indicado ali.
Zocchi, apesar de conseguir uma linha de perfil muito elegante, cai na vulgaridade de repimpar no topo do fuste a arqui-batida mulherzinha da vitória com coroa ou palma na mão. É tempo de internar num Asilo de inválidas a essa mártir dos artistas sem idéia.

Há ainda um projeto francês, arranjo frio como um prato de frios, incaracterístico e incolor, com suas quatro panteras embaixo e madame Victoire no alto. Arranjo para exportação. Eis em linhas gerais o que é a exposição de Santos, cidade que vai ter um monumento bem mais interessante que o nosso da Independência, qualquer que seja o projeto premiado. Adotada a obra-prima de Rollo, Santos terá um monumento grandioso, dos mais belos que se possam conceber. Escolhido o de Brecheret, Santos formará ao lado das cidades audaciosamente vanguardeiras. Premiado o da Construtora, Santos poderá gabar-se de ter um monumento seu, só seu.

Vitoriosos Starace, Zani, Velloso ou Zocchi, com modificações nos projetos apresentados, Santos ver-se-á enriquecido de um formoso monumento. Em qualquer das hipóteses Santos terá sido mais feliz do que São Paulo, onde a vitória do incaracterístico e da vinheta foi completa.

Brecheret

Commércio de Santos — 17-9-1920

Cleómenes Campos

Nós, brasileiros, precisamos acabar com certas manias "científicas" que por aí correm como verdades.

Uma delas é, talvez, a mais em voga, entre as sumidades literárias, é dizermos que o Brasil, país novo, não pode dar um gênio.

Que foi entretanto Álvares de Azevedo, o irmão mais moço de Byron, senão um desabrocho genial?

E Castro Alves, cujas asas condorinas a morte fechou tão cedo?

E, mais recentemente, o taciturno Machado de Assis, que, naquele seu estilo de quem não quer dizer nada, criou a cena dantesca do "Delírio", e fez da Humanidade o que fez o seu poleá da "Mosca azul!"?

Não há crítico, bom ou mau, que não tenha repetido: "O Brasil não pode dar ainda um filósofo."

A causa impeditiva é aquela de quando se trata de um gênio.

Mas, se Farias Brito não é mesmo filósofo, um grande filósofo, que vem a significar essa palavra?

Por que os senhores aristarcos não no-la explicam, com acessível clareza, a fim de que não a ignoremos assim?

Tudo isso me passou, há pouco, pelo cérebro, quando tomei da pena para escrever sobre Brecheret. Porque ele para mim, é um gênio.

Alguns de nossos "estetas", avessos, por hábito ou quer que seja, a elogios, ainda os mais merecidos e oportunos, como no caso presente, talvez não concordem comigo. E dou-lhes toda a razão: conhece-lhes a divisa: "A César o que é de César."

Tenham eles paciência, todavia: "Costuma tirar o chapéu diante do que é superior." E, por isso, descubro-me agora ante o jovem escultor incompreendido, que merece mais a minha admiração que muitas dessas celebridades efêmeras...

Brecheret, antes de tudo, é um simples por natureza.

Olha a vida através de bíblica ingenuidade.

Alma solitária, extremamente sensível portanto, apieda-se de tudo.

Pudesse, e não veria ninguém sofrer.

Foi para ele que Marcello Gama escreveu estes versos:
"O mais leve pesar torna-se em dor
[sem termos,
ao intenso vibrar dos meus nervos,
[enfermos."

Aí a razão de ser de sua arte torturada.

Porque ele é assim, uma espécie de castigado por

Deus, cujo suplício fosse, no silêncio da terra, altas figuras estranhas, em retorcidas atitudes, como se estivessem, sempre, sob a pressão do Destino.

A dor inspira-lhe epopéias.

Conta-se que Júpiter, para livrar o louro Zagreus do incêndio a que Semele, sua mãe, vem a sucumbir, escondeu-o na coxa.
Depois, um dia, com imperturbável serenidade, tirou-o de lá, e devolveu-o à vida.

Quem foi Brecheret noutra existência?

Um homem como agora? ou um deus?

Certo é que arranca do braço privilegiado quantas figuras deseja. Naturalmente oculta no pulso uma infinidade de torturados, como aquele da **Fonte de Inspiração,** que o levaria, só por si, à imortalidade: alto, a cabeça triste, calda para o ombro esquerdo, a mão direita colada ao peito magro, doloroso, trágico, profundo, sobre-humano.

Brecheret é o artista dos sofredores.

Ave Maria é um exemplo. E que largo tom de poesia e verdade nesse operário em descanso, os braços langues pendentes, cabisbaixo, pensativo e melancólico!

E **Mater Dolorosa** tão original quão sugestiva?

— É uma litania escrita em pedra.

E **Eva?**

— É um milagre de simplicidade.

Hephestos, que forjou as cadeias do Porta-Luz-Prometheu, fez, também, as lindas jóias de Vênus.

Brecheret, que concebeu a **Fonte de Inspiração,** imensa galeria de almas a simbolizar uma idéia imensa miniaturou, do mesmo passo, com mestria, a bela medalha do **Índio Cavaleiro.**

Os verdadeiros temperamentos artísticos são assim mesmo.

Goethe, que escreveu o "Fausto", broslou a canção do Rei de Thule. E Cellini, o divino, com o mesmo apuro e perfeição, levantava o degolador de Medusa como esculpia um camafeu.

Brecheret expõe agora em Santos a sua "maquette" do **Monumento aos Andradas.** Uma coisa toda nova para a escultura nacional. Trabalho de alto surto onde se harmonizam suntuosidade e beleza.

Sente-se que é uma força nova em ação. Vê-se que é um temperamento novo que surge.

Toda obra é um problema de ritmo. Para muita gente ele é sobretudo complicado e desarmônico.
E ninguém é mais simples e harmonioso.

Depende do ponto de vista.

Ele é um homem que exprime suas idéias por meio de símbolos. Nada de mais fácil compreensão que um símbolo. E nada mais difícil.

Muitas das parábolas da Bíblia, claras, tão claras como os olhos de uma criança, não foram, até hoje, devidamente compreendidas. Não menos belas, por isso.

O povo nunca aplaudiu os arrojos e sutilezas dos gênios. Porque nunca os compreendeu.

Brecheret que se console. Culpe os deuses de o haverem feito tão grande, ou a humanidade tão pequena.

Contente-se, por ora, com a admiração, entusiástica e incondicional, da mocidade.

A sua arte, a sua grande arte, por onde passa uma forte rajada de misticismo, não pode ser aplaudida por esses encanecidos retrógrados.

Jacta-se a velhice de ter mais senso do que a mocidade.
Mas este não pode orgulhar-se de ter mais ingenuidade que aquela?
E não é preciso ter olhos mais ingênuos do que sensatos para sentir uma obra de arte?

* Cleómenes Campos nasceu no Sergipe, no ano de 1895, vindo a falecer em São Paulo, em 1968. Sua vida literária teve início com o livro de versos "Coração Encantado", em 1923. Publicou em 1931 "Meu livro de amor" (versos). Trabalhou muitos anos na "Folha da tarde", tendo escrito também para o jornal "Commercio de Santos". Membro da Academia Paulista de Letras, ocupando a cadeira n.º 37.

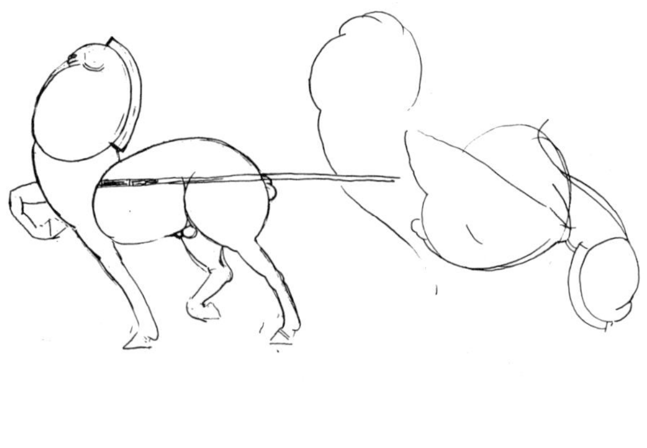

Monumento aos Andradas

A maquette Sertório — A Obra de Brecheret

A Tribuna — 16-9-1920

Menotti Del Picchia

A minha idéia sobre monumentos exprimia ontem num rápido estudo feito no Correio Paulistano sobre a expressão nacional que todos os povos deram às suas obras de arte. Nelas sempre refletiram algo de seu, da sua história, da sua raça e da sua gente.

A virtude essencial, pois, de um monumento, para que o mesmo fale à alma do povo, é traduzir-lhe a história e o caráter. Isso deve ser posto em bronze ou granito de uma maneira clara e expressiva.

Dentro desse pensamento está a maquette que, para a consagração da glória dos Andradas, apresentou a Companhia Construtora, por obra do cinzel de Sartório. O que quer o povo de Santos imortalizar numa das suas praças? A formidável façanha da independência levada a cabo pelos seus três filhos. Nesse sentido, o trabalho de Sartório satisfaz completamente o ideal santista.

Não é essa maquette como a quase maioria das apresentadas, uma expressão de arte internacional, anódina e inexpressiva. Essas pecam por impatriotismo: não são brasileiras. A sua alma, em vibrante contraste com a nossa índole, trai a coisa confeccionada no estrangeiro, a importação. Não dizem, nas suas linhas de conjunto, nos seus detalhes, na historiação dos baixos-relevos, o que o monumento se propõe dizer a perpetuar sob o Cruzeiro do Sul.

Lembram outros povos, outras façanhas impessoalizadas na preocupação simbólica de motivos decorativos de outros povos, em berrante contraste com o caráter nacional. São atestados vivos de impatriotismo, porque demonstram um quase menosprezo pelas coisas brasileiras.
Não que falhe aos artistas competência; falha apenas o cuidado de constatar que o Brasil nada tem de comum, pela sua história local, pelas condições ambientes, com o espírito dos países sob o cujo reflexo foram modeladas. Em Roma ou em Paris, talvez tivessem uma significação social mais completa do que em Santos.

Se assim é, se o cuidado do brasileiro deve ser abrasileirar tudo o que germina e nasce no seu solo, a sua maior preocupação deverá ser abrasileirar seus heróis e as façanhas do seu povo. São, pois, livros de bronze e granito abertos, em plena praça, à admiração das multidões.

Anteposta esta verdade, da análise das maquettes, muitas delas ridículas, outras obras de arte verdadeira, a de Sartorio enfeixa integralmente a finalidade do monumento. É ela, quer no conjunto, quer na cuidada historiação das suas minúcias, uma representação feita do grande fasto que comemora.

Há de parecer bizarra, no meio da pompa a majestade de tantos trabalhos, que nossa preferência recaia num dos que se apresenta sem tantas pretensões e com sóbria modéstia.

A objeção só poderia recair em benefício da escolha. Maquettes há que, pelo tumulto dos seus grupos, pela promiscuidade braceante dos seus detalhes, perdem a serena linha do conjunto, tornando-se verdadeiros bric-à-brac de bonecos da dubia importação.

Demais o nosso verdadeiro senso patriótico não deve hesitar na seleção, quando propende para uma coisa por todos os títulos brasileira. Basta de made in Europe e quejandas perversões estéticas que acabaram por transformar as nossas praças em quartos de despejo dos museus internacionais...

A maquette de Sartório, que procura reunir em si, em todas as suas minúcias, as manifestações capitais da nossa independência, a obra formidável dos Andradas, será para as gerações de todos os tempos, uma lição eloquente de história escrita com letras de bronze.

Quanto à sua feitura vem ela recomendada por um artista que dispensa encomios. Sartorio está julgado em outros centros, elogiado por outros críticos, premiado em certames de arte onde teve que sustentar a emulação de escultores de notável valor. Não me cabe, pois, esmiuçar o acerto e a graça de suas obras. Imperfeições ela as tem, facilmente corrigíveis. Isso, porém, em nada a diminui, pois qualquer outra aceita entre as existentes, necessitaria, para que se cometesse em Santos o crime de se colocar numa praça um monumento estrangeiro, que se a modificasse do fonde en comble. Geralmente essas alterações que dão à obra sua feição definitiva, são sugeridas pela Comissão que as escolhe. Isso se deu ainda recentemente em S. Paulo com o trabalho vencedor no concurso de maquettes para o monumento da Independência.

Eivada do defeito de falta de brasileirismo, impondo-se, porém, como uma admirável obra de arte, vem, sem temer concorrência das outras, não citadas, o trabalho de Brecheret. Tivesse ele as qualidades históricas que tanto valorizam a obra de Sartório, e essa concepção grandiosa do autor do projeto do **Monumento das Bandeiras** seria uma obra integralmente vitoriosa.

Ele, que pelo seu vigor e expressão chegou a inspirar uma outra maquette que é quase um decalque, não pode ser despresada no concurso. Afirma o extraordinário valor de um jovem e grande artista brasileiro que, na opinião dos escultores nacionais e estrangeiros que o tem julgado, será amanhã talvez a maior glória da escultura futura nacional.

Por isso, pelas qualidades intrínsecas do seu trabalho e da sua técnica, destacamos ainda essa maquette. Entretanto o seu pecado está em ter falseado o caráter nacional, que é o fim e é a alma do monumento dos nacionalíssimos Andradas, o que Sartorio tão bem conseguiu.

Aí, está, de acordo com o que de leve estudei no meu artigo do Correio Paulistano o que penso sobre as maquettes. E como são, ou devem ser, brasileiros, os membros da Comissão julgadora penso, pela sua vontade de nacionalisar nossos monumentos, que de outra forma as não poderão deixar de julgar.

Como compreendo a arte de Brecheret

Jornal da Noite — 28-10-1920

Paulo Gonçalves *

Numa tarde brumosa de agosto, em companhia da ilustre pintora paulista Anita Malfatti e do poeta Cleómenes Campos, fremindo de júbilo na iminência de realizar um antigo desejo, subi as escadas do Palácio das Indústrias para conhecer Brecheret.

Em seu estúdio, traindo um pouco da timidez que lhe aureola o gênio rebelde, recebeu-nos fidalgamente o predileto discípulo de Mestrovic, o atrevido sonhador do **Monumento das Bandeiras** a quem eu de há muito dedicara a minha admiração obscura.

Apertando-lhe a mão pequena e forte, exclamei num entusiasmo.

— Sou feliz em conhecê-lo, sr. Brecheret. O senhor é uma glória...

Brecheret encalistou, opondo ao meu arroubo algumas frases polidas, enquanto enveredávamos pela sala.

As estátuas desenhavam gestos empolgantes no silêncio.

Lá estava a figura central da **Fonte de Inspiração** dolorosa e enorme; o **Cristo,** estranhamente místico; a **Vitoria,** prestes a desferir o vôo, de azas abertas, e, fronteiro à janela, o esboço do **Monumento das Bandeiras**, que eu procurara dias antes pelos mostruários da lírica Paulicéia, como quem busca uma felicidade.

Perdi-me num demorado elevo, contemplando-o. Mas à proporção que me transportava o surto daquela simbologia grandiosa, foi-me envolvendo uma vaga tristeza. Entendera porque Brecheret é um incompreendido!

Ele, que alcançara o primeiro prêmio na Exposição Internacional de Roma, ver-se na espezinhante contingência de transformar o estúdio em depósito de cacos, em montões de estilhas de obras-primas, porque ao mesmo tempo que se exalta na criação de um trabalho novo, cede ao desespero do seu destino, e torna-o pedaços, quando se surpreende solitário.

Ao final da visita eu estava abatido. Por mal dos meus pecados dou ainda com olhos comovidos na sua **Ave Maria** — um operário em meditação profunda e em tal atitude, que a gente é irresistivelmente arrastada a conjecturar em que porventura pensaria aquele homem do mármore.

Sem querer, relembrei as palavras de Oswald de Andrade:

"Brecheret é o milagre triste de São Paulo, como a catedral gótica na ponta da serra nevoenta." Brecheret é a alma enrolada de músculos, no desamparo da neblina, é a crepitação da íntima lareira nas regiões polares, tudo subindo, tudo gritando a saudade muda de terras candentes.

Suas figuras tirantes as que adoçou um velho amigo — o céu de Roma — são sobre-humanas ao inverso, parecendo surgir da terra para final debate com invisíveis poderes monstruosos.

Brecheret é a escultura de São Paulo.

Brecheret é por excelência um escultor dramático. Suas esculturas arrebatam pelo que sugerem, como certas páginas hogoanas, que nos provocam miríades de pensamentos. Assim, quando ele se propõe determinadamente a fazer símbolos, conjugam-se todas as forças internas, tal se encontrassem a sua expressão verdadeira. De maneira que diante de um símbolo de Brecheret não sentimos necessidade do rótulo explicativo, porque as estátuas falam por si mesmas, são eloquentes, vigorosas, incisivas como os grupos lateriais que encimam o monumento aos Andradas: a vitória do ideal dos Andradas e a representação imponentíssima da força de uma nacionalidade.

* Paulo Gonçalves — poeta e jornalista, nascido em Santos em 1897 e falecido na mesma cidade em 1927. Iniciou sua carreira

como revisor do jornal "Diário de Santos", trabalhando depois na "A Tribuna", "Commercio de Santos", "Jornal do Comercio", "Folha da Noite" e "Folha da Manhã". Em 1922 publicou "Iara" (poesias). Foi premiado em 1925 pela Academia Brasileira de Letras. Membro da Academia Brasileira de Letras. Escreveu muitas peças para teatro, tendo contribuído de forma efetiva para o mesmo.

Brecheret

Jornal da Noite — 16-11-1920

Aristides Avila

Como o barbeiro de Midas, que não conseguiu resistir à tentação de revelar o segredo, de que era depositário, e o confiou ao seio da terra, não venci ao impulso de confiar à minha pena humilde a impressão profunda que senti naquele recinto de coisas sublimes que Deus põe no mundo através da alma de um artista.

Foi tão profunda essa impressão como é doce o recolhimento que uma alma pia experimenta ao penetrar na penunmbra de um santuário rescendendo a incenso.

É que a arte, sendo eloquente, penetra e faz vibrar o sentimento, como vibra a corda de um violino ao sentir a vibração uníssona de outra corda de outro violino.

Arte, de todas as artes plásticas, sem dúvida a mais ingrata, não tem recursos variados e as fantasias do desenho e da pintura limita-se a escravisar o artista em duas questões apenas: a perfeição anatômica e o estado de alma.

Os medíocres, estes se contentam em explorar o belo, copiado pacientemente do mesmo modelo voltado em todas as posições imagináveis, e exibem as suas belezas mudas, mumificadas no frio mármore, aos olhos do burguês obeso, aparvalhado, que desfila por entre elas, murmurando — convencidos — adjetivos ao seu alcance.

Quando, porém, o escultor reúne em si as qualidades de técnica precisas para chegar a uma Venus de Milo e penetra no estado de alma, concretizando-o no gesso, no mármore ou no bronze, realiza o ideal de harmonia perfeita e atinge, com sua faculdade criadora de artista sentimental, o expoente da arte. Então é Praxiteles na Grécia clássica, Rodin na França, ou Brecheret no Brasil.

São todos iguais, porque são igualmente gênios e os gênios são como as parelelas — alcançam o infinito e no infinito se confundem.

As obras de Brecheret são, pois, todas geniais; têm um cunho de individualidade sem pretensão de revolucionar a arte com modernismos extravagantes; caracterizam-se, ao contrário, por uma compreensão nítida de belo e pela particularidade de revelar a vida interior que parece residir nelas.

Cada maquette, cada esboço, — por mais vago que seja — possui uma vida que palpita no seu íntimo; cada uma daquelas atitudes cheias de angústia, — concepções audaciosas de um espírito novo e fecundo — é uma alma petrificada, colhida de improviso num momento de sinceridade.

O público inculto, a massa bruta que hoje condena e amanhã respeita com temor quase religioso, não compreende este belo grandioso, legítimo e clássico. Apenas os que sabem sentir ainda que leigos, pressentem o seu valor e o seu direito imprescriptível e podem-se orgulhar de haver preconisado o julgamento do tempo, o mais reto dos juízes.

Enquanto isso, lembremo-nos de que a Venus de Milo repousou dois mil anos sob um campo de trigo, e abençoemos esta terra fertilíssima que, ao lado de tanto burguês obeso, produz gênios de uma tal grandeza.

* Aristides Ávila — Nasceu em São Paulo em 1898, tendo falecido na mesma cidade em 1960. Bacharel em Direito em 1929. Em 1937 publica o romance humorístico denominado "A Teoria da Distância", premiado pela Academia Brasileira de Letras. Foi crítico de arte das "Folhas", tendo escrito também para o "Jornal da Noite".

De São Paulo — Ilustração Brasileira, Rio de Janeiro, Nov. 1920

Documentação - I.E.B. USP

Mario de Andrade *

São Paulo toda se agita com a aproximação do Centenário. Germinam monumentos numa floração de gestos heróicos; as alamedas riscam o solo em largas toalhas verdes e os jardins se congregam em formosos jogos florais de poesia e perfume. São Paulo se arreia de graças. São Paulo quer tornar-se bela e apreciada. Finalmente, a cidade espertou num desejo de agradar. E era preciso que assim fosse...

A urbe de Amador Bueno é agressiva e misteriosa como os seus heróis; suas belezas recônditas; raro o estrangeiro que alcança levantar um pouco o pesado manto de segredo em que se embuça. Num orgulho tradicional ela sempre se guardou rudemente, como certas igrejas de Itália, que sob uma feição esquipática e bisonha ocultam a severa doçura dum Cimabue, dum Piero della Francesa ou os arco-íris dos mosáicos bizantinos. E no entanto ela é curiosa, viva, singular; e para o paulistano inveterado, que a ama e contempla, tem sugestões tão inéditas como os versos de Mallarmé. Dizem-na fria... Dizem-na tristonha, escura... Mas no momento em que escrevo, Novembro anda lá fora, desvairado de odores e colorações. Eu sei de parques esquecidos em que a rebeca dos ventos executa a sarabanda por que pesadamente bailam os rosais... Eu sei de coisas lindas, singulares, que a Paulicéia mostra só a mim, que dela sou o amoroso incorrigível e lhe admiro o temperamento hermafrodita... Procurarei desvendar-lhe aspectos, gestos, para que a observem e entendam. Talvez não muito consiga. Ponho-me a pensar que a minha terra é como as estrelas de Olavo... difícil de entender...

É bem, pois, que se enfeite de jóias puras ou mesmo falsas para que o argentino ou qualquer outro, vindo de cidades clássicas, dela se não ria, sem lhe compreender o eterno mutismo de irônica e o juvenil muchocho de desdém.

O ilustre Sr. Ximenes, que de longe veio, infelicitará a colina do Ipirança com seu colossal centro-de-mesa de porcelana de Sévres. Já as pás, e os enxadões fragorosamente afundam no chão as bases dos monumentos de Anchieta e de Bilac, enquanto os largos tapetes de grama — pelouses, como diz o autor de João Miramar — marmoreamente alvejam de senhoras lendárias, helenicamente nuas. Neste concerto internacional, um brasileiro surge, assim mesmo trazendo ainda apensa ao nome uma recordação estrangeira: Victor Brecheret. Isto, aliás, não impede que seja muito bom brasileiro e mesmo use daquela pesada dicção paulista de que os cariocas tanto se riem. Victor Brecheret apresentou um projeto de **Monumento às Bandeiras** projeto esse que lhe fora encomendado por pessoas de alta colocação na intelectualidade e no governo. Creio já que o escultor paulista é bastante conhecido no país, pois os seus trabalhos, cheios de comoção e espiritualidade, tem sido reproduzidos por inúmeras revistas de São Paulo e Rio.

Se por acaso os paulistanos conseguirem reunir o dinheiro necessário para a construção da obra, a cidade comemorará, num hino triunfal de pedra e bronze, o passado bravo e heróico em que viveu toda uma epopéia de arremessos galhardos e ousadia. Brecheret, para melhor caracterizar o espírito dessas bandeiras e o sonho destes homens magníficos, usa do símbolo. Uma longa teoria de seres gigantescos, desnudos, avança lentamente para a conquista do ideal que os enleva. Os últimos deles, figuras dum movimento extraordinário, arrastam a barcaça que as corredeiras impediram de passar. Nada os detém. O mistério das laudas sem batismo, as febres das barrocas onde dormita a água verde, a hostilidade selvagem, a agressão das feras, todas as insídias da Esfinge sertaneja, simbolizadas por mulheres serpentinas, de ancas másculas e seios miúdos, não perturbam a investida lenta, mas tenaz, dos bandeirantes. E estes, tendo à frente dois homens montando cavalos de lenda, — os chefes, símbolos da idéia que os fazia endireitar para o desconhecido — vão acordar uma fecunda mulher adormecida: a Terra. E sobre o todo pairam as asas possantes da glória, que não conhece o modo nem transitoriedade, mas é eterna porque, enquanto houver brasileiro no sertão do país, não poderá esquecer-se dessa gente ousada que no verde-negro das florestas foi um dia marcar com um rastro clamoroso de sangue nossos vastos limites interiores.

Todo este simbolismo realizou-o Brecheret com uma eloquência tão comovida e convincente que a todos arrastou, mesmo aqueles que faziam ressalvas à sua compreensão arquitetural de escultura. Só não pode vencer os rivais, os inimigos — que Victor já os tem, e é bem assim seja! — os arraigados a tradições falsíssimas e que só compreendem figuras pour porter da peau.

São Paulo, mais uma vez e em outro terreno, vai glorificar-se, reatando uma tradição artística que o Aleijadinho de Vila Rica, o gênio inculto do portal de São Francisco de Assis, em Ouro Preto, e da escadaria de Congonhas encetou e que nenhum ousara continuar. E Brecheret, cujas forças artísticas rapidamente se maturam ao calor de impecilhos e rivalidades, não só renova o passado em que a Bahia, deu Chagas, o Rio, Mestre Valentim e Minas, João Francisco Lisboa, como realiza o ideal moderno da escultura, templo onde pontificam Bourdelle, Lembruck, Carl Milles e Mestrovic.

* Mario de Andrade. Nasceu em S. Paulo em 1893 e faleceu na mesma cidade em 1945. Poeta, crítico, ensaísta, folclorista e jornalista. Líder do movimento de 22. Autor de "Paulicéia Desvairada" em 1922. Autor de "Macunaima". Escreveu para vários jornais entre eles "Diário Nacional", "Jornal de Debates" e muitas revistas.

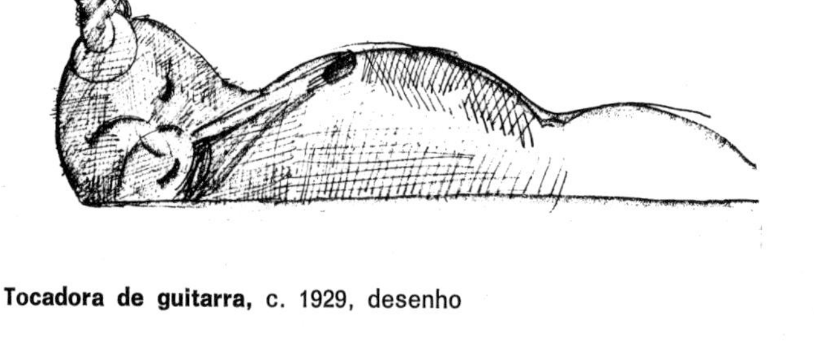

Tocadora de guitarra, c. 1929, desenho

Brecheret (. . .)

Oswald de Andrade *

Brecheret é o milagre triste de São Paulo, como a catedral gótica na ponta da serra nevoenta. Brecheret é a alma enrolada de músculos no desamparo da neblina, é a crepitação da íntima lareira nas regiões polares, tudo se afirmando e gritando a saudade muda de terras candentes. Brecheret é a escultura de São Paulo.

Anchieta fundando o colégio e a cidade opôs ao irregular, ao maldito descampado, onde o país novo parecera concertar reprovações do céu, o heroismo da sotaina indiferente a todas as comadragens da morte.

E na alma vaga, aí fixada, nasceu a cidade semi-viva, ao sol de necrotério, com banhos raros de azul.

O paulista descende em reta da indiferença suicida de Anchieta. Fez a casaria galgar e descer por picos urbanos e grotas fundas e bate-se a séculos, sem rir nem chorar, com a imutável rispidez ambiente que lhe abre cemitérios imensos nos flancos das montanhas arruadas. Os parques choram a melancolia da cidade e o paulista trabalha e não vê os parques.

Sob o toldo do céu, as avenidas, entre as grandes casas como stores baixados, correm passadeiras de fumo em dias de enterro. E as árvores são círios verdes. Mas o paulista trabalha e contrói.

Assim, Brecheret nasceu construtor de necrópole viva.

As suas figuras, tirantes a que adoçou um velho amigo, o céu de Roma, são sobrehumanas ao inverso, parecendo crescer da terra para final debate com invisíveis poderes monstruosos.

Entender Brecheret, o Brecheret arquitetônico da **Piedade,** onde **Cristo** e **Virgem** se entrelaçam, carne na carne, para o drama definitivo post crucem ficar em estilo de bronze, o Brecheret do **Projeto de Fonte** que permanece ignorado e genial no entulho do Palácio das Indústrias, é entender-se São Paulo e perdoar-se São Paulo como o filho de Noé perdeu e cobriu o escândalo paterno.

São Paulo, mazela-flor, doença-hino, hipocondria-epopéia é a cidade capaz de forjar titans.

Brecheret é a escultura de São Paulo.

(. . .) O artigo supra foi extraído de uma revista, cujos dados não possuimos. Pelo teor do mesmo, deve ser de 1920. O artigo é de propriedade da família Brecheret.

* Nasceu em S. Paulo em 1890, falecendo na mesma cidade em 1954. Escritor, participante da Semana de 22, escreveu entre outras obras "Os Condenados" (onde fez de Brecheret um de seus personagens), "Memórias Sentimentais de João Miramar", "A Morta", "O rei da vela" e muitos outros, tendo colaborado em vários jornais.

Questões de Arte (. . .)

Oswald de Andrade

A estilização de Brecheret — o nosso único escultor, mas que vale bem diversas gerações de modeladores — tem sido causa de debates contínuos na cidade. Não se compreende, por exemplo, que ele faça cavalos e homens com o pescoço desmesurado, ciclópicos de força majestosa e rápida, sem molesas ventrais nem detalhes orgânicos desvalorizadores.

Chegam diversos imbecís a crer que Brecheret não sabe que os cavalos e os homens que andam pelas ruas são diferentes dos que ele plasma. E dizem: Mas onde já se viu uma perna desse tamanho, um pescoço desmedido assim, aquele pé está violento demais!. . .

Ignoram que Brecheret faz aquela arte, propositadamente, pois que, como grande artista que é, sabe que a arte não é uma grosseira e inútil reprodução de exemplares da zoologia. Aqueles Bandeirantes que seriam, sem a força desmesurada dos seus músculos tensos, sem a caminhada heróica dos seus passos? Uma procissão idiota de nus familiares. Mas isso que faz o critério julgador das nossas populações (frases assim: como está parecido! que beleza! É como se fosse. . .) é a maior vergonha de uma cultura. Arte não é fotografia, nunca foi fotografia! Arte é expressão, é símbolo comovido.

Qualquer figura, sentada ou curva de Michelangelo e de Rodin posta de pé se desmesurara numa aparente monstruosidade anatômica. É que eles, como desassombrados criadores nunca metrificaram os seus surtos nem iam pôr a serviço das chapudas lições acadêmicas, a glória livre dos seus braços.

(. . .) Não constam do recorte o nome e a data do periódico. O exemplar é de propriedade da autora. Pelo teor da crônica, ela deve ser de 1920.

Victor Brecheret (...)

Corrêa Junior *

Fui, no domingo último, visitar a sala onde Brecheret, a golpes de gênio, criara o seu começo de imortalidade.

Uma sala de escultor, com os objetos que o ofício exige, alguns quadros pelas paredes, revistas de arte sobre uma banca tosca, um espelho de cristal, empoeirado, demonstrando pouca vaidade no Artista, blocos de gesso a um canto de fundo, à espera do sopro divino — e o resto, em meio da sala, obra das mãos, milagre do escopro ousado de um adolescente que a Glória elegeu, e beijou nos olhos dando-lhes a intuição da Beleza Eterna, para deslumbramento e orgulho de uma raça.

Eu conhecia, de há muito, o nome de Brecheret, a quem Oswald de Andrade me apresentara, certa vez, no Largo de São Bento por uma antiga hora de tarde morrente: a sua figura ficou em minha lembrança, na moldura daquele cenário rembramdtesco, como uma ressurreição de pura graça helena, transmigrada, por obra de misericórdia celeste como um assombro de vitalidade realizadora, dentro do escasso perímetro do nosso acampamento petulante e marasmático...

Admirava-o, de longe, com esse orgulho sadio dos que trazem na admiração silenciada o consolo egoístico da percepção da Beleza, que é virtude de adivinho, senão resultado de afinidades inexpressas, posto que verdadeiras.

Brecheret, naquele novo quadro em que eu revia agora, sob a luz forte e moça do meio dia tropical, crescera em realidade e em prestígio de alma, tal se os meus olhos, deslumbrados, vissem nele agora a realização humana e atingível da figura da **Fonte,** que, à esquerda, se erguia majestosamente, no relevo profundo de um gênio doloroso.

Pareceu-me, então, que, lá fora, a cidade tumultuária e indiferente começava a esquecer a vida e o transitório interesse da agitação comercial, trocando de gesto e de espírito, para, bem de longe, dar com o benedictino e a sua torre, onde a obra perfeita e imorredoira pudera viver gloriosa e liberta, abençoando-se e abençoando aos que sabiam fugir a tudo, para o extase que ali reinava, em culto perene ao Futuro da Grande Pátria.

E eu bem disse, com fervor religioso, o isolamento da vida magnífica e jovem, que se afirmava vitoriosa sobre todas as injustiças mesquinhas, que desdenhara a indiferença clássica do meio absorvido pelos vícios inferiores, e, conhecendo-se a si mesma, soubera rasgar majestades na brutesa do mármore, povoando o mundo americano de gigantes eternos que seriam os símbolos serenos da Dor humana ou a força tradutora de impulsos novos na consciência artística da nacionalidade.

Esse meu novo encontro com Brecheret marca um período de profunda crença nos destinos da geração contemporânea.

Considero-o um favor dos céus, neste século de Sua Majestade o Fox-trot...

(...) Artigo de jornal não identificado, datado de 29-3-1921. Exemplar de propriedade da autora.

* Correa Junior — Nasceu em Alagoas em 1893, vindo a falecer em São Paulo em 1972. Bacharel em Direito, jornalista tendo trabalhado no jornal "A Gazeta" por muitos anos. Publicou vários livros de poesias, entre eles "Rezas probidas" (versos), "Dona do meu silêncio" (versos), menção honrosa da Academia Brasileira de Letras.

Uma entrevista com Brecheret

Folha da Noite — 25-3-1921

Egas Roiz

Visita de amigo. Na véspera Brecheret me convidara num dos corredores do Municipal, a visitar seu atelier. Devendo embarcar para Paris em princípios de Abril, queria mostrar-me seus últimos trabalhos.

Fizera-me percorrer todo o atelier e agora recapitulava-me o início de sua carreira.

— Como sabes, principiei meus estudos de escultura em Roma, onde permaneci cerca de 8 anos. Foi meu mestre Dazzi que reputo um dos maiores escultores da Itália contemporânea. Era um anatomista profundo, consciencioso...

— Quais foram as influências que mais se acentuaram então?

— Seguia a escola dos continuadores, concretizadores e resumidores do rodismo. Sentia principalmente uma grande admiração por Mestrovic, o arrojado artista slavo, que é um dos que mais têm contribuído para fixar o verdadeiro sentido da escultura, que começam a encontrar os artistas modernos depois de tantos séculos de obcecação greco-latino. Confesso mesmo que Mestrovic chegou a exercer alguma influência, bem como Bourdelle, na minha arte.

Depois tenho procurado um pouco de originalidade, de individualidade...

— Que, à vista do que acabo de ver, creio está sendo brilhantemente alcançado.

— Bondade, meu caro.

— Bondade, não imparcialidade, imparcialidade como a do Júri da Exposição Internacional de Roma de 1918...

— Só porque classificou em primeiro lugar o meu mármore **Despertar.**

— Classificação honrosa, visto o renome dos concorrentes.

Classificação que foi acolhida pela imprensa italiana com entusiasmo e que nós, sempre ávidos pelo sucesso dos artistas estrangeiros, quase ignoramos. Aqui no Brasil, infelizmente, o público não percebe por si próprio o valor dos nossos artistas. Para um brasileiro conquistar um renome brilhante é necessário que nos venha primeiro notícias dos seus triunfos na Europa.

— Deixa-me discordar. Julgas o nosso público com demasiada severidade. Da minha parte, sou-lhe muito grato, pela maneira carinhosa com que fui recebido...

— ... por uma certa parte apenas que constitui a exceção — do que há pouco disse. Mas, fiquemos por aí. Quando farás uma exposição em nossa capital?

— Desejava-o fazer antes da minha partida, mas receio o nosso público, ainda não habituado às modernas escolas de escultura. Contudo pretendo expor o mármore **Eva,** um dos meus trabalhos iniciais, de linhas mais tranquilas, mas plácidas que os últimos.

— Consideras tua obra?

— Não. Ao meu modo de ver é o **Idolo,** já exposto em Roma.

Mas, estas perguntas, estão é me parecendo uma entrevista. Olha, que não te permiti abusares da nossa camaradagem...

Sorrindo, Brecheret agarrou-me pelo braço e, interrompida nossa conversa, pos-se a me mostrar ainda alguns trabalhos.

A um lado o grupo dos **Sacrificados** grande e harmonioso, forte e deslumbrante, doloroso e inflado de nervos. Além, imponente, dominador, titânico, supremo — o **Gênio.** E outras obras todas elas formidáveis e de tal modo ligadas entre si numa técnica convenientemente preconcebida, que me fizeram pensar na fase definitiva de Brecheret forte, deslumbrante, vitoriosa...

E é este, omisso esboço rápido, numa palestra às pressas, o admirável e modesto crlador de uma obra forte, única. O artista patrício, em cuja obra, de linhas rígidas e espasmódicas, de atitudes de tortura e expressões de rancor, de um paralelismo de membros caídos e a de torsos inflados de paixão, — há todo um poema de dor, de rebeldia e de tormento.

Crônica Social — Eva

Correio Paulistano — 15 de Abril de 1921

Helios

O meu berreiro sobre a arte de Brecheret andou cheirando a escândalo. O incenso que eu espalhava sobre esse ídolo da minha admiração artística parecia incenso de igrejinha; era para os desconfiados, o culto de rodinha de elogio mútuo. Brecheret — como o soldado desconhecido que se glorifica sem que se lhe conheçam as façanhas era canglorado o grande artista, o estupendo artista, sem que se lhe tivesse visto uma obra sequer. Pacheco, em Portugal, fora a mesma cousa, quanto a talento e tino político: "Oh o Pacheco: um assombro". Brecheret, para o grande público, era o Pacheco da escultura nacional... Entretanto, minha grita pelo formidável criador do **Monumento das Bandeiras**, que, afinal, por falta de bandeirantes modernos, ficou apenas em maquette — justificava-se pelo que eu conhecia do estupendo artista patrício. Brecheret, porém, tímido e modesto, não expunha suas obras. Desajeitado e bronco para ter caboticismos, silencioso e rude para

Eva, 1920, mármore, 117 cm de comprimento. Prefeitura do Município de São Paulo (O gesso deste mármore foi exposto em Roma, em 1919).

saber o segredo americano dos reclamos, fechara-se, como uma anta na toca, no seu atelier do Palácio das Indústrias. Lá, no religioso, o solene silencioso templo, entre torsos miquelangiolescos e hieráticos numes austeros, plasmados na carne úmida e ruiva da greda, eu, maravilhado, via mover-se seu vulto atarracado e forte, nas construções ciclópicas de gênios e de esfinges. No crepúsculo daquela tenda, a poesia imensa das criações abafava meus gritos de pasmo e, tanto de glória e de arte, trazia eu para luz do sol o alarido do meu entusiasmo, que o povo acolhia com a querentena da desconfiança. Quais são essas obras? Onde estão essas obras? Por que se não expõem essas obras?

Ontem, o Silencioso quebrou o seu jejum do silêncio. Ontem o Solitário saiu à praça. Brecheret expôs, na Casa Byington, a sua **Eva.** Foi um triunfo; o mármore que, em Roma, numa das suas exposições máximas, fora classificado o primeiro despertou uma admiração candente em todos que o contemplaram. Justificou-se pelo coletivo aplauso do público o meu entusiasmo saracoteado e inconveniente pelo artista. Tirei um incubo da alma e ganhei muito no crédito público... Penso que Brecheret, talvez, com seu êxito, não gozasse mais do que eu. Caiu o véu de Isis... O mistério está revelado. A consagração unânime sagrou cavaleiro da grande arte o negado de ontem. E eu, cronista sem assunto, com essa glória rápida, perdi um belo tema: o de prometer e de proclamar uma revelação.

As quatro asneiras de Brecheret

Folha da Noite — 16-4-1921

Monteiro Lobato

Brecheret é um escultor que apesar de moço já tem na vida uma série de asneiras colossais.

Asneira básica, fundamental, mãe de todas as outras: nascer no Brasil. O Brasil não é terra onde um artista nasça. Deve nascer aqui quem inda, no ovo, já sente comichões condais no cocix, e nas unhas esse pruridro ratoneiro que os espertíssimos Ximenes maravilhosamente compreendem e exploram.

Segunda asneira: voltar ao Brasil convencido de que pelo simples prestígio do seu talento todas as portas se abririam. A dura realidade fez-lhe ver o contrário: as portas só se abrem com gazuas e gorjetas. O talento único que por cá tem cotação é o de negocistas sem escrúpulos, que suborna por meios diretos e indiretos, verbi grafia, o grillo Ximenes.

Terceira asneira: acreditar na seriedade de concursos abertos no Brasil. Em matéria de arte procede-se no Brasil da mesma forma que em matéria de política, e tudo depende da cavação e da gorjeta, motivo pelo qual a vitória, vira e mexe, cai sempre nas unhas dos comendadores.

Três asneiras deste naipe já constituem um acervo de vulto, suficiente para destruir a vida de um artista. Pois o nosso escultor, não contente com a volumosa trindade, ainda cometeu outras menores, como por exemplo a de não expor a sua **Eva** logo ao chegar a S. Paulo, fazendo-o agora que se retira de novo para o velho mundo.
Porque essa magnífica escultura devia até precedê-lo aqui, como a credencial indiscutida e indiscutível do seu grande valor como artista do mármore. Viria dar-lhe, na opinião pública, um fortíssimo pedestal ao seu nome e impô-lo de maneira irrevogável.

A mais séria obra de escultura que até hoje apareceu em S. Paulo foi também uma **Eva,** a de Rodin. Dá-lhe essa classificação, primeiro o ser de fato uma obra prima, segundo o ser assinada pelo grande Rodin.

Pois bem: diante da **Eva** de Brecheret, ora exposta na casa Byington, perde a de Rodin o primado e passa a ser ombreada por um rival, igualmente obra prima, e só inferiorizada pelo fato de a assinar um escultor brasileiro de nome ainda não trombeteado pelas lupinas da fama.

Todas as qualidades que exalçam um mármore à categoria de obra prima reúnem-se nela. Representa uma mulher, e tecnicamente desafia o anatomista a lhe apontar o menor deslise de fatura. O jogo dos músculos, num equilíbrio perfeito, atinge a um desses momentos de verdade anatômica que paralisam nos olhos a visão crítica, para só deixar em campo, estática, a visão admirativa.

Mas a uma escultura destas não basta apenas a fidelidade ao natural. Faz-se mister ainda o conjunto de qualidades de expressão que criam a alma da pedra e por onde se afere do verdadeiro mérito do artista: se é um simples Ximenes hábil ou um criador de algo nuevo. A **Eva** de Brecheret possui esta alma, este algo, indizível, indefinível, imponderável, inclassificável, possui esta força misteriosa que no observador se traduz pela sensação augusta da obra prima.

Inutilmente os críticos de arte amontoam palavras sobre palavras para definir este que perturbador das verdadeiras obras de arte. Fugidio e inapreensível por essência, é dessas coisas que a alma sente mas a palavra não diz.

O comentário único admissível ante tais obras é um silêncio devoto, um silêncio religioso que traduza a confissão tácita de que estamos em face de alguma coisa que transcende do nosso círculo de percepções habituais. Esse estado de alma reproduz-se sempre (em quem tem alma, está claro) pela ação da música, quando é Beethoven que nos penetra de sons o íntimo da substância, pela ação da pintura, quando a faz a mão do gênio, pela ação do verso, quando o cantam os sumos poetas, pela ação da escultura, quando emprestou vida à pedra um desses raros plasmadores da vida marmórea. Pois bem: se a **Eva** de Brecheret transfunde-nos tal estado de alma, não é preciso dizer mais. Isso sagra-o. Isso sagra-o. E isso cobre de vergonha a nossa petulante Cartago, a este S. Paulo que repudia de seu seio um artista destes, exila-o, esfameia-o para em seguida meter no bolso dum grileiro de gênio centenas de contos em troca de um presepe de pedra e bronze, cheio de leões, panteras, bugres, cavalos de Troia, girafas, jacarés, etc., monumento falsíssimo uma vez que esqueceu os camelos pagantes e como coroamento de tudo, na cuspide, o pé de cabra onipotente, onipresente, oniciente, onicavante.

Brecheret está intimado a fechar a série das suas formidáveis asneiras. Pelo amor de Deus não cometa a quinta: que seria crer na regeneração disto e regressar mais tarde com sonhos na cabeça em vez de cartas de recomendação no bolso e ardor estético n'alma em vez dos dez mandamentos da Arte de Cavar bem decoradinhos. É preciso não esquecer nunca que apesar da casaca de importação o aimoré que comia gente inda vive e viça sob mil disfarces e hoje, mais faminto do que nunca, se fez aramofago...

Victor Brecheret

Jornal dos Debates — 18-4-1921

Mario de Andrade

Pretendo escrever uma série de artigos sobre todos os artistas moços (no sentido mais simbólico do termo) que passam pela cidade de São Paulo ou nela residem, tenho o direito e o dever de começar pelo escultor paulista Victor Brecheret.

A figura deste amigo e irmão dos mais íntimos se impõe com tanto mais eficácia ao meu espírito que ele agora vai partir, levado pela sagrada miragem do velho mundo, em busca dos ensinamentos que Paris não lhe negará. Vai pensionado pelo Estado. Isso quer dizer que a responsabilidade pesa assustadoramente sobre os seus ombros; tanto mais que a maioria dos artistas brasileiros, que sob essa feição demandam as cidades artísticas da Europa, deixam por lá, ingratidão para com a pátria e desrespeito para consigo mesmos, o impulso, a inspiração produtora das suas juvenilidades, trazendo apenas o metro falso dumas regras sediças, mal aprendidas e uma aflitiva desilução. Vão fortes, carregados com as esperanças de todos nós, voltam inermes, desmusculados, verdadeiros defuntos da arte.

Mas Brecheret para mim tem mais que o simples fulgor volátil da juventude. No trato continuado em que o pude observar e admirar, arraigou-se-me profundo e forte no espírito a convicção de que o moço escultor é uma personalidade característica, a profecia mais genial que o país teve até hoje na escultura, à qual unicamente falta contemplação mais ponderada das grandes obras de arte do nosso tempo e espírito mais afeiçoado ao raciocínio estético para produzir a obra-prima integral, que o Brasil ainda não tem para concorrer ao comércio artístico do mundo e que dele espera com fervor.

Brecheret vai para a terra onde o antigo pastorinho de cabras, Eugenio Bourdelle, hoje assombra o mundo com as suas obras impressionantes.

Brecheret, já contemplou as obras dos italianos; e também o gênio de Mestrovic já deixou no seu entusiasmo uma impressão talvez demasiado possante para que o asceta, intérprete do **Cristo,** se manifestasse inteiramente livre e unicamente pessoal. Agora, ao contacto de novas correntes, ao exemplo de novas estesias por certo que ele vai crescer e adquirir a sua liberdade.

Será ainda necessário falar sobre Brecheret e explicá-lo aos leitores paulistas? Será ainda necessário berrar, como o fizemos para emudecer a coxa antipatia que o rodeou nos tempos em que apareceu,

que ele é o talento mais promissor da nossa geração?

Precisarei analisá-lo friamente como certos críticos, que imaginam ser a ausência de aplausos e de exaltações a condição imprescindível da boa crítica; ou precisarei saudá-lo com os galhardetes multicoloridos do elogio incondicional, do rapapé político e embandeirar estas minhas saudosas palavras de despedida com adjetivos retumbantes?... Carece-me a frieza precisa para assentadamente iniciar um estudo (estudo?) por qualquer desses padrões. Prefiro dar ao sonhador da **Vitoria** todo o oiro da minha fé, assim como enquadrá-lo no dilúculo da minha saudade.

Quando ele voltar, e o arado dos anos tiver inevitavelmente revolvido o terreno verde da nossa amizade, eu falarei, mais isento e liberto, do escultor que Paris nos entregará em troca da esperança que na grande metrópole depomos.

Aliás seria óbvio mortificar com o passado duma crítica quem parte para o futuro dum ensinamento.

Creio também que em São Paulo, que no Brasil (pois Brecheret é brasileiro para nós, os altivos paulistas — em que pese o mestre João Ribeiro et caterva) creio que não há ninguém no país, interessado pelo nosso porvir artístico, que não aja para com o burilador de Safo como o Estado de São Paulo agiu, nele fundando uma esperança.

Apenas quero lembrar uma idéia de Brecheret.

Ele é, disto tenho absoluta certeza, um espírito que tende a se tornar independente, uma personalidade que se inclina a singularizar-se. É uma das suas qualidades mais notáveis. Pois bem: em vez de formar um tipo escultórico baseado nas correntes tradicionais assírias ou egípcias, em vez de estilizar no mármore ou no bronze as características físicas dum nórdico, segundo Carlos Milles, ou dum eslovaco segundo Mestrovic — tendências que o internacionalizariam em vez de o nacionalizar — estude os tipos dos nossos índios, tipos não desprovidos de beleza, estilise-os, unifique-os num tipo único, original e terá adquirido assim a maior das suas qualidades. Hoje, cada vez mais se faz questão de nacionalismo no mundo artístico internacional. Cada artista se esforça por dessedentar-se unicamente na tradição de seu país. A nossa tradição artística é parca. Mas se Bernardelli fez do seu Cristo — aliás não sem razão — um tipo irreal e vago, mas se mestre Valentim resproduziu nas duas Dianas de chumbo figuras helênicas que viu além mar, já o Aleijadinho agrilhou ao São Jorge um latagão português de má catadura e nas mulheres dos Passos de Congonhas os tipos mesclados da Minas setecentista. Por essa razão ainda Francisco Lisboa é o maior dos escultores nacionais.

É uma idéia, uma lembrança que, francamente quizera realisada.

E agora o adeus por três anos. Do grupo que acercou e animou Victor Brecheret fui sem dúvida o menos entusiástico e produtivo, mas não o menos confiante. Eu que, tirante o terreno da fé, vivo a ruminar a grama da dúvida, não duvido do escultor da **Eva.**

E faço-lhe por estas linhas de abraço uma encomenda muito vaga. O preço dela é a minha confiança. Será um Deus? Será um ídolo? Será um herói?...

Pouco me importa o assunto...

É a obra-prima.

Victor Brecheret — Ilustração Brasileira, Rio de Janeiro, Out. 1921 Documentação - I.E.B. USP

(Di Cavalcanti?) (...)

Victor Brecheret é na escultura brasileira uma força nova.

Culto, criado num ambiente moderno, ele realiza sempre, dentro dos mais puros ideais artísticos, obras cheias de verdade e personalidade.

Acostumados ao barrinho machucado dos escultores do nosso Salon, onde a obra a parte do escultor paulista surpreendemo-nos, não só por ele se destacar entre medíocres, mas pela distância que ele guarda dos seus contemporâneos.

Na escultura brasileira Brecheret é o vulto maior. Atestando o seu alto valor basta lembrar que o Museu de Amsterdam e a Real Academia de Roma adquiriram-lhe duas obras. Isto é bastante para abismar a admiração indígena...

Os artistas, no entanto, já procuraram melhor conhecer a obra do solitário paulista e já se fazem alguns seus imitadores.

As fotografias que ilustram esta página dão bem a prova das afirmações que fazemos. São reproduções de um de seus últimos trabalhos: **A Volta,** grupo monumental inspirado na epopéia magnífica dos bandeirantes. A marcha funeral que movimenta o grupo, cheia de elasticidade e ritmo, não poderia estar melhor representada pelo escultor. As figuras que acompanharam sob a proteção de uma figura de Madona, o corpo do conquistador morto, são bem as figuras de Brecheret, como são dele os cavalos dos guiadores — magníficos de concentração nervosa e de força. Há originalidade, há criação, não é nada copiado com servilismo. Participando de uma alma, resultando de um esforço cerebral, tem vida...

No artista há esta semelhança com o criador — dele queremos representações vivas, participando do nosso espírito como uma expressão criada em complemento à natureza. A arte nos deve sempre trazer aos sentidos alguma coisa que faltava à nossa sensibilidade, ou que dentro dela adormecera. Se não traz, se é apenas reprodução do que estamos acostumados a ver sobre outra modalidade, não é arte... Brecheret realiza estes conceitos. Sua obra é a representação de um espírito maior. Está na altura dos grandes artistas, pela forma e pela idéia. O Brasil deve ter orgulho em possuir um artista como é o solitário escultor paulista.

(...) Texto atribuído a Di Cavalcanti.

Um dos primeiros estudos para o **Monumento às Bandeiras,** c. 1920

Registro de Arte
Brecheret no Salon de Paris

Correio Paulistano — 3-11-1921

Feliz inspiração a do governo mandar para a Europa o grande escultor paulista Victor Brecheret.

Artista já completo, com grande iniciação em Roma, partiu para Paris não para começar ,mas para vencer entre os mestres. Notícias vindas de França não só mostram o esforço de Brecheret, como também seu triunfo.

Em menos de três meses, esculpe um fragmento do **Templo de minha Raça,** e, entre quatro mil obras recusadas pela comissão do Salon, a de Brecheret é escolhida para figurar na exposição deste ano.

Demais, é grato constatar-se que o artista patrício inaugura sua carreira com uma obra genuinamente brasileira, qual a do **Templo** do seu povo.

Nós que sempre fomos dos que o aplaudimos e afirmamos a certeza do seu sucesso, registramos com prazer o batismo de glória do querido Brecheret, que é, de certa forma, um pouco desta casa.

Semana de Arte Moderna

Jornal do Comércio — de 7-2-1922

Inicia-se no próximo sábado, em São Paulo, a Semana da arte moderna, iniciativa do Sr. Graça Aranha e sob o patrocínio de elementos de mais alto relevo na sociedade paulista, que constituíram a seguinte comissão organizadora do certame: Srs. Paulo Prado, Alfredo Pujol, Oscar Rodrigues Alves, Numa de Oliveira, Alberto Penteado, René Thiollier, Antonio Prado Junior, José Carlos Macedo Soares, Martinho Prado, Armando Penteado e Edgard Conceição.

A Semana se realizará de 11 a 17 do corrente ,no Teatro Municipal de São Paulo, constando de uma exposição permanente de pintura, escultura e arquitetura, de concertos de música de câmara, leitura de poesias e páginas literárias e de várias conferências, sobre as tendências modernas do espírito brasileiro.

Haverá três grandes recitais, sempre seguidos de concertos, em que serão executadas obras do compositor pátrio Sr. Villa-Lobos, sob sua direção pessoal, e interpretação das Sras. Paulina d'Ambrosio, Lucili Villa-Lobos e dos Srs. Ernani Braga, Alfredo Gomes e Fructuoso.

A senhorinha Guiomar Novaes prestará o seu concurso, a esse movimento, fazendo-se ouvir em numerosas composições de música moderna.

A exposição de artes plásticas apresentará obras de pintura de Anita Malfatti, Zina Aita, Di Cavalcanti, Martins Ribero, Ferrignac, Enrico Castello, Oswaldo Goeldi, Regina e John Graz, de escultura de Victor Brecheret, Hildegrado Leão Velloso e Haarberg; de arquitetura de Antonio Moya e George Przyrembel.

Serão lidos versos e páginas literárias dos Srs. Roland de Carvalho, Guilherme de Almeida, Elysio de Carvalho, Alvaro Moreyra, Renato Almeida, Oswald de Andrade, Menotti del Picchia, Liuz Aranha, Mário de Andrade, Menotti del Picchia, Luiz Aranha, Mário Deabreu, Rodrigues de Almeida, Affonso Schimidt e Sergio Milliet.

O Sr. Graça Aranha fará uma conferência sobre a Emoção na Arte Moderna; o Sr. Roland de Carvalho falará sobre as novas tendências da arte, a propósito das obras expostas, e sobre a música de Villa-Lobos, e o Sr. Renato Almeida uma conferência sobre Filosofia Moderna no Brasil.

O magnífico acolhimento que tem tido a inicativa faz prevalecer o melhor sucesso e a mais larga repercussão em todo o país.

A Fonte, 1925, mármore, 117 x 203 cm.

Carta de Paris — Ariel: Revista de Cultura Musical, n.° 1, São Paulo. Out. 1923, pg. 15 18 — Documentação - I.E.B. USP

Sérgio Milliet *

Aspectos do banquete com que o Ministro Souza Dantas fez a sua entrada em Paris — Comunhão de artistas franceses e brasileiros — Futuristas d'aquém e d'além Atlântico. — O célebre Grupo dos Seis — Visita ao atelier de um pintor cubista — Uma série de opiniões sobre arte...

No Paris brilhante e festivo que precede ao Grande Prêmio, o novo embaixador brasileiro Souza Dantas fez sua estréia oferecendo um banquete à vanguarda artística e literária francesa. Homem de rara distinção, ele junta à essa qualidade a de ser inteligente — coisa menos apreciável na diplomacia — e a de possuir grande experiência social.

Sua partida de Roma foi uma das mais importantes manifestações de apreço até hoje tributadas a diplomata estrangeiro na Itália. Dele se despediram pessoalmente o presidente do Conselho, sr. Mussolini, e a nobreza do Circolo della Caccia. Por isso não deixa de ser significativo o gesto do nosso embaixador em França. Quis se afirmar intelectual em sua sociedade onde o pensador e o artista são prestigiados pelo elemento oficial, pela aristocracia e pelo povo. Para a sua festa também convidara artistas e literatos brasileiros então em Paris, como Tarsila do Amaral, Rego Monteiro, Brecheret, Pinheiro Junior, Oswald de Andrade e eu. Para mim foi uma feliz ocasião para fazer o meu juízo acerca de certas personalidades. Assim, pude discorrer longamente com Darius Milhaud, do grupo dos seis. Esse músico de valor foi secretário de Claudel, no Rio, onde ambos passaram desaparcebidos e, curiosa coincidência, durante a sua permanência aí, tornou-se amigo do nosso grande Villa-Lobos, tal como de Souza Dantas quando foi nosso chanceler. Note-se de passagem ter sido esse fato no momento em que o maior artista brasileiro era por todos hostilizado. Da terra que tão mal o acolheu Milhaud conservou a intensa poesia, o ritmo nostálgico e a estranha beleza, que em França se transformaram em pedras preciosas, desconhecidas para os pretensos gênios nacionais.

Ao lado do embaixador sentou-se Jean Giraudoux, que é funcionário do Ministério do Exterior francês. Correto, moderado, diplomata, assemelha-se mais, com seu nariz arrebitado, olhos de um azul claro e modo de trajar, a um lord inglês amador de cavalos e cocktails, do que ao precursor desse tremendo modernismo que tanto escandaliza o Dr. Porchat. Conversa simples, sem sombra do riquíssimo vocabulário e das imagens que fervem nos seus romances. De vez em quando, um ameaço de ironia no sorriso. É tudo. Quem leu Siegfried et le Limousin espera inutilmente por um moço petulante, falador, uma espécie de bisbolhiteira que tivesse lido Swft e sabodeado Rimbaud. É tão grande a desilusão que eu mesmo, chegando à casa, reli o Siegfried na esperança de encontrar alguma página detestável. Não a encontrei; procure-a o leitor.

À sua frente, Tarsila do Amaral cortava a carne para Blaise Cendrars, poeta e mutilado da guerra. Mas antes de chegarmos a ele, vamos falar da talentosa pintora patrícia. Tarsila hoje dispõe de seguríssima técnica, permitindo-lhe realizar as mais ousadas concepções.

Quem viu o retrato pintado por Modigliani, viu Cendrars — não por ser fotográfico, que isso não tem a mínima importância — mas porque o pintor soube criar a exata atmosfera do escritor.

E Cendrars descobriu Modigliani! Ambos talentos de síntese, ambos danos da fantasia. O poeta escreveu-me esta frase sobre um livro seu:

"Tirez sur ces elastiques".

Referia-se a seu Poèmes Elastiques. Eu aceitei o seu conselho. E os elásticos não rebentaram.

Talvez não se possa dizer o mesmo dos nossos parnasianos, salvo Amadeu, Bilac, e dos novos, o santista Schmidt. Porque? Falta de condenação.

Vai um poeta pelas ruas, caminha a esmo, de repente para; sobre a sarjeta de sua imaginação brilhou uma chave de ouro. Ei-lo satisfeito, feliz; pode com ela fazer um soneto bem acabadinho, abrir um coração. Pois não abre. Faz de treze versos um papel de embrulho, e o resultado é que o leitor poderá ter uma impressão favorável quanto à técnica, mas não ressentirá nenhuma comoção profunda. Esse poeta moderno desconhece o papel de embrulho, já há muito se retirou dos secos e molhados e, quando encontra uma chave de ouro, guarda-a à espera de outra. Um dia terá formoso conjunto onde o leitor encontrará a sua, entre as muitas chaves que lá estão. Assim é Cendrars.

Ao seu lado estava Fernand Léger, o pintor das locomotivas. Comia com apetite; alto, forte, bigodes à americana, sobrancelhas carregadas, tem alguma coisa de boxeur peso-pesado. No seu atelier de Montparnasse — onde estivemos todos incorporados depois do banquete — há rodas, chaminés, klaxons e serras de aço, formando ornamentação moderna. É considerado pelos seus admiradores como o mais puro dos cubistas e hermético aos profanos; nele, dizem, tem o século da máquina seu pintor. Não procura, como Picasso, idealizar a matéria de que é obrigado a utilizar-se; Léger tenta traduzir na tela a bruteza da massa inerte. Também são originalíssimos os seus Carlitos desengonçados e cinematográficos com que ilustrou o livro de Ivan Goll. Quando se lhe faz perguntas sobre a arte, ele se diz arquiteto, comprazendo-se em afirmar: "Donnez moi la matière, je vous donnerai um temple!"

André Lhote, outro desenhista presente, não se aparenta aos outros cubistas; embora seguindo certos princípios, faz cada vez mais concessões ao gosto do público. Na sua fase atual parece-nos um pintor que, não desprezando chamar a atenção sobre si, quer ao mesmo tempo agradar gregos e troianos.

Mais adiante — entre Oswald de Andrade e Rego Monteiro, outro artista brasileiro que tem realizado grandes progressos — estava Jules Romains, o mestre escola da jovem literatura que... segue regras. Inteligncia fria, sem arroubos nem arrojos, preocupado com pesos e medidas, dest'arte agrada aos tradicionais. Ele completava com Jules Supervielle — poeta amável e fantasioso — o lote dos franceses.

Dizem que a honra de participar de uma reunião dessas suscita uma dose de ingratidão pelo menos igual à intensidade do prazer ressentido; resultaria pois o eu falar mala do anfitrião. Difícil tarefa quando se trata de Souza Dantas, seja dito sem lisonja. Imaginem se ele fizesse como um dos convidados, pacato provinciano bisonho em modernistas, que se pasmou tanto na visita feita ao Léger que, à saída, disse-me em francês: "Il était comme deux ronds de frites, votre compatriote!"

É impossível descrever a cortezia, o teto e a perfeita distinção com que foi presidido o banquete. Grande ventura seria termos no Exterior representantes idnticos. Nosso prestígio aumentaria sem necessidade de canhões nem de custosos efetivos bélicos.

* Nasceu em S. Paulo em 1898 e faleceu na mesma cidade em 1966. Escreveu para os jornais "O Estado de S. Paulo", "Diário Carioca", "Diário de Notícias", "A Manhã". Publicou "sal da Heresia", "Marcha a Ré", "Diário Crítico" e outros trabalhos. Foi participante da Semana de 22.

Le Temps — La Vie Artistique. Paris, 31 Out., 1923. Recortes M. de A. I.E.B. - USP.

Le Salon D'Automne: un coup d'oeil d'ensemble

Fidèle au programme que s'était tracé, en le fondant,

Sepultamento, c. 1923, granito, comp. 338 e alt. 213 cm, (Prêmio do Salão de Outono de 1923, Paris). Família Guedes Penteado, Cemitério da Consolação, São Paulo.

son président Frantz-Jourdain, le Salon d'automne est resté le plus varié, le plus vivant de nos Salons. En architecture, en sculpture, en peinture, les nouveautés y pleuvent. Elles ne son pas toutes à retenir, car l'esprit de recherche, de nos jours, abolit la plupart du temps le sens critique, mais il en est beaucoup d'ingénieuses et les plus malvenues tracent des pistes qui se transformeront, sous un effort plus lucide, en grandes routes. Toutes méritent donc egalement d'être considerées avec une réelle sympathie, et, en particulier, l'essai de rénovation d'architecture urbaine auquel s'est dévoué Marcel Temporal. Ce jeune artiste riche d'idées, plein d' ardeur, est convaincu que l'avenir est aux peuples qui donneront satisfaction, les premiers, à tous les besoins éveillés dans le cerveau de l'homme moderne par le développement de l'électricité et de la mécanique, — automobile, aviation, T.S.F. Il est persuadé que non seulement les grandes villes, mais les moindres bourgades en revêtiront une face tout nouvelle et que l'architecture privée, elle aussi, en subira les effets. Il a eu l'ambition, et le courage, de prendre l'initiative du mouvement. Il a groupé autour de lui quantité d'activités agissantes et de forces jeunes. Il les avait aiguillées, l'an passé, sur le décor des boutiques de grand luxe et sur l'architecture funéraire; il les a dirigées, cette année, sur l'architecture des parcs, des grandes hôtelleries de province et des grands restaurantes de Paris et d'ailleurs. De là lui est venue la pensée de cette exposition d'art culinaire dont quelques ironistes, à l'avance, ont fait des gorges chaudes, et dont le succès n'en est pas moins certain .Trente-sept journées consécutives y seront consacrées à la réalisation, sous l'oeil des visiteurs, des vieilles recettes de la bonne cuisine française, appliquées à nos meilleurs produits régionaux. A partir du 2 novembre, tous les gourmets de Paris, à l'heure du déjeuner, seront invités à venir déguster tantôt les poulardes du Mans, tantôt celles de la Bresse, le cassoulet de Castelnaudary, ou les pâtés d'alouettes de Chartres et de Pithiviers, les quenelles de Lyon et les merles de Corse, ou les foies gras de Périgeux et de Strasbourg parfumés aux truffes du Périgord, etc., etc.; et, comme les organisateurs de cette petite fête gastronomique ont tenu, dans un but de publicité, à ne faire aucun bénéfice, il est superflu de dire qu'il n'y aura jamais de table libre au buffet. Ce sera l'occasion, pour tous les critiques d'art, de suivre l'exemple de leur confrère Vanderpyl, qui entretient les lecteurs du Petit Parisien tour à tour, et avec la même verve juteuse, d'art plastique et de cuisine. Ils n'auront pas tous la même érudition, ni les mêmes dons naturels, mais leur style, embaumé de gousses d'ail, fleuri de bouquets de persil, relevé d'un soupçon de muscade ou de girofle, y gagnera incontestablement en saveur. C'est au premier étage du palais que se déroulera cette manifestation d'un genre inédit dans une exposition réservée aux seuls peintres, sculpteurs, architectes et créateurs des arts appliqués. Au rez-de-chaussée, dans la vaste rotonde qui prend jour sur l'avenue Victor-Emmanuel-III, un décor de parc se dressera. Il n'en existe, à l'heure où j'écris, que le cadre architectural et sculptural: caisses de fleurs dont les larges faces carrées, d'une hauters de deux mètres, et qui porteront des bouquets géantes de chrysanthèmes, sont meublées de bas reliefs synthétiques représentant les vingt-quatre heures du jour; lampadaires de six à huit mètres de haut, dont le sommet portera de grands fanaux électriques; colonne centrale en béton surmontée d'un admirable vautour en bronze noir, de Pompon. Pour conduire à la seconde partie de l'exposition d'art urbain — façades d'hôtelleries et de boutiques, — organisée sur le terre-plein d'où s'élancent les degrés qui conduisent au premier étage, un départ d'escalier en forme de muraille escalade les six ou huit marches qui mènent de l'escalier au terre-plein. Il est orné d'une composition religieuse où trois figures de saintes femmes mêlent leurs larmes à celles d'une **Mater dolorosa** sur les genoux de laquelle repose le corps inanimé de son fils. Je ne veux pas ici discuter l'opportunité de cette conception. Il est trop évident qu'un motif religieux, quel qu'il soit, est en opposition absolue avec l'idée d'un décor de parc à laquelle s'était soumis le sculpteur. Mais ce que je tiens à relever, c'est la nouveauté d'une recherche où l'artiste s' est ingénié à ne donner d'autre épaisseur aux figures que celle de la muraille. Les saintes femmes debout, la Vierge assise, le Christ mort ne dépassent pas l'aplomb du bloc de maçonnerie qu'ils surmontent et dont ils constituent l'unique ornement. Le moyen âge avait connu de ces hardiesses. Il les avait même pratiquées couramment, jugeant avec raison q'une sculpture exécutée pour un emplacement déterminé dans un ensemble architectural a pour devoir absolu de se soumettre à cette architecture et d'en respecter scrupuleusement les lignes. Ajoutons que, l'idée admise, il n'y a qu'à louer le sculpteur pour l'adresse avec laquelle il a su ordonner son ensemble, pour le sentiment dont il l'a empreint et pour l'habileté technique déployée. L'artiste a signé son oeuvre du nom inconnu de Brécheret. Ce nom est d'autant plus à retenir qu'il est celui d'un jeune et que cette Pietà parait-il, est un premier début. Pour mieux accuser l'idée de parc, Temporal revêtira de gazon, la veille de l'ouverture, le sol mosaîqué de la rotonde. Deux allées en croix, pratiquées dans le gazon, permettront aux visiteurs de gagner les escaliers de droit et de gauche. Adossées au mur de la rotonde, entre les caisses de fleurs, des fontaines compléteront l'effet décoratif, et les lampadaires prendront place dans le gazon en face des fontaines. Pour achever l'illusion et donner la sensation de fuite indispensable, un décor sera planté, dans l'axe de l'entrée, sous la voûte qui donne accès aux écuries du palais, et devant ce décor sera placé un monument en l'honneur de Debussy.

Brecheret

Paulo Prado * Revista do Brasil: **Resenha do mês** n.º 98, São Paulo, fev. 1924. Documentação IEB-USP

Dentro de pouco tempo — talvez bem pouco — o que se chamou em Fevereiro de 1922, em São Paulo, a Semana de Arte Moderna, marcará uma data memorável no desenvolvimento literário e artístico do Brasil. Esse ensaio, ingênuo e ousado, de reação contra o Mau Gosto, a Chapa, o já Visto, a Velharia, a Caduquice, o Marcantilismo, obteve um resultado imprevisto e retumbante. Assanhou o ódio dos filisteus, introduziu a dúvida nos espíritos de boa fé, e fez rir às gargalhadas um público triste e conselheiral. Teve senões evidentes, e falhas inevitáveis em empreendimento desse gênero levado a efeito num meio acanhado e em cidade provinciana, apesar do concurso do belo contingente que o Rio nos enviou. Mas nele soou, clara e vibrante, a nota do talento e da mocidade. A ela devemos o terem-se aberto, bem largas, as portas do Municipal, para uma rajada de ar puro que limpou o palco e corredores do teatro, ainda quentes do bafio rançoso das óperas da Companhia Mocchi e do Coty suspeito das peças de monsieur Brulé. E, pela primeira vez, São Paulo se interessou, com paixão, por um problema de arte; pela primeira vez em meio do nosso industrialismo, saíram as conversas do ramerrão das preocupações materiais e da maledicência para o terreno das idéias gerais. A própria indignação dos adversários, prolongando-se por meses e meses, foi um fenômeno animador, sendo uma das provas da existência de forças latentes de reação do nosso organismo social. Quem tanto odeia, não está longe de amar. No entretanto, que estranho caso o desse público moço, inteligente e apegado como um velho a um passado defunto! A explicação talvez seja de ordem mais geral e indique uma falha ou um vício na própria vida intlectual do país inteiro. O Brasil, de fato, e por motivos que merecem maior estudo, sempre nos aparece em atraso de cinquenta a trinta anos, em todas as questões referentes à Arte e à Literatura. Quando as novas fórmulas, já gastas e esgotadas, desaparecem, ou se refugiam nos museus e bibliotecas da velha Europa, surgem, elas envelhecidas e fora da moda nos nossos centros intelectuais. Todo o romantismo descabelado da geração de Castro Alves — de influência tão perniciosa na formação do espírito brasileiro — desconheceu o frisson nouveau da poesia baudelaireana; o simbolismo de Verlaine e Mallarmé, e o neo-romantismo de Rimbaud (de onde sai todo o movimento poético moderno) quase nenhum vestígio deixaram na literatura pátria. Os nossos poetas cristalizaram-se numa curiosa mistura de romantismo e parnasianismo, que produziu, é certo, um grupo de primeira ordem como o de Raymundo Corrêa, Alberto de Oliveira e Bilac, mas que já destoa na evolução moderna, como destoava no período romântico uma tragédia clássica ou uma ode anacreôntica. No romance, só trinta anos depois da publicação de Madame Bovary apareceram entre nós os primeiros ensaios do naturalismo, e em toda a literatura brasileira da última metade do século XIX, nem uma vez se citam os nomes de Stendhal, Balzac e Flaubert, que são os grandes mestres latinos e as fontes inesgotáveis do gênero. É inútil falar na pintura, na escultura e na música. Aí o nosso atraso foi — e é — secular e a nossa indigência insondável. Ficamos nas óperas de Carlos Gomes, de um social e folclórica da nossa etnografia — e nas estátuas de Bernardelli, que faz parte, há mais de trinta anos, de uma oligarquia artística, tão deprimente e vergonhosa, numa terra livre como a dos tirantes da polícia. Na pintura os esforços de Victor Meirelles e Pedro Américo, dois grandes artistas explorando um gênero bem chamado histórico basta uma visita ao Salon anual do Rio para se ter uma idéia da nossa pobreza artística. Só agora, alguns inovadores descobriram o impressionismo de Monet, Bonnard e Vuillard, com as mais recentes expressões da beleza quando para elas já se abriram, em consagrações oficiais, os museus mais conservadores dos velhos países. A Semana de Arte veio revelar ao deserto do nosso mundo lunar que uma nova modalidade do pensamento surgira como uma grande Renascença moderna. Com ela aparece entre nós, o sentimento de inquietação e independência que é característico da nova feição do espírito humano. O mundo já está cansado das fórmulas do passado; em toda a parte, em todos os terrenos — na estética da rua, no anúncio, nos reclames, nos jornais ilustrados, nas gravuras, na mobília, na moda — com uma alegria iconoclasta e juvenil se quebram os antigos moldes e desaparecem as velhas regras, pesadas como guilhões. Política, Arte, Literatura, Ciência, Filosofia — todo o esforço humano — sofre dessa radical transformação do ideal, em que se exerce, de maneira tão luminosa, a sensibilidade livre e individual dos homens de hoje. Nunca, desde a Idade Média, se viu tão esplêndida manifestação coletiva. Um vento másculo de revolta e renovação sacode e abala o antigo arcabouço das civilizações clássicas. A regra será — diz Maurice Raynal — abusar da liberdade, mesmo para errar. Ainda é o melhor meio de atingir o fim desejado. Só ai, como sombras estranhas em meio de esplendor da nossa terra, ainda vivem e dominam, os personagens anacrônicos que são o poeta parnasiano, o escritor naturalista, o pintor anedótico, o músico de ópera. e o político feição liberal do Porto — acreditando nas leis da velha Economia Política. A Semana de Arte foi o primeiro protesto coletivo que se ergueu no Brasil contra esses fantoches do passado. Graças aos seus ataques irreverentes — de um delicioso exagero — à virulência das suas inventivas, muito livro de versos de rima rica e idéia pobre, deixou de aparecer em público; muito quadro fugiu para outros amadores ignaros de plagas mais remotas, e muita caduquice rabugenta voltou amedrontada para o silêncio e incenso das capelinhas. Assim iniciou o grupo da Arte Moderna a obra de saneamento intelectual de que tanto precisamos. Nessa manifestação de mocidade e independência, de talento e audácia, ninguém mostrou mais probidade artística, mais chama sagrada, mais maestria na técnica do que o escultor paulista Victor Brecheret. Os seus trabalhos expostos no vestibilo do teatro de São Paulo já tinham a serenidade definitiva de obras de museu e impunham respeito e admiração, mesmo aos mais indiferentes ou hostís. O soberbo monumento aos Bandeirantes, a massa imponente do seu **Gênio,** criador e submisso como uma força da Natureza domada, a graça alada e sinuosa das Dançarinas, a alvidez da magnífica cabeça de Núbio — formavam um conjunto, digno das melhores exibições de arte na Europa. Paris acaba agora de o consagrar grande artista; Brecheret, na escultura, foi o triunfador do Salon d'Automne, deste ano. A glória e a fama, indiscretas e teimosas como mulheres, souberam descobri-lo na nobre pobreza do seu atelier de operário perdido nesta imensa cidade, implacável e justiceira. Para tirá-lo do anonimato de artista estrangeiro e desconhecido bastará o Salon deste fim de ano. A obra exposta representa um grupo de quatro figuras de mulheres chorando com a **Mater Dolorosa** o corpo inanimado do Cristo. O assunto e a colocação foram impostas pelos organizadores do Salon Vencedor num concurso preliminar em que figuraram 60 escultores parisienses, Brecheret teve de limitar a execução da sua obra a um espaço de 60 centímetros de largura e 4 metros de comprimento. Os críticos salientaram esse tour de force, comparando-o Thiébaut-Sisson, do Temps, ao processo decorativo dos artistas da Idade Média que tão harmonisamente sabiam subordinar as suas esculturas ao conjunto arquitetônico que as rodeava. Brecheret, porém, não imita nem copia os mestres do passado; é moderno na concepção e na execução. O escultor não pertence a nenhuma escola em ismo e da sua imaginação criadora brotam espontânea e ingenuamente as formas plásticas do seu sonho. A serenidade hierática das personagens, a poesia das mãos espalmadas, caridosas e plangentes, a curva perfeita, da primeira das mulheres até os pés longos e finos que terminam o grupo dão à obra do nosso escultor um encanto e um sentimento que empolgaram a crítica parisiense e o público do Salon. Ao ver tanta admiração e curiosidade em torno dessa obra de arte — mais do que nas propagandas estipendiadas, nos reclames das agências telegráficas, nos banquetes oficiais e nas embaixadas, mais ou menos de ouro — tem-se a visão de que um povo vivo e moço, surge do outro lado do Atlântico. É a melhor e mais inteligente informação sobre o que vai ser o Brasil moderno. Há neste momento em Paris outros artistas e escritores brasileiros — do mais alto valor — empenhados na patriótica campanha de reabilitação de um país, em geral conhecido unicamente como a terra pitoresca do Pão de Açúcar e do café. Vivem eles ainda nessa sombra onde se preparam os dominadores futuros da cidade incomparável; surgirão repentinamente, como Brecheret, numa onda de popularidade, ou pelo lento trabalho dos perseverantes e iluminados que ignoram a impaciência. Que apoio lhes dá a pátria longínqua e indiferente? Viveremos sempre, em matéria de arte e literatura, nesse colonial em que o estrangeiro adventício nos domina e explora, como o conquistador primitivo seduzia os morubixabas indígenas com as suas bugigangas de pacotilha?

A obra-prima de Brecheret não deve ficar exilada na Europa; há de haver no Brasil, ao lado das obras de fancaria dos italianos, franceses e espanhóis de exportação, um lugar de honra para o trabalho de um patrício. S. Paulo, pela sua história e por suas tradições, já não é simplesmente um terreiro, um armazém, ou uma fábrica; aos povos, como aos indivíduos, o fardo pesado da riqueza impõe, nas terras cultas, deveres e obrigações. Os mais repugnantes novos-ricos de Chicago ou Buenos Aires consignam nos seus orçamentos verbas cada dia maiores para as despesas de caráter intelectual ou artístico: assim estabelece a harmonia entre os progressos materiais e que Renan chamava o culto do Ideal. O governo de S. Paulo modestamente subvenciona a estada de Brecheret na Europa, como se fosse um tenor protegido da política, ou uma menina pianista. É preciso completar esse ato louvável, adquirindo para nossa Pinacoteca, ou para nossa Catedral, a **Mater Dolorosa** do escultor paulista. Por esse gesto inteligente dos nossos governantes, muito lhes será perdoado.

* Nasceu em São Paulo em 1869 e faleceu no Rio de Janeiro em 1943. Bacharel em Direito formado em 1889. Fundador da "Revista do Brasil" e dirigente juntamente com Mario de Andrade da "Revista Nova". Participante da Semana de 22. Deixou várias obras, entre as quais "Retrato do Brasil", - SP - 1928 "Paulística" (história de São Paulo - 1925.

Journal - Liberté - Paris (. . .)

René Chavance

Quelques sculptures enfin se recommandent: les figures harmonieuses de M. Poisson, un Don Quichotte curieusement stylisé de Mme Simard, un buste sobre de M. Pryas et une **Fuite en Egypte** en bronze poli, de M. Brécheret, dont les plans simplifiés avec grâce.

(. . .) O recorte não traz a data. Fragmento de propriedade da autora.

Túmulo da poetisa Francisca Julia da Silva, 1920, mármore, 230 x 110 cm, Cemitério do Araçá. Obra encomendada ao Governo do Estado de São Paulo pelo senador Freitas Valle.

Gazette des Beaux Arts — Decembre 1924 (...)

Cette **Porteuse de parfums"** est faite de volumes sphériques, ovoides qui s'emboitent les uns dans les autres. Peu importent à l'auteur les rapports qui existent entre eux: le bassin est énorme, les

seins minuscles. M. Brécheret avait décidé de réussir avec des formes féminìnes une composition en fuseau; il a soumis la naure à toutes le opérations nécessaires, puis il a substitué à chaque membre des volumes géométriques. Il ne s'agit pas évidentment d'une imitation de la réalité, mais d'une variation sur ce théme réel qu'est une femme. Si nous insistons sur cette oeuvre, ce n'est pas à cause de ses qualités particulières, mais parce qu'elle représente une conception artistique à laquelle certains sculpteurs demeurent attachés, alors que les peintres, nous l'avons dit, commencent à l'abandonner.

(...) O recorte não traz referência ao autor do texto.
Recorte de propriedade da autora.

Portadora de Perfume, 1924, bronze patinado, alt. 331 cm, Col. Pinacoteca do Estado, São Paulo.

Crônica Parisiense - Revista do Brasil n.° 111, São Paulo, Mar. 1925, p. 231-33. Documentação - I.E.B. USP.

Sérgio Milliet

A saison começou brilhantemente, este ano, com o Salão de Outono e os Bailados Suecos. Atinge neste Dezembro de neblina, de peles e de festas, ao apogeu.

O Salão não trouxe surpresas nem revelações. Continuou simplesmente a tendência modernista da jovem pintura internacional e o valor indiscutível dos mestres. Ao lado do cubismo integral de Gleizes e do cubismo aplicado de Léger, Braque e Lhote, surge uma arte mais acessível ao vulgo, derivada diretamente das lições vanguardistas. Nota-se, juntamente com esse movimento, a grande moda do primitivismo. Na escultura, o mesmo fenômeno. O grande friso de Besnard para a Exposição de Artes Decorativas de 1925, apresenta todas as características desse rejuvenescimento pelo arcáico.

Nossa contribuição para esta como para outras exposições e, como foi sempre, pequena. Felizmente podemos apresentar Brecheret e, fora do Salão, Tarsila, Anita, Yan e Di Cavalcanti. Neste Salão de 1924, a **Madaleine aux parfums** de Brecheret, eleva-nos à altura das nações civilizadas. A crítica não lhe poupou elogios. Sua escultura monumental e sintética, de linhas puras e de volumes cheios, interessa elite e profanos e provoca comentários os mais disparatados. O Salão é um verdadeiro anúncio mortuário da arte antiga, cujas telas passam já despercebidas no meio da manifestação unânime de saúde e de alegria.

Os Bailados Suecos desembarcaram em Paris com mais novidades. Convém confessar que o programa este ano não é dos melhores. Tirando a Création du Monde, Skating Ring e Relache, o resto não vale grande coisa. Os bailados Foujita-Manuel e Pirandello-Casella são de uma banalidade desesperante. Isto vem confirmar o triunfo completo do cubismo que se revigora ainda com a nova orientação de Picasso na pintura, e, no cinema, com l'Inhumaine de Marcel L'Herbier e os numerosos filmes simultaneistas.

Em literatura a grande novidade é o livro de Blaise Cendrars, dedicado aos amigos brasileiros e que versa

toda sua viagem ao Brasil. Feuilles de Route são anotações rápidas e cinematográficas, recheadas de raras imagens e apimentadas, às vezes, com o mesmo lirismo dos poemas de Du Monde Entier. A técnica do livro lembra Kodak. A mesma ausência total de literatura, a mesma maneira direta e quase seca de apresentar a emoção. Nenhum desenvolvimento, nenhum ornamento. Nem flores, nem rendas, nem perfumes de barbeiro barato. É a síntese absoluta, a simplicidade, corajosa, a vontade firme de não ceder à tentação da melodia, da serpente estética. Ontem, em casa do pintor Yan, Oswald de Andrade definia Relache, o bailado de Picabia-Satie, pela ausência de estética. Pode-se estender a observação a toda a arte moderna.

....

Joseph Delteil faz parte do mesmo grupo que André Breton de quem acaba de aparecer o Manifesto Surrealista. O superrealismo está na moda. Há revistas superrealistas, peças de teatro e até filmes. No fundo, André Breton chove no molhado. O superrealismo existe há muito tempo. Apollinaire, Cendrars, Cocteau e outros já o empregaram. A atitude dos mestres da escola é sempre antipática. E, para dadaista o fim é lamentável.

Registro de Arte - Brecheret
Correio Paulistano — 23-6-1925

Victor Brecheret, o grande escultor patrício, foi premiado este ano, no Salão dos Artistas franceses, o maior certame artístico do mundo, com menção de honra, expondo uma grande estátua modelada em severo estilo clássico.

É essa uma distinção que raramente alcançam artistas estrangeiros, o que exalta singularmente o valor do notável escultor paulista.

Parece ser intenção de Victor Brecheret oferecer esse trabalho ao Estado, em sinal de agradecimento por ter o mesmo pensionado o vigoroso artista. É mais uma vitória que junta às que já alcançou o seu privilegiado talento.

Congratulamo-nos com Victor Brecheret por esse triunfo, sendo que, destas colunas, fomos dos que sempre acreditaram, com segurança, no seu êxito.

Dançarina, 1925, mármore polido, alt. 71 cm

La Danseuse de Brecheret
Comédia — Paris — 18-12-1925 (...)
Arnold Wald

La sculpture peut faire apparaitre sans fard le nouveau visage de l'art par le respect des belles surfaces et des volumes harmonieux, la recherche d'arabes ques heureuses, l'observation d'une discipline sévère qui soumet la nature aux règles de la géométrie. Ainsi le statuaire répond-il a l'esthétique d'à présent et collabore étroitement avec l'architecte que desse des bâtiments débarassés de décors superflus.

Mais il y aurait beaucoup à dire lá-dessus et ces caractères si violemment de 1925 sont aussi ceux de la sculpture antique; ce sont des règles éternelles et immuables.

Les temps sont durs pour les sculpteurs; ils ont à triompher, des difficultés innombrables avant de pouvoir, l'esprit et le coeur libres, attaquer la pierre. Question de place, de lumière, d'argent.

Il faut voir là une des principales raisons pour lesquelles il y a bien moins de sculptures que de peintures dans les salons où s'epanouit l'art vivant, mas ce qu'on y voit suffuit pour montrer l'activité qui règne dans bien des ateliers.
Au Salon d'Automne bien des preuves se présentent de cette activité et de ces recherches, faites par des artistes acharnés à leur tâche, chacun selon son tempérament et sa personnalité.

Voici **La Danseuse** de Brecheret. Cette statue présente un bel exemple de ces recherches dont nous parlions tout à l'heure, de la apureté obtenue par la synthèse de la discipline observée; l'humanité demeure mais reste captive du jeu des lignes et des volumes: la volunté de l'artiste impose des lois à sa sensibilité et pour que ces caractères fussent plus nets, plus dépouillés, Brecheret a choisi une matière polie sur laquelle la lumière agit brutalement.
C'est la règle qu'il se donne d'ordinaire.

D'autres oeuvres de lui ont ce caractère bien souvent moins nettement marqué que dans cette danseuse.

Sans doute se souvient-on d'un grand groupe qu'il exposa il y a quelques années: **Une Mise au Tombeau** qui souleva bien des discussions.
Ces saintes femmes courbées par la douleur soutenant le Christ descendu de la croix ce groupe apparaissait mince, aigu, serré, condensé dans un étroit espace. Des surfaces planes, des lignes aigues, une volonté, l'oeuvre est émouvant.
Il y a dans cette conception de l'art religieus le souvenir d'anciennes tradition et nous connaissons de Brécheret certaine **Vierge à L'Enfant**, en bronze poli, très voisine des pièce gardées jalousement dans le trésor des cathédrales.
Voilà qui démontre encore ce que nous disions tout à l'heure à propos de la synthèse, de la discipline géométrique qui n'est pas seulement d'à présent mais toujours.

La condition essentielle pour un artiste qui veut pousser son art dans ce sens, qui veut aller ou delà de la reproduction photographique de la nature est de savoir admirablement son métier, d'être sur de soi lorsqu'il prende le ciseau ou l'ébauchoir.
Il sera voué à une faillite certaine s'il compte surtout camoufler son manque de science.
C'est un reproche fait trop aisément aux artistes d'à présente de ne rien savoir et de se vanter de cette ignorance. C'est un reproche le plus souvent injuste. Puisque nous parlons de Brecheret nous aimerions que des "medaillés" de toute classe essaient de réaliser tel monument dont nous avont vu la maquette et les portraits, et même les statuettes et les statues qu'il exécuta pour décorer une fontaine dans un parc. Il ne s'aggissait pas alors de recherche et d'invention; il fallait là suivre le métier tout nu.

(...) Esta crônica está inserida nos catálogos das exposições de 1926 e 1930)

Victor Brecheret, Statuaire (...)

Maurice Raynal
Crítico do "Intransigeant" dos "Cahiers d'Art", "L'Art et la Décoration", do "L'Amour de L'Art", etc. — Paris.

C'est toutojus une joie pour l'ami des arts rencontrer un artiste chez qui le souci des conceptions esthétiques est supérieur ou au moins égal à celui des préoccupations purement techniques.

Toute conception d'art exige un état de réflexion naturelle, et non un effort, né plutôt des rêveries de la sensibilité que des recherches de la spéculation. C'est pourquoi les grands artistes, c'est-à dire ceux chez qui conceptions et techniques s'équilibrent, les grands artistes, dis-je, sont généralement des paresseux laborieux, si l'on veut, ou des flaners pour ne froisser personne. Son métier, ils ne l'ont pas choisi, il leur est venu seul, il est encore ce qui pouvait leur arriver de mieux pour que paresse ou rêverie puissent prendre un corps, se concrétiser et s'il plait à Dieu et aux amateurs leur promettre de ne pas mourir de faim tous les jours. Mais c'est tout.

Trop nombreux sont en effet les artistes travailleurs, ceux-là qui ne cherchent que dans le cercle fermé d'un métier pratiqué uniformement depuis des siècles, ces petites perfections de moyens que ne vivifient aucune intention généreuse non plus qu'aucune aspiration issue de l'union de la sensibilité et de l'intelligence. Nous exigeons en effet chez l'artiste ce goût de création sensible, ces tendances à abstraction artistique, au jeu contenu des illusions et de l'imagination que les artisans de l'art sont à leur tour trop paresseux pour pratiquer. Or en général cette orientation des vrais artistes est dûe à une sérieuse confrontation du tempérament et non des moyens à employer, mais des buts de l'art à poursuivre et c'est ce qui apparait dès l'abord dans l'oeuvre de Brecheret.

Après l'éducation qu'il reçut, Brecheret eut pu comme tant d'autres se contenter de suivre les lois de ces données academiques qui à de faut d'un art national ont reussi à former une sorte d'art esperanto, d'art passe-partout dont l'on rencontre les identiques résultats dans les expositions officielles du monde entier. Brecheret sentit fort bien que ce qu'il fallait combattre n'était pas l'étude ni la pratique des moyens des Anciens. Il discerna vite qu'il fallait éviter de considérer ces moyens comme absolument liés aux esthétiques qui les avaient inspirées. Il songea raisonnablement que pour avoir choisi chez les Maitres les moyens qui convenaient à sa science personnelle de la statuaire, son art à lui, se devait de ne s'affubler d'aucune défroque, fut-elle égyptienne, grecque, romane, renaissante, voire nègre. C'est qu'en effet le prétendu appel à la tradition n'est qu'une espece de petite lâcheté. Parce que les artistes de quelques époques ont pu toucher à certaines perfections ou du moins trouver des aboutissements précis et profitables, les fanatiques de la tradition se jettent dans les bras de celle-ci tout en prenant vis à vis d'elle des airs protecteurs. C'est le faible qui vote au secours du plus fort. Mais le malheur veut que si l'art traditionnel est l'unique source de tous les enseignements techniques il n'est jamais celle de l'imagination. C'est pourquoi les fervents adeptes de l'art traditionnel, se content d'imiter ses aspects, et voilà l'origine de tous les académismes.

La difficulté vaincue d'abord par Brecheret fut celle qui consistait à se débarrasser de toute la sentimentalité qui enveloppe les moyens des plus grands d'entre les Anciens, pour libérer sa propre sensibilité, la mettre à même de s'exprimer suivant les tendances qu'elle préferait, et il faut avouer que la nationalité de l'artiste rendait la tâche assez rude.

Brecheret avait d'abord à lutter contre cette sorte d'impérialisme artistique que l'art européen entende imposer au monde entier. L'intention est purement commerciale et non morale. Si certains arts extra-européens n'ont jamais produit d'oeuvres considérables, il faut en rechercher la cause non pas dans l'impuissance de leurs artistes mais dans la ridicule tutelle académique qui se charge toujours très surement d'annihiler les plus nobles personnalités. Brecheret, en venant en France, aperçut très rapidement le double danger que courait sa sensibilité. Il retrouva d'abord l'Académisme qu'il avait connu, l'Académisme français; il était vêtu des mêmes oripeaux: sa roublardise ne célait pas les ficelles dont sa trame était tissée. Brecheret eut vite fait de le démasquer et de laisser galons, médailles et récompenses aux enfants d'une sagesse à gifler, que ces petites misères tenteront toujours. Mais une difficulté plus sérieuse se présentait devant ses intentions généreuses. Ce qu'il était venu chercher en France c'est en même temps que le spectacle des chefs-d'oeuvres dont son éducation téchnique avait besoin, mais encore cet air de liberté artistique qu'il n'avait jamais encore respiré, et dont son instinct lui avait révélé

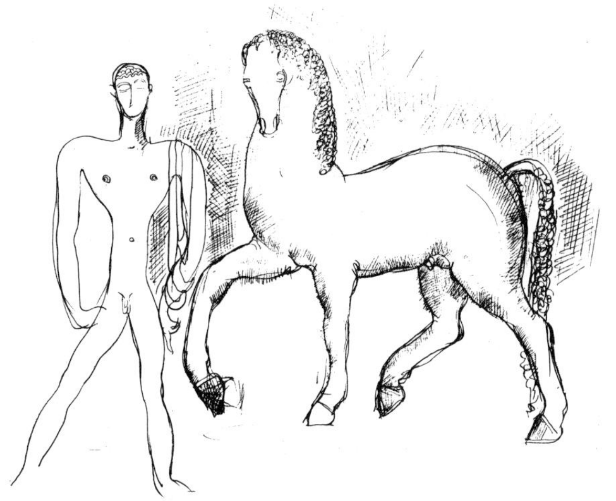

l'existence. Il fut vite convaincu que la statuaire doit tout naturellement, sans préméditation, obéir aux destinées purement humaines de la plastique, a ses exigences, ses besoins, indépendamment des aspects fragiles et fugitifs dus seulement aux evénements, aux modes, aux coutumes, aux goûts qui circulent dans le temps et parmi toutes les latitudes. Et il savait par expérience combien l'art académique était coupable d'avoir détruit chez les artistes qui le pratiquaient tout sens national; il songea longtemps au faux du Salon des Artistes Français et c'est ainsi que tout en tenant compte des exigences purement humaines de la plastique, il décida de banir tout esprit de pastiche pour laisser parler sa sensibilité.

Brecheret n'écoute que les plus pures intentions de sa sensibilité. Grâce à une habilité de métier incontestable, il pouvait donner le change et travailler selon le rite d'un art purement vivant que celui des Grecs, celui des Romains, parce que plus généralement gouté à cause de son contact plus direct avec la nature. Mais au contraire, Brecheret penche vers des buts plus exclusivement plastiques; le monde des formes et celui de la lumière l'attirent de préférence à celui des représentations vitales. Fixer pour l'éternité dans la pierre ou le bronze les aspects de la vie fugitive lui semblait une conception plus joliment sentimentale que proprement créatrice. Mieux encore il ne pensa peut-être pas du tout à ces raisons, et s'il travailla dans ce sens, c'est à cause de la sensibilité plus purement artistique qui préside à l'architecture de ses oeuvres et leur donne ce cachet d'harmonie plastique qui leur est propre.

C'est qu'en effet il existe peut-être deux sensibilités qui intéressent immédiatement l'artiste, la sensibilité générale qui vibre spécialement au contact des événements de la vie réelle et la sensibilité artistique qui, lorsqu'il s'agit de la statuaire, n'est touché que par les phénomènes d'ordre plastique. Ces phénomènes d'ordre plastique émanent de la considération spéciale des formes jugées en tant que formes pures, c'est-à-dire, comme agrégats de molécules déterminées par des dimensions lyriques et non considérés comme élements d'un tout offrant, tel aspect du monde réel. Autrement dit, ce qui touche la sensibilité artistique c'est bien moins l'aspect d'une statue représentant une figure quelconque que les combinaisons de plans, de creux, de reliefs et les dispositions d'éléments formés dans la lumière. La statue representant une femme touche la sensibilité générale suivant les mêmes modes que le corps d'une femme lui même. Mais l'imagination dépensée par l'artiste dans l'agencement des éléments qu'il a sélectionnés vise au contraire et tout spécialement les dispositions artistiques de notre sensibilité. Ainsi de nos deux sensibilités, l'une est naturelle, c'est-à-dire donnée à nous par la nature et propre à vibrer au contact des phénomènes qu'elle engendre; l'autre est plus spécialement personnelle, artificielle si l'on veut, du fait qu'elle ne se laisse toucher que par les spectacles, les faits, les objets, crées ou inventés par l'imagination de l'homme.

L'art de Brecheret répond à cette dernière conception de la sensibilité. Il s'agit d'une sensibilité très purement professionnelle, que le mouvement des masses et des volumes dans la lumière, inspire le plus souvent. Sa **Porteuse de Parfums**, d'une si audacieuse conception contient des morceaux dont l'excellente qualité plastique témoigne de recherches qu'un sévère idéal formel anime. Il y a dans cette composition, comme dans son **Amazone**, un élan plastique d'une ferveur toujours soutenue. L'on sent dans ces recherches une opiniatrété que rien ne fera fléchair, à vouloir bannir tous les accidents capables peut-être de plaire, mais propres surtout à diminuer l'intensité de ses intentions et la sérénité des blocs que seule une lumière solaire anime. Cependant il ne faudrait pas croire que Brecheret pour sacrifier surtout à la plastique pure verse dans la froideur, le manièrisme ou l'inhumanité. Sans prétendre à la psychologie, Brecheret sait donner aux sujets qu'il choisit la vitalité que la plastique réclame. Mais point de littérature. Voyez sa **Mise au Tombeau,** son **Ascension,** sa **Vierge,** et vous reconnaitrez en elles un accent de foi chrétienne parfaitement sincère et attendri et qui sans afféterie conditionne toujours humainement le groupement de leurs éléments. De là cet équilibre qui éclate dans l'oeuvre toute jeune de Brecheret, équilibre que la venue de l'âge ne fera que consolider et developper, pour la raison que j'indiquais plus haut. L'artiste qui, en effet, songe aux destinées de son art et fait, avant de le pratiquer, une sorte d'examen preálable et qualificatif de sa

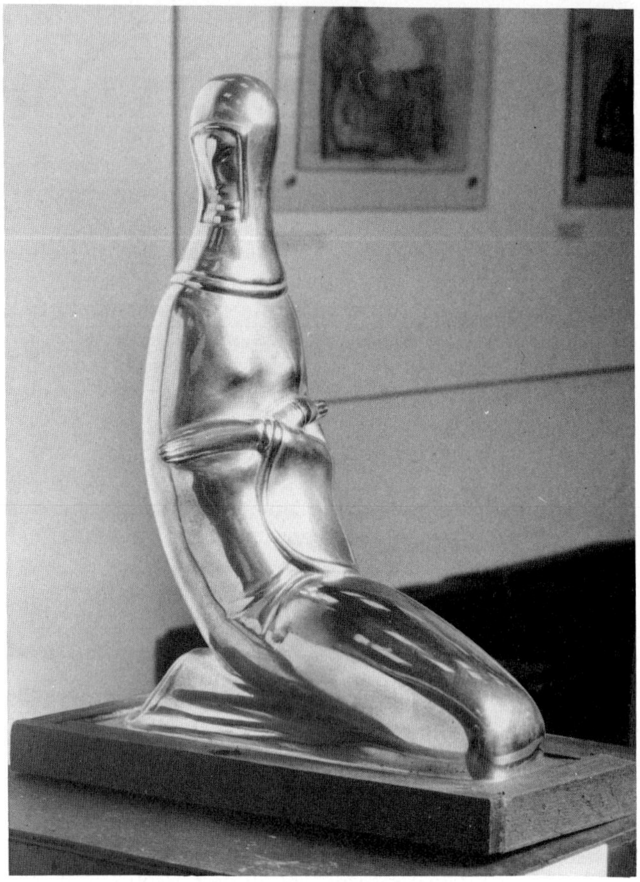

Madona, c. 1924, bronze polido, alt. 34 cm

sensibilité ne court jamais à des échecs, bien au contraire il délimite ses intentions dans le cadre de ses conceptions et de ce fait il reussit toujours à definir le but qu'il veut atteindre sans qu'il lui arrive à moins qu'il ne le veuille, de s'écarter des moyens propres à le conquérir.

Telles sont quelques unes des idées que suggère l'art de Brecheret, cet art noble et franc dont les moyens ne s'embarrassent jamais des petites ressources des cuisines et du bon goût. Or en un temps ou le goût de la vie facie conduit tant d'artistes à suivre trop dociement les exigences de la mode, on doit relever ce mérite de Brecheret de vouloir absolument parler sa langue et lui élever un monument digne de son passé artistique et de son individualité.

(....) Essa crônica encontra-se inserida nos catálogos das exposições de 1926 e 1930, em São Paulo.

Brecheret em seu atelier em Paris, 52, rue Vercingétorix, com o casal Marino (arquiteto que fez o plano da cidade de Tripoli).

Les Temps - Paris (. . .)

Thiébault Sisson

Pour conduire à la seconde partir de l'exposition d'art urbain — façades d'hôtelleries et de boutiques, — organisée sur le terre-plein d'où s'élancent les degrés qui conduisant au premier étage, un départ d'escalier en forme de muraille escalade les six ou huit marches qui mènent de l'escalier au terre-plein. Il est orné d'une composition religieuse où trois figures de saintes femmes lent leurs larmes à celles d'une **Mater Dolorosa** sur les genoux de laquelle repose le corps inanimé de son fils. Je ne veux pas ici discuter l'opportunité de cette conception. Il est trop évidente qu'un motif religieux, quel qu'il soit, est en opposition absolue avec l'idée d'un décór de parc à laquelle s'était soumis le sculpteur. Mais ce que je tiens à relever, c'est la nouveauté d'une recherche où l'artiste s'est ingénié à ne donner d'autre épaisseur aux figures que celle de la muraille.

Les saintes femmes debout, la **Vierge** assise, le **Christ** mort ne dépassent pas l'àplomb du bloc de maçonnerie qu'ils surmontent et dont ils constituent l'unique ornement. Le moyen âge avait connu de ces hardiesses. Il les avait même pratiquées couramment, jugeant avec raison qu'une sculpture exécutée pour un emplacement déterminé dans un ensemble architectural a pour devoir absolu de se soumettre à cette architecture et d'en respecter scrupuleusement les lignes.

Ajoutons que, l'idée admise, il n'y a qu'à louer le sculpteur pour l'adresse avec laquelle il a su ordonner son ensemble, pour le sentiment dout il l'a empreint et pour l'habileté technique deployée. L'artiste a signé son ouevre du nom inconnu de Brecheret. Ce nom est d'autant plus à retenir qu'il est celui d'un jeune et que cette **Pietá parait-il,** est un prémier début.

(. . . .)
Esta crônica encontra-se inserida no catálogo referente à exposição de 1926.

Une Sculpture Curieuse au Salon D'Automne

Comédia — 1924 — (. . .)

René Jéan

Une sculpture à signaler est la **Porteuse de Parfumns**, de M. Brecheret qui, l'an dernier, exposait une **Mise au Tombeau** des plus intéressantes. **La Porteuse de Parfums** se présente telle une colonne élancée, composée de formes cylindriques superposées qui représentent en leus synthèse le bas du corps, le torse et la tète du modèle. L'artiste efforcé de suggérer l'élancement du corps feminin, sans se laisser subjuguer ni asservir par la nature en ses détails, et son oeuvre révéle un talent vigoureux et personnel.

(. . .) Esta crônica está inserida no catálogo da exposição de 1926.

Les Temps - 26/02/1928 - Paris

Thiébault Sisson

Dans cette grande figure de femme (**La Baigneuse**) étendue en une pose indolente sur les sol ou sur un lit de repos, et dont le buste s'érige, nonchalant dont la tête se redresse en une attitude d'une noblesse piquante, dont le regard, sûr de lui, se promene sur tout ce qui l'entoure avec expression de fiertê dédaigneuse, l'artiste ne s'est nullement proposé de se livrer a une étude serrée de la forme; il n'a pretendu qu'a créer une oeuvre décorative, d'une allure et d'un sentiment tout modernes. Il y a réussi avec un rare bonheur. La formule, a la fois très complete et três neuve na plus rien des excès de simplification qui caractérisèrent, il y a quatre et cinq ans, ses envois au Salon d'automne, envois ou se marquait néanmoins une fraicheur juvénile, ou se revélait en même temps qu'un instinct décoratif très algu un souci très fin de l'arabesque.

Une pièce comme celle-ci mériterait d'attirer l'attention de son gouvernement et de valoir au sculpteur la commande d'une réalisation en marbre qui en accuserait d'avantage encore l'accecit.

Les Salons de Peinture

Le Salon des Indépendents — Revue de l'Amérique Latine — Paris, 1.° de abril de 1929

En sculpture, Brecheret reste également fidéle à ses récentes oeuvres, son nux étendu, intitulé **Après le Bain**, est de sa meilleure verve.
La Fuit en Egypte séduit par maints rapports de lignes, par des profils d'une étonnante pureté, enveloppés de cette grâce souple qu'on trouve dans toutes ses oeuvres, mais on est porté à faire une réserve sérieuse en ce qui concerne la tête et le cou de l'âne, réserve faite à regret, car les oeuvres de cet artiste sont d'un charme réel qui leur donne un autre attrait que leur valeur décorative.

Victor Brecheret

Diário Nacional, S. Paulo, 24 jan. 1930.

Mário de Andrade

Sobre a exposição que Victor Brecheret, de regresso da Europa realizou com grande triunfo em São Paulo, à praça Ramos de Azevedo, 6, escreveu Mário de Andrade: "Fica-se até meio desagradado ao saudar o retorno à pátria dum grande artista internacionalmente conhecido, como Victor Brecheret, porque justamente essas palavras que deviam ser tão honrosas, "grande artista", andam malbaratadas por aí tudo e sem valor nenhum mais.
"Grande artista" é expressão que todos os artistas já receberam e eu mesmo já há muito que a larguei pelos papéis, ou por um entusiasmo de momento ou pelo interesse pragmático de que as idéias úteis vinguem. Quanto à internacionalidade de Victor Brecheret, que o faz já disputado pelos compra-compras ianques, e ter esculturas em Paris, em Cuba e outros horizontes, já principio imaginando que provém justamente da realidade mais exterior e da concepção mais perigosa das obras dele.
Quando os cubistas verdadeiros, porém não abstratos, como Picasso ou Braque, desassociavam as partes dos objetos para reuní-las em sínteses artísticas desrelacionadas de tudo, é certo que esteticamente conseguiam esse isolamento da obra-de-arte porque a natureza, não apresentando agenciamentos semelhantes aos que essas obras apresentavam, o espectador não tinha por onde continuá-los pra fora do quadro.
Porém como a representação objetiva perseverava, (lembrar certos bandolinistas de Picasso, toda a obra de La Fresnaye e Juan Gris, O Futebol de André Lhote, as composições antropomorfas de Léger e Lipchitz) a síntese artística se prejudicava bem: os traços e formas de objetos e seres que perseveravam na obra, davam para a gente uma sensação de análise exuberante e detalhada.
Depois o cubismo e suas adjacências viraram moda e as indústrias mecânicas tomaram conta dele.
Basta ir ver as novas decorações do cinema Coliseu pra saber a que estranhos absurdos isso atingiu.
Como é fácil a gente ouvir cantar o galo sem saber onde cantou, os compositores de modelos pra porcelanas, terra-cotas, etc., imaginaram que a "estilização" (palavra amaldiçoada!) era o santo do tempo novo: fizeram bibelozinhos de ângulos e grandes curvas vazias. Essa camelotagem facílima hoje... é universalmente conhecida.

Ora Brecheret, na procura da luz que tem sido a marca dominante da evolução dele alastrando cada vez mais as superfícies expostas à luz nas suas obras tende às vezes para uma síntese simplista por demais e mesmo, num ou noutro momento, creio que positivamente ineficaz. Me pesa dizer, mas por exemplo a **Fuga do Egito** n.° 2 da exposição atual, (praça Ramos de Azevedo, 6), é uma síntese que apesar da sua luminosidade, me parece fria, "estilizada", por muitas partes. É uma obra-de-arte muito fácil da gente confundir com certos objetos de arte, compráveis nas bijouterias chiques.
A sensação de coisa estandartizada é incontestável.
Na **Bachante** (n.° 5) o mesmo. E o mesmo ainda no **Esforço** (n.° 4), em que ainda se nota um defeito gravíssimo de realização. Essa obra só podia ter algum interesse talhada em granito, com dez metros de

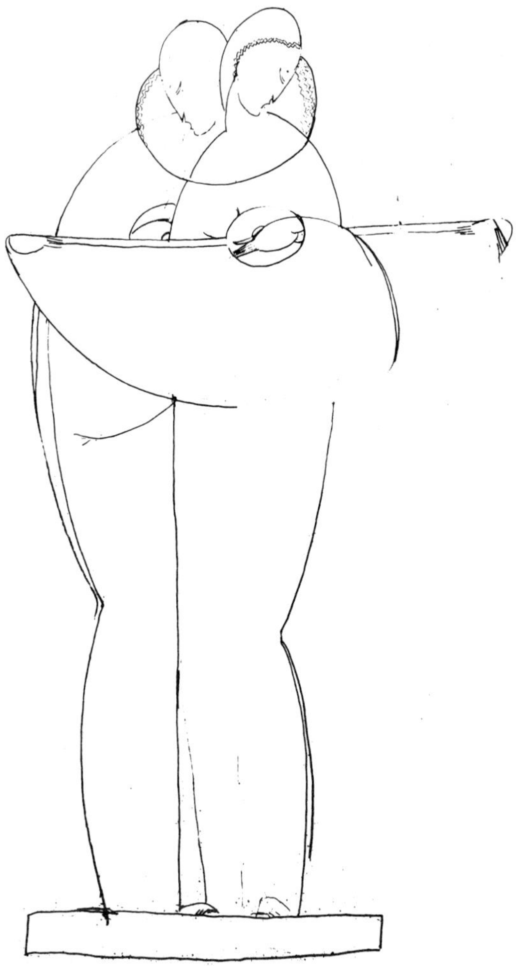

altura e cem de comprimento. Nas proporções em que está, sempre há de dar a sensação de maquete. Todas as orientações estéticas tem seus perigos. Muitos escultores germânicos de agora, impressionados com a já famosa Virgem de Bourdelle, e certa orientação goticista ou antes populares, de que Barlach é um dos corifeus, caíram no simples plágio e na contrafacção do Gótico. Dos muitos que procuram como Despiau, como Lembruch, como Celso Antônio, realizar o corpo humano "de dentro para fora", dotando a obra-de-arte de construção interior, a infinita maioria dispensou pra um academismo reles, imitador e copiador aplicado da natureza. Brecheret não escapou da lei, e a concepção que ele já tem elevado tanto algumas vezes, se emboscou em não sei que malvadeza, pra fazer ele correr o perigo de confundir obra-de-arte e objeto de arte.

Afora esse problema que aflige as três esculturas indicadas, esta exposição de Victor Brecheret é talvez a mais harmoniosa das que ele já realizou em São Paulo. Todas as outras obras são muito boas e é incontestável que, dentro das suas concepções estéticas, o escultor atingiu a uma inexcedível perfeição técnica. Se observe, por exemplo, a virtuosidade admirável com que imprimiu uma espécie de vibrato às superfícies dos modelos que passados em bronze dariam as duas **Mulher** e **Guitarra** n.ᵒˢ 12 e 13. São essas talvez as duas obras mais afastadas da natureza (exceptuado o Esforço) que Brecheret apresenta agora, porém, é a matéria, o bronze que se apresenta numa atitude nova, adquirindo uma vida, uma quasi que humanidade dum saboroso valor. Outro ponto digno de observar e admirar é a luminosidade a que o grande artista já chegou. Na evolução de Victor Brecheret se notam duas fases características: a face da sombra e a fase da luz. A primeira vem até a ida pra Europa como pensionista do Estado. É o tempo das musculaturas ressaltadas, com as sombras lanhando vincos e permanentes entre os cordões fugitivos de luz, como na **Cabeça** (coleção Paulo Prado); é o tempo das cabeças abaixadas completamente como na **Ave-Maria** e no admirável **Cristo** em que, além da inclinação de cabeça, sombrejando o rosto completamente, o artista escancarou a boca da figura, borrando um O de sombra bem no meio da escultura; é finalmente o tempo dos gestos retorcidos, das composições detalhadas e complicadas, que nem o **Monumento das Bandeiras** e a **Eva** do Anhangabaú, em que sempre as sombras se valorizam mais que a luz. Foi com a ida a Paris que Brecheret aprendeu a gostar mais da luz que da sombra. Na última exposição que fez aqui, se percebia isso bem. Além do alisamento geral dos volumes, a própria disposição deles, era uma aspiração à luminosidade. A técnica de polir o material empregado, o emprego sistemático das formas acilindradas, a disposição piramidal das massas para melhor aproveitar a luz vinda de cima, tudo isso demonstrava essa aspiração à luminosidade que estava animando o escultor. E culminava na impressionante **Pietá** (atualmente túmulo de Ignácio Penteado, na Consolação, em que na lâmina de granito a luz bate de chapa, reduzindo a sombra quase que a simples linha. Essa aspiração à luminosidade fazia também Brecheret voltar a atenção dele para figuras deitadas, hoje mania dos escultores germânicos. E pelo jeito com que as deitava, o escultor brasileiro criou ventres que são dos mais luminosos de toda a escultura. Isso podia-se notar perfeitamente na grande figura de **fonte,** agora nos jardins da residência Antônio Prado, em Higienópolis. Mas ainda melhor se notará no **Repouso** n.º 3) da exposição de agora, obra magnífica a que apenas um resquício de

estilização, me parece que defeituosa, riscou uns vincos duros que, partindo dos seios, se perdem de baixo dos braços. Isso é uma pena.
Em compensação, o rosto é de uma beleza suprema, talvez a construção ideal mais perfeita que Victor Brecheret já realizou. A evolução de Brecheret a esse respeito é a mesma que a da cinematografia. Já se foi o tempo em que os Macistes biceps embolados entusiasmavam terra e mar.
Guilherme de Almeida me contou que hoje estrelos e estrelas estavam proibidos de praticar muito esporte, a não ser natação. Porque só esta, generalizando a musculatura, deixa os corpos roliços e sem retalhe. É clara a preocupação de luminosidade que há nisso. Ainda como luz, cabe mencionar a **Mãe** (n.º 7), mais um trabalho primoroso, duma alegria em luz, rara como alegria na obra do artista, e com uma curva tão luminosa nas costas que a luz nem sabe o que fazer, se deitar deliciada ao longo da pedra ou se saltar aos nossos olhos, admirável. Acabou-se o espaço e inda tinha o que falar sobre este grande artista nosso. Notar, por exemplo, certos agenciamentos felizes de planos, como na **Mulher** e **Guitarra** n.º 13); a perfeição de modelo da **Banhista** (n.º 16), a evolução na pesquisa dum rosto ideal humano...
Isto principalmente é curiosíssimo no artista, que mandou sempre o tipo ariano à fava e foi buscar nas raças amarelas, a satisfação das suas tendências. Mas parece que não achou ainda porque vive se modificando e mostrando nessa mudança que se debate numa pesquisa insatisfeita. Uma incursãozinha pelos tipos malaios, me parece que não faria mal pra o artista. Talvez que trabalhando-os, conseguisse a síntese que procura através da **Eva,** do **Cristo,** da **Carregadora de Perfume,** da (bonito perfil) **Adolescente** (n.º 1) e da deliciosa **Banhista** (n.º 16). Em relação à última exposição, Victor Brecheret não mudou. Mas faz melhor: aumentou.
As tendências estéticas dele estão cada vez mais marcadas, apuradas em ideal, aprimoradas em realização técnica. E uma firmeza assim, quando, como a de Brecheret, é generosa em nos proporcionar belezas, em parte nos consola das nossas hesitações."

Carta de Di Cavalcanti a Mario de Andrade,

Rio, 1930 — 1.º-9-1930 (...)
"Meu muito querido Mário
Saudades
Então, velho ingrato, nem um bilhete para o seu amigo o mestre nas festanças.. Mas o melhor é que não ligar e ir de vez em quando escrevendo para o mago da rua Lopes Chaves. V. perdeu o enterro do Senhô que eu assisti e vou fazer um quadro para matar o Greco na cabeça, ele que fez o enterro do Conde Orgas. Manuel está gozando as delícias de Belo Horizonte e o Cícero Dias apaixonou-se por Miss Rússia. Abandonei o gordo Schmidth definitivamente, ele possui o ordinarismo do O. Andrade sem nenhum encanto criador. Apenas a persistência na baixeza é que faz que a gente julgue-o engraçado. Abandonando Schmidth vejo pouco o Ovelle. Agora dedico-me à solidão produtiva, nem vou à casa do Álvaro quasi. Espero que os meus trabalhos dêem-me qualquer coisa, porque parece-me já mereço tempo de realizar o que sei que realizarei. Mário, felizmente eu não me apresso, não quero nunca realizar obras-primas, como quis o Brecheret, o Villa e mesmo já o Celso Antonio, o que acontece é que eles sem auto-crítica já estão paus. E eu me sinto de uma mocidade comovente. Não é orgulho, é vaidade. Eles não amam a vida. Amam a arte como a um mito. E eu amo sobretudo a vida, esta vida que vem como os calores sexuais debaixo para cima, recado do Di".

(...) Documentação — I.E.B. — U.S.P.

Journal Semaine de Paris - 1.º/3/1931

Charles Fegdal

Quand nous aurons reproché à Edmon Kuss sa propension à peindre en kaléidoscope, ce qui nuit à ses intentions par ailleurs excellentes; quand nous aurons signalé les sculptures de Poisson, de Kiligent le magnifique oeuvre poli de Victor Brecheret, les gravures de Laboureur, nous en aurons, dit suffisamment pour inviter à une visite de ce Salon, petit par le cadre et, cependant, d'une singulière grandeur par l'esprit des oeuvres qui y règnent.

Revista São Paulo

Ano I — n.º 8 — agosto de 1936 (...)

Victor Brecheret é o grande artista a quem se devem os trabalhos de escultura que ilustram esta página.

Cada trabalho seu é uma afirmação violenta de personalidade. Basta ser visto para ser imediatamente reconhecido.
O que quer dizer: impõe-se pela originalidade, considerada esta em sua única e verdadeira concepção. A assinatura de seu nome apenas confirma o caráter típico e marcado de tudo quanto lhe sai das mãos, tão vivo é o sinal do gênio que identifica as suas obras, desde as mais rebeldes como realização formal até às ricas daquele profundo sentido humano que só ele consegue incutir nos seus símbolos...

Brecheret é paulista — um paulista de nascimento e de têmpera, que não saberia nunca ocultar a influência da terra.

Nome de projeção universal, com trabalhos que honram os centros mais cultos tanto da Europa como dos Estados Unidos, vai ele construir agora, nesta Capital, o **Monumento das Bandeiras**, que o atual governo de São Paulo resolveu erguer na praça dos Bandeirantes.
Será essa, sem dúvida, a sua maior obra.
Porque será também o nosso altar cívico à formação da Nacionalidade.

(...) Essa revista era dirigida por Menotti del Picchia, Cassiano Ricardo e Leven Vampré.

Em São Paulo, com Victor Brecheret

Revista "Vamos Ler!" — 05-10-1939 — Rio.

Luiz Martins *

Foi por ocasião da Semana de Arte Moderna que o Brasil começou a ouvir falar, pela primeira vez, em Victor Brecheret. Se bem que ele não fosse ainda o ousado simplificador de formas de alguns anos depois, no período das sínteses harmoniosas em que a sua arte se aproximou da pureza linear de Brancusi, havia já na sua estatuária uma libertação de cânones, uma ânsia de ineditismo, um sopro de lirismo, que chocavam a sensibilidade ainda muito mal preparada do público, acostumado apenas às exposições dos salões oficiais.

Victor Brecheret, que estivera na Europa, passava ainda por uma fase de admiração pelas estilizações anatômicas de Mestrovic, mas isso já era o bastante para intimidar o gosto infantil dos espectadores. Seu nome, entretanto, estava lançado numa auréola de incompreensão e de ruído.
Daí por diante, Brecheret seria um dos monstros devoradores dos velhos dogmas que constituíam a pobreza de noções artísticas do meio brasileiro, um dos silenciosos e talvez inconscientes fatores de uma renovação do gosto popular que se vem processando lentamente em quinze anos da mais encarniçada batalha estética pela qual já passou o nosso país.

Ele não parou. Voltando à Europa, onde o cubismo empolgava os grandes pintores, encontrou a escultura despida de todas as taras anatômicas nas mãos simplificadoras de Archipenko, Lipchitz e Brancusi, que a reduziam a uma idealização de formas extremamente puras. Brecheret sentiu que a sua inquietação encontrava nessa arte de linhas sóbrias a sua força de expressão. Venceu. Venceu em Paris, onde o seu nome se tornou familiar aos meios artísticos de avant-garde, e venceu — o que é mais espantoso — no Brasil, onde ainda perdurava uma grande repulsa pelas formas mais modernas da arte. Hoje, Brecheret sente que precisa mudar ainda, ou antes, evoluir. Essa evolução, entretanto, para os espíritos mais desprevenidos, poderia parecer uma volta, porque é uma nova aproximação das fontes eternas da beleza clássica.
Trata-se, entretanto, de uma volta cautelosa e rica de fortes experiências.

Encarregado pelo governo paulista de realizar o grandioso **Monumento das Bandeiras,** Brecheret trabalha há anos quase que exclusivamente nessa obra, hoje bem adiantada, a qual ficará sendo certamente uma das maiores e mais belas do mundo inteiro.

Victor Brecheret mora no Jardim América, numa casa de estilo pampeano, cujo desenho, simples e harmonioso, é dele mesmo. No meio de ciprestes esguios, ela parece um templo pagão. É bem a casa de um escultor. Despida, lisa, fria, ela é apenas ornamentada com os trabalhos do próprio Brecheret. Sente-se poderosamente a sugestão da estatuária na simplicidade das paredes vazias, na ausência de colorido, no brilho do parquet, onde não há um simples tapete.

Aí vive o artista com sua jovem senhora. Foi aí que realizamos com ele esta palestra para VAMOS LER!...

Onde Aparece um Saco de Pedras
Era à noite. Tínhamos jantado e esperávamos o momento de ligar o rádio para captar as estações de ondas curtas da Europa, onde a grande tragédia se desencadeara. Em frente ao fogão aceso no grande salão — o que dava ao ambiente um ar europeu — fumávamos e conversávamos.
Brecheret me contava:
— Nasci em São Paulo. Fui para a Europa em 1912. Instalei-me em Roma, onde vivi durante toda a guerra de 1914.
— Estudou com Mestrovic.

— Estudar, propriamente, não. Mas confesso que tinha por ele, nessa época, um grande entusiasmo e me deixei influenciar...
— Quando voltou ao Brasil?
— Logo depois que acabou a guerra. Passei aqui pouco tempo e voltei à Europa em fins de 1921.
— Foi então que começou a sua fase moderna...
— Não foi logo. Chegando a Paris, senti um choque em vista de tudo que presenciava. Estava perturbado com o que via. Tinha feito um longo aprendizado clássico e aquela revolução de todos os cânones me deixava completamente confuso. Sentia que alguma coisa se desfazia dentro de mim, que eu não podia continuar fazendo o que fizera até então, mas conscientemente não podia aceitar uma arte para a qual não estava suficientemente preparado. O resultado é que fiquei um ano inteiro sem trabalhar. Não me sentia ainda capaz de assimilar a arte moderna e já bastante capaz de desprezar a antiga. São terríveis essas fases de transição, esse período de inquietações e de angústias.
— Então só em 1922...
— É verdade. Só em 1922 pude realizar uma aceitação integral e consciente do modernismo. Já nesse mesmo ano concorri ao Salon d'Automne com um torso.
— Depois...
— Depois estive três meses enfermo. Passei todo esse tempo na Savóia. Foram três meses de meditação, de aperfeiçoamento íntimo. Eu estava obcecado pelo desejo das formas simples e puras. Encontrei, num rio que passava pela minha região de repouso, uma porção de pedras lisas, ovais e redondas, que me pareciam extremamente belas no polimento regular que a água lhes dava.

Enchi com elas um saco e, de volta a Paris, levei-as comigo. O resultado é que na Gare Saint-Lazare, um guarda se aproximou de mim:
— "Que é que o senhor leva nesse saco?"
— "Pedras" — respondi — "Pedras"? —
O homem arregalou os olhos — "Deixe-me ver"
— Mostrei. Ele arregalou ainda mais os olhos:
— "Venha comigo". Tive que provar que não era um louco, contra a opinião arraigada do pobre homem...

A fase da síntese e a volta ao clássico

— Enfim, foi em 1923 — continua Brecheret — que recomecei a me dedicar decididamente ao trabalho, consciente e feliz. Datam dessa época alguns dos trabalhos mais expressivos da minha fase de procura de síntese e de simplicidade.

Foi mais ou menos quando conheci pessoalmente Brancusi.

Aqui é necessária uma intervenção. Victor Brecheret não tem positivamente o jeito de um senhor entrevistável. É um homem que não dá uma importância exagerada à teoria e à crítica. Ele realiza porque sente. Não é preciso explicar porque sente. Nada nele é procurado, nada nele é a tortura de adaptar a sua obra a uma determinada direção traçada a priori. É um instintivo.
Se cultura artística é a faculdade de realizar exegese, esse homem sóbrio de gestos e de palavras é um homem sem cultura.

Mas se cultura artística é domínio do metier, é a capacidade criadora, é a sabedoria dos detalhes mais minuciosos da técnica — Brecheret é um homem culto.

Hoje, por exemplo, ele se sente arrastado pela simplicidade e a claridade da Grécia. Depois de ter chegado às sínteses mais arrojadas, ele se volta para a beleza eterna dos modelos clássicos. Faz questão de afirmar, entretanto, que toda a sua obra passada tem a máxima importância para ele, além de servir como ligação e experiência.

Exposições e monumentos

Brecheret é um homem displicente. Não coleciona notícias sobre ele, não se lembra ao certo das exposições que realizou, dos monumentos públicos que construiu. Faz um esforço de memória para dizer vagamente:
— Expus em Paris no 'Salão das Tulhérias', do qual fui um dos fundadores, no 'Salon des Indépendents', no Salon d'Automne, onde em dois anos seguidos fui escolhido pela comissão para ser o ornamentador da rotonde.
(Eu me lembro que Brecheret realizou uma exposição individual no Rio, em 1933, sob os auspícios da Sociedade Felippe d'Oliveira).
— Quanto aos monumentos?
— Tenho trabalhos em praças públicas na Suíça, na América do Norte, em São Paulo... em Honolulu.
— Museus?
— Tenho... Espera um pouco... Tenho um trabalho no Museu Jeu de Pomme...
— Brecheret procura recordar-se. E acrescenta desanimado:
— Qual, nem me lembro mais.

O Monumento das Bandeiras

O trabalho mais importante do escultor patrício é, entretanto, indiscutivelmente, o que ele vem realizando há vários anos num grande atelier construído especialmente para esse fim, numa extensa praça situada no início da Avenida Brasil, em São Paulo: o **Monumento das Bandeiras,** mandado realizar pela Municipalidade de São Paulo, em comemoração aos heróicos e lendários desbravadores do nosso sertão.

Visitei essa obra de proporções enormes faz pouco tempo, quando Cândido Portinari estava em São Paulo, em companhia desse notável pintor e de Tarsila do Amaral. O que já se acha pronto, no gesso, é verdadeiramente grandioso. Aliás, o monumento inteiro está concluído e pronto para ser realizado no seu material definitivo: bronze e granito.

A localização do monumento será logo no início da Avenida Brasil, como já disse, estando pronta a construção da sua base ciclópica, com três metros de profundidade em concreto, para poder suportar o peso extraordinário do grande bloco monumental. O comprimento total da notável obra de arte será de cinquenta metros, por quinze de largura e oito de altura. O tamanho das figuras varia entre 4 metros e 50 e cinco metros.

Afirmam os entendidos, que, no seu gênero, esse será o maior monumento do mundo.

Brecheret calcula que ainda terá um ou dois anos de trabalho para apresentá-lo em sua forma definitiva. Como obra de arte, o **Monumento das Bandeiras** apresenta uma estilização sóbria e vigorosa, dando um ar de majestade e de força que impressiona.

Só esse trabalho bastaria para dar a Victor Brecheret um grande renome entre os maiores artistas do Brasil.

Ele, entretanto, não se envaidece, não fala, vive calado no seu labor quieto e fecundo.

Pouca gente no Rio saberá da realização dessa obra de arte de tão gigantescas proporções. . .

— No fogão o fogo morria. Do jardim penetrava um ar frio e úmido. A conversa esfriava também. E Brecheret levantou-se:

— Vamos ligar o rádio?. . .

* Nascido no Rio de Janeiro em 1907. Em 1928 publica seu primeiro livro de versos denominado "Sinos". Escreveu crônicas para os jornais "Diário Carioca" e "O Jornal". Em 1937 publica o romance "A terra come tudo". Crítico de arte no jornal "Diário de São Paulo". Em 1947 ingressa no jornal "O Estado de S. Paulo", como cronista diário, até os dias de hoje, assinando L.M.

Brecheret e amigos.

Surpresa e comoção

A Noite — 05-11-1939 — Matutina

Jarbas de Carvalho

Volto alarmado de minha viagem a S. Paulo. Compreende-se este alarme: é a exaltação provocada pelo imprevisto.

Não via a velha Paulicéia há dez anos. Sabia que a cidade acelerava-se no sentido das realizações — mas, nunca pensei encontrar uma tal febre de construções: avenidas que se rasgam em todos os sentidos — e o corpo técnico da Municipalidade agindo como os exércitos modernos: à proporção que avança, conquistando o terreno a golpes de alvião, consolida a posição, executando as redes do subsolo e a pavimentação. E, excitado pelo exemplo oficial, o particular se precipita: os grandes edifícios aparecem, imponentes, por toda parte.

A vida, ali, vai-se tornando assim mais rica e prestigiosa.

Retificam-se os leitos dos rios. Criam-se lagos artificiais. Constroem-se magníficas cidades residenciais em torno da metrópole majestosa. O autódromo é um novo centro de vida esportiva, dominando um vale que se estreita entre as suas represas — e surge o esplendor de Interlagos.

Mas essa viagem tinha uma significação maior que a de uma simples verificação material de S. Paulo. Era a delegação da A.B.I. — de que eu fazia parte — que retribuía a visita feita por uma delegação da Associação Paulista de Imprensa a esta capital.

Esta associação tem hoje, na presidência, uma das figuras mais prestigiosas da imprensa brasileira: José Maria Lisboa sob seu comando — de uma tão suave maneira de comandar — os nossos colegas paulistas se tornaram obsequiosamente vertiginosos, dando-nos em três dias uma acumulação incrível de gentilezas, proporcionando-nos interessantíssimas observações sobre a vida cultural e prática da mais rica das cidades brasileiras.

Desse programa intenso, podemos destacar três assuntos realmente magníficos: as festas da Gazeta — que ainda continuam — para a inauguração do seu edifício suntuoso, o banquete da colônia italiana e da sociedade paulista a Abner Mourão, e o acordo assinado entre as duas entidades jornalísticas para a fundação da Federação das Associações de Imprensa de todo o Brasil.

O fim desta crônica, porém, não é descrever minha visita a São Paulo — onde fui como modesto componente de uma delegação — mas constatar a emoção que me assaltou quando me vi, inesperadamente, diante de uma obra de arte relevante e de seu próprio autor — um artista de raro e elevado mérito.

Na volta de uma de nossas tournées matinais, Eduardo Pellegrini, que dirigia o passeio, fez parar a comitiva diante de alto taboado, ao centro de um imenso terreno delineado para parque futuro.

Quero mostrar-lhes o que será o **Monumento das Bandeiras** — disse-nos.
Confesso que ignorava inteiramente que se estivesse trabalhando essa obra de arte.

Descemos dos autos. Uma campainha soou atrás de um largo portão rústico.

Abriu-se uma porte-cochère e um homem apareceu.

Não muito moço — mas evidentemente não chegara ainda à idade provecta. Vestia como operário. As mãos e uma das faces sujas de gesso. Quem seria?

A dúvida foi rápida. Logo Eduardo Pellegrini nos apresentou.

— O escultor Brecheret.

Brecheret?! O senhor é Brecheret?!

Brecheret — que eu tinha diante de mim como uma aparição sobrenatural, enrubesce pelo inesperado do acolhimento. Não responde: sorri, apenas sorri com essa expressão de embaraço dos autênticos artistas quando se sentem admirados — de uma admiração que certamente não querem admitir, para confirmar o conceito de Epaminondas: que só a posteridade os pode julgar.

Mas, depois, nos familiarizamos, embora Brecheret quisesse vestir um paletó, de todo inadmissível. E foi mostrar-nos o **Monumento das Bandeiras.**

É qualquer coisa de eminentemente grandioso e belo esse trabalho. Brecheret o idealizou e o está executando. Sua concepção é apenas esplêndida: um monumento de granito que ocupará uma extensão de cinquenta metros, projetando-se, em harmônica ascendência, desde zero nível a nove metros de altura.

Quis o escultor ilustre reunir ali os tipos raciais, não só do Brasil, mas de toda a América. E suas figuras, de magnífica anatomia, têm o movimento expressivo das criaturas dotadas de energia vital inquebrantável, servindo ao ideal de uma vitória definitiva sobre a áspera natureza da terra virgem. E seguem, homens, mulheres, cavalos — e, no couce dos grupos, o barco conduzido à sirga para as travessias sobre água. Vão num esforço permanente, continuando, a que um outro sucumbe ou esmorece — e os que o seguem logo os socorre, duplicando o esforço com a condução de mais essa carga humana. Cada figura talhada por Brecheret é uma obra de arte de tal magnitude que poderia, cada uma delas, constituir um monumento a parte. As linhas nobres que realizam essas figuras em seus movimentos não são nem clássicas, no sentido grego, nem exuberantes, no sentido romano.

A originalidade de Brecheret já me tinha chamado a atenção desde que vi a reprodução dos seus primeiros trabalhos, há cerca de quinze anos, quando o escultor patrício ainda se achava na Europa. Uma surpreendente e agradável sugestão produziu, então, em mim, esta observação: — Como era possível ser

Brecheret em seu atelier no Ibirapuera (ao fundo, um dos alto-relevos do Jockey Club de São Paulo).

original, sem ser extravagante! E lembrei-me de Nagel, que disse: "A originalidade não exige um divórcio da forma, do pensamento, do sentimento tradicionais. Porque há um "senso unitário" na expressão artística que os revela sempre, sejam quais forem as linhas exteriores da obra de arte.
Se fosse necessário ser estranho à vida das coisas para ser original, o "Werther", de Goethe, não seria original — porque realiza uma sucessão de expressões novas sem fugir à vida."

Assim é Brecheret nas suas fortes concepções novas — novas por terem uma forma linear sua, perfeitamente característica, sem fugir à agitação vibrante da vida dos seres, inquietos ou aventurosos — como esses formadores das Bandeiras que, animados, alimentados pelo fogo interior do seu idealismo, conquistaram o Novo Mundo.
Péricles, em seu "Elogio de Atenas", disse: "Nós amamos o belo em sua simplicidade."

Que coisa haverá mais simples e mais bela que essa teoria de desbravadores! — esses sublimes desbravadores que, erguidos no granito pelo escopro de um dos maiores artistas do Brasil exaltam para sempre a epopéia das gentes das bandeiras, caminhando com inaudito vigor físico e de alma para a seqüência das idéias eternas que ligam toda a humanidade em sua marcha para o infinito.
É preciso também assinalar o sentimento de brasilidade desse artista — que viveu tanto tempo fora do Brasil — esse sentimento que ficou expresso na escolha da matéria-prima em que devia trabalhar sua obra monumental.

Brecheret desprezou o bronze, o mármore, a madeira — também o ouro e o marfim, que poderiam lembrar a munificência da época de Phidias — e preferiu o lindo granito de sua terra.

Falando dos grandes artistas, Peyre assegura que a obra de arte é o resultado de uma ardente convicção. Veja-se esse extraordinário escultor paulista com seu ar de modéstia: fulgindo e dominando as roupas tocadas de gesso, seu olhar nos revela essa ardente convicção.

O grupo monumental das Bandeiras honrará o Brasil e suas artes, porque ele revela o poder criador de um dos seus artistas mais originais e marcará o prodígio de uma nova força civilizadora crescente — a dos monumentos, que são os elos ininterruptos da cadeia da vida dos povos.

"Parece que via o Duque de Caxias nos instantes decisivos de sua vida solar".

Victor Brecheret, o artista classificado em primeiro lugar no concurso internacional de maquettes narra como elaborou o seu projeto — A obra custará cerca de dois mil contos de réis, devendo ser a maior do Brasil, no gênero — Opiniões do escritor Menotti del Picchia, do General Maurício Cardoso, comandante da 2.ª Região Militar, e do sr. Godofredo Silva Telles a respeito da maquette premiada — Declarações feitas ao Diário de S. Paulo pelo escultor Victor Brecheret.

Diário de São Paulo - 4 de dezembro de 1941

O Diário de S. Paulo divulgou ontem, em circunstanciada reportagem, os resultados do Concurso Internacional de Maquettes para o Monumento ao Duque de Caxias. Victor Brecheret, o admirável escultor paulista, foi classificado em primeiro lugar. Trata-se de um artista que tem o seu nome ligado a um dos instantes mais fecundos da literatura e das artes plásticas nacionais —a célebre Semana de Arte Moderna de 1922 — de que ele foi um dos mais entusiastas animadores. A presença de Victor Brecheret, então recentemente chegado da Europa, aonde fora fazer um longo curso de aperfeiçoamento artístico, foi o rastilho de pólvora que acendeu o incêndio da revolução estética. Brecheret foi, na opinião dos que traçaram a história do movimento modernista, o núcleo em torno do qual se reuniram Mário de Andrade, Menotti Del Picchia, Oswald de Andrade e outros renovadores. Com o prêmio valioso que lhe foi concedido agora, Brecheret atinge o auge de sua carreira tão cheia de vitórias.

Palavras de Victor Brecheret

No eixo da Avenida Brasil, onde Brecheret está construindo o **Monumento das Bandeiras**, que o governo do Estado lhe confiou, há uns cinco anos, o jornalista foi surpreender o artista em pleno trabalho. Recebeu o repórter tranquilamente, como quem não tivesse conquistado um prêmio de vulto. Aliás, essa atitude está bem de acordo com o seu feito psicológico, e mesmo um traço predominante de sua personalidade. Victor Brecheret é enxuto e chega a ser, por vezes, secarrão. Só revela entusiasmo pela obra plástica harmoniosa que vem realizando desde quando surgiu, já imbuido de idéias renovadoras, na paisagem artística de São Paulo. Ele iniciou com estas palavras a ligeira entrevista que concedeu ao Diário de S. Paulo:

— "Quando um amigo me telefonou para transmitir a notícia de que havia sido classificado em primeiro lugar, confesso que fiquei profundamente emocionado. Tanto mais emocionado quanto dei tudo que podia para fazer uma obra não apenas perfeita do ponto de vista exclusivamente plástico, mas também à altura da figura excepcional, do vulto de eleição que foi o Duque de Caxias."

Fez uma pequena pausa e prosseguiu:

— "Foram longos meses de trabalho intensivo, de dedicação integral ao trabalho que me propus realizar. Nunca estudei tanto como agora para elaborar uma obra de arte. Formei uma verdadeira biblioteca a respeito de Caxias. Mergulhei em sua vida, procurei conhecer-lhe todos os aspectos mais empolgantes. Consultei uma infinidade de documentos históricos e quando iniciei a modelagem da maquette, tinha para mim uma visão exata do passado. Parece que via Caxias nos instantes decisivos de sua vida solar. Caxias restaurando forças combalidas, reerguendo o moral de tropas, nas campanhas de que participou, Caxias comandando, vencendo, pacificando, unindo..."

O estilo do monumento

Victor Brecheret aludiu, depois ao estilo do trabalho que apresentou:
— "O trabalho que apresentei pode ser classificado como clássico, do ponto-de-vista grego — O meu Caxias reune a marcialidade, o espírito conciliador e a requintada qualidade de diplomata do grande, do maior dos soldados brasileiros."

Ele voltou a falar do resultado do concurso:

— "A maior glória de minha vida de artista, confesso, conquistei-a agora. Será uma honra, para mim, eternizar no bronze e no granito os feitos marcantes da vida ímpar do Duque de Caxias."

O monumento custará dois mil contos de réis

Perguntamos quando seria iniciada a obra, ao que nos informou:

— "Tudo depende agora do contrato. Assim que for assinado, iniciarei o trabalho e espero conclui-lo dentro de 22 meses. É pouco, se considerarmos a imponência, o vulto, a grandiosidade do monumento. Terá 27 metros de altura. Só a estátua equestre terá oito metros. Quanto ao plinto, terá 16 metros de altura. Será, sem dúvida, o maior monumento, no gênero, do Brasil. A estátua equestre será feita em bronze e os baixo-relevos em granito de Itaquera, por meio de imensos blocos de pedra sobrepostos. Esses baixo-relevos serão esculpidos no próprio bloco. Caxias surge ao alto como um símbolo forte e expressivo de disciplina, de ardor patriótico, de justiça e de sagrada fidelidade aos ideais que abraçou, numa atitude ao mesmo tempo serena e varonil. Nos baixo-relevos fixarei alguns episódios ligados à vida do admirável cabo de guerra, tais como a Batalha de Itororó, o reconhecimento de Humaitá, onde ele aparece em companhia de Mitre, Mena Barreto e Câmara. Não me esqueci também de um aspecto emocionante da vida exemplar do Duque de Caxias: a sua ternura pelos comandados, o carinho que sempre devotou aos soldados. Tanto assim que alimentou o desejo de ao morrer, ser carregado por seis soldados razos. Numa das faces do monumento aparece Caxias sendo carregado nos ombros de seis humildes soldados brasileiros."

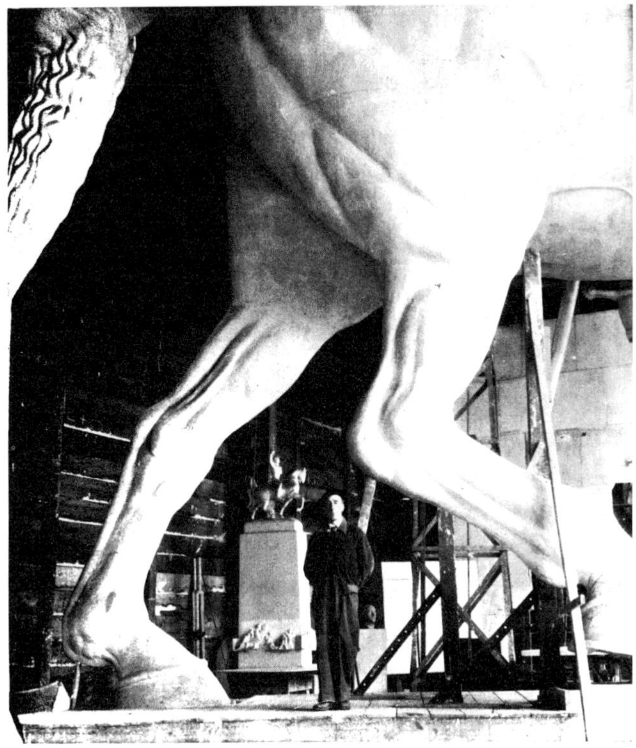

Brecheret entre a maquete e o monumento a Caxias.

Palavras do escritor Menotti Del Picchia

Com a vitória conquistada por Brecheret, seria interessante também ouvir algumas palavras do poeta Menotti Del Picchia, um dos expoentes da intelectualidade do Brasil contemporâneo e uma das figuras de maior projeção em nossos meios artísticos. O autor de Juca Mulato, além de ser um homem de rara cultura, reúne ainda o mérito de ter sido um dos iniciadores do movimento de renovação artística iniciado no Brasil, em 1922. Ligado a Brecheret desde as primeiras manifestações de sua arte, Menotti Del Picchia representa um marco na vida do escultor. Informada do resultado do concurso a Agenda Nacional procurou ouvir a opinião do poeta. Fomos descobri-lo no atelier de Brecheret, em Ibirapuera, onde se achava em companhia de vários amigos e admiradores do escultor. Com a vivacidade que lhe é característica, Menotti Del Picchia respondeu ao repórter:

— "A decisão da Comissão Julgadora do **Monumento a Caxias** premiando o maravilhoso esforço do grande escultor patrício Victor Brecheret, repercutiu em todos os meios artísticos e intelectuais da maneira mais favorável. A maquette Brecheret consagra o Herói da Raça, a sua personalidade e não simples episódios de sua vida. É ainda a estátua equestre o padrão clássico para melhor exprimir o Guerreiro".

— E qual é a sua opinião a respeito do projeto de Brecheret? — perguntamos:

— "Como trabalho escultóreo e arquitetônico, a obra do glorioso estatutário nosso pode ser considerada uma obra-prima. Quem conhece Victor Brecheret, seu preparo técnico, a potência da sua arte, ciclópica quando se trata de esculpir grandes massas humanas, como no **Monumento das Bandeiras** fica certo de que a Comissão duplamente acertou: quer escolhendo a mais bela maquette do concurso, quer entregando a execução do trabalho a um artista nutrido, não apenas por execpcional talento, como de provada capacidade técnica. São Paulo terá a felicidade de ver imortalizada no bronze a figura do Soldado Perfeito e do Cidadão Perfeito, que foi Caxias, de maneira digna, enriquecendo-se uma das suas praças, com um monumento que representará um florão de orgulho para a arte brasileira", concluiu o nosso entrevistado.

A opinião do general Maurício Cardoso

Era interessante, a propósito do palpitante assunto, ouvir também a opinião do general Maurício Cardoso, comandante da 2.ª Região Militar e um dos promotores da homenagem ao nosso Soldado-Símbolo. O ilustre militar assim se manifestou:
— "Estou vivamente satisfeito com os resultados a que chegou a honrada comissão julgadora das maquettes do **Monumento a Caxias.**
Impressionou-se sobremodo, o julgamento sereno da comissão cujos membros se portaram à altura da confiança que lhes fora depositada. Tudo correu na melhor harmonia. Tive grande satisfação de ver como foi bem compreendida e acatada a idéia da ereção do monumento ao nosso glorioso Duque de Caxias. Todas as classes sociais, sem exceção, concorreram plenamente para o êxito do empreendimento. São Paulo, através de seus numerosos municípios, concorreu de um modo notável na parte pecuniária que lhe tocava. O entusiasmo despertado em torno da figura do herói de Itororó, é mais uma prova do patriotismo do povo paulista, que não se esquiva de cultuar a memória daqueles que prestaram serviços à pátria. São Paulo é preciso que se diga cumpriu rigorosamente o seu dever".

Como se manifesta o sr. Godofredo da Silva Teles

— "O concurso de maquettes para o monumento ao Duque de Caxias, vale, em primeiro lugar, como uma prova de cultura de São Paulo. A qualidade dos projetos julgados pela comissão de que faço parte, é uma prova bem clara do quanto tem progredido em nosso meio a compreensão da arte escultórica. O voto unânime emitido pelo júri é intocável, pois representa um ato de legítima justiça, valendo pelo reconhecimento dos valores mais autênticos dentre os que foram submetidos à nossa apreciação e julgamento. Pela escolha feita, São Paulo pode ficar certo de que desta vez terá um monumento digno de sua cultura e civilização, monumento que, sabe ser uma legítima obra de arte, ainda significa, sem dúvida um florão do nosso patrimônio artístico".

São Paulo escreve no granito a história do Brasil.

Fala Brecheret, o escultor de uma fama mundial: gravada na pedra a epopéia bandeirante — O maior monumento — "Dom Casmurro" ouve Brecheret em São Paulo a respeito da sua maravilhosa obra — Um legítimo estatutário de colossos... O que é o **Monumento das Bandeiras.** — A coincidência do local "magnam fecit nostra brasilian gens".

Dom Casmurro - 24/1/1942 Rio de Janeiro - N.° 235

O título desta reportagem está adequado porque também os artistas plásticos escrevem histórias assim como os poetas e os historiadores, o pintor e o escultor contribuem com as suas obras para o engrandecimento da história de um povo e de uma nação. É através das artes dos egípcios, dos seus monumentos, das suas pirâmides, que nós temos conhecimento da sua civilização, da sua história. Não vale a pena fazer outras citações para a defesa do nosso ponto de vista.

O que queremos evidenciar é que a perpetuação de um feito histórico em bronze, em mármore ou em granito, tem a mesma significação para os pósteros que o relato, a narrativa, uma capítulo, um trecho ou uma página de um escriba.

Agora vamos explicar a outra razão do título desta reportagem. Nada mais justo. Graças ao amor do paulista pelas tradições brasileiras, graças ao seu invulgar patriotismo, graças ao seu carinho para com as nossas relíquias históricas, graças ao seu infinito amor ao Brasil, São Paulo, o Estador-Líder, está construindo um dos mais belos e pitorescos recantos da Paulicéia, o maior monumento do mundo. E é

Brecheret em seu atelier do Ibirapuera, junto ao gesso em natural do **Monumento às Bandeiras.**

justamente paulista o autor dessa obra majestosa. Portanto é honestidade confessar que São Paulo grava em granito desafiando os séculos, um dos mais épicos capítulos da História do Brasil. Victor Brecheret, o escultor, que é um motivo de orgulho para os brasileiros, considerado universalmente como um dos maiores escultores contemporâneos, o autor do projeto vitorioso no concorridíssimo concurso para a construção do maravilhoso monumento, declarou ao repórter que a sua fabulosa criação não foi inspirada no sentimento bairrista e sim "no espírito das bandeiras, no ímpeto nacional que arrastou brasileiros de todas as partes para os sertões". É, pois, um monumento puramente brasileiro, sem regionalismos, sem intenções de exclusivismo bairrista. Diante desse rasgo de brasilidade a gigantesca obra de Brecheret torna-se muito maior, assume as proporções do Brasil. Observa-se uma interessante coincidência, curioso detalhe, do local onde Brecheret constrói atualmente a sua notável obra de arte sobre a epopéia das Bandeiras, do mesmo local partiram, há 400 anos, os desbravadores de sertões.

Brecheret pode ser cognominado muito bem como um verdadeiro estatutário de colossos, a ele se ajusta perfeitamente aquela frase de Castro Alves. As suas figuras escultóricas são titans Colossos pela envergadura, colossos pelo heroismo com que empreenderam a marcha ciclópica de alargamento das nossas fronteiras, colossos porque Brecheret soube interpretar no granito toda a grandiosidade do memorável feito dos audazes bandeirantes do Brasil O monumento que São Paulo encarregou Brecheret de levantar em homenagem à História do Brasil, é um voto perene do mais alto, do mais vivo, do mais eloquente patriotismo e do mais sadio civismo. O nome e a fama do artista patrício são vulgarizados através de seus trabalhos em todas as partes do globo. Brecheret figura no Museu do Luxemburgo e numa infinidade de dicionários de arte escritos nos mais díspares idiomas. Em São Paulo, sua cidade natal, Brecheret é um ídolo. Vozes autorizadas e ilustres como Monteiro Lobato, Cassiano Ricardo, Menotti Del Picchia, Osmar Pimentel, Belmonte, Manoel Mendes, Osvaldo Mariano, Gabriel Marques, J. B. de Souza

Filho, Rubens Amaral, Jamil Almansur Haddad, Mario de Andrade, Victor Azevedo, Silveira Peixoto, Edgar Cavalheiro, Galeão Coutinho, Afonso Schmidt, Almiro Rolmes Edmundo Rossi, Mario Donato, Mario Nemi, Pedro Cunha, Luiz Martins, Candido Mota Filho, Rossine Camargo Guarnieri, Ramavana e Chevalier, Pereyra Del Rio e outros valores de várias gerações já se manifestram a respeito de Victor Brecheret. Os nomes acima citados foram catalogados no arquivo de Dom Casmurro, sobre a vida e a obra do extraordinário escultor brasileiro. Há entre eles uma bela equipe de intelectuais jovens de São Paulo, uma pleiade brilhante de escritores e jornalistas da novíssima geração literária do Brasil.

A turma da Paulicéia infelizmente é pouco conhecida no resto do país. Entretanto, nota-se que São Paulo possui uma elite intelectual à altura das suas honrosas tradições, mas que em virtude de vários elementos moços só escreverem em jornais paulistas as suas produções não alcançaram ainda a repercussão merecida. Diante desse fenômeno, torna-se necessário um melhor intercâmbio cultural entre São Paulo e os outros Estados da Federação. Parece-nos uma inqualificável injustiça que um artista como Brecheret, de renome universal, não seja bastante conhecido na sua pátria, com exceção do Rio de Janeiro, assim mesmo nos meios artísticos, pouca gente sabe da existência, da arte e da residência de Brecheret entre nós. De quem a culpa? É o caso de se aplicar aqui a velha chapa: dolorosa interrogação... O mal é o isolacionismo a que estão condenados os intelectuais e artistas que não vivem na Cidade Maravilhosa para ser irradiados luminosamente para todos os pontos do Brasil. Cassiano Ricardo e Menotti Del Picchia, dois dos maiores poetas brasileiros, são os reveladores de Brecheret; o criador de Martim Cererê e o de Juca Mulato foram os primeiros homens de letras que escreveram sobre o célebre autor do **Monumento a Caxias.**

O governo devia contratar Brecheret para que a capital da República viesse a possuir trabalhos seus, enriquecendo dessa maneira o nosso patrimônio histórico e artístico e embelezando ainda mais a encantadora cidade do Rio de Janeiro. Aliás, Brecheret devia sair pelo país afora semeando capítulos da nossa história para serem lidos e admirados pelos estudiosos de amanhã.

"Interview" com Brecheret

Foi Belmonte, o celebérrimo caricaturista, escritor, historiador, jornalista, ilustrador e humorista, quem me levou à presença do Victor Brecheret, lá em São Paulo. Belmonte, o homem que toca mais instrumentos no Brasil, o temível garatujador de caracteres, o terror dos liberticidas, apresentou-me ao ilustre escultor em uma manhã bem paulistana meio brumosa, acinzentada, uma manhã polvilhada com aquele nevoeiro que os londrinos chamam de fog. Encontramo-nos, eu e o pai de Juca Pato, na redação das Folhas, arranjamos um fotógrafo slavo, pegamos um automóvel e rumamos diretamente para o atelier de Brecheret, nos confins da capital bandeirante.

O artista mora num barracão de madeira e zinco, ao lado do seu monumento. O automóvel rodou pela nova avenida 9 de Julho, atravessou o túnel, passou pelo bairro de Ibirapuera, marginou o riacho, cortou a estrada de Santo Amaro, e finalmente, parou em frente a um portão grosseiro, de táboas rústicas. Saltamos e o Belmonte foi até a porteira, enfiou o braço por um buraco, puxou um arame e tocou um sino. Um cachorrinho tuberculoso fez esforços para ladrar e dois garotos vieram saber o que queríamos. Nesse momento um homenzinho calvo, em mangas de camisa, corado e sorridente veio ao nosso encontro. Era Brecheret. Feita a apresentação, trocamos as habituais palmadinhas nos omoplatas e nos encaminhamos para o studio.

Olhando para Brecheret tive a impressão de que estava diante da simplicidade em mangas de camisa. Tão simpático, tão gentil, tão modesto que nem parecia ser possuidor de um nome imortal.

É muito comum no Brasil um sujeito ficar bestificado atoa, atóa... Sei de muita gente que se tivesse um centímetro do valor de Brecheret jamais falaria com um pobre repórter, mesmo para ser entrevistado, se bem que uma entrevista sirva de publicidade...

Mas, Brecheret não tem nada de vaidade. Fala com aquele sotaque italiano, consequência da sua longa permanência na terra de Da Vinci, e de muita macarronada deglutida nos restaurantes, boêmios do Quartier Latin. Brasileiro de nome francês, pronúncia italiana — eis Brecheret, o maior.

O repórter começa a indagar, Belmonte ouve e o escultor responde, enquanto mostra a maquette e as formas em gesso da sua obra-prima. O fotógrafo queima várias lâmpadas. Ninguém posa e as fotos saem naturalmente, acidentalmente. Pula fora uma indiscreção. É uma pergunta do jornalista sobre o julgamento dos artistas plásticos do Brasil de hoje. Brecheret elogia com entusiasmo a arte de Manuel Santiago e Portinari, no rol dos grandes pintores vivos. Outra gravíssima indiscreção:

— Que acha você da arte de Osvaldo Teixeira?

— Quem é este cidadão?

— O diretor do Museu...

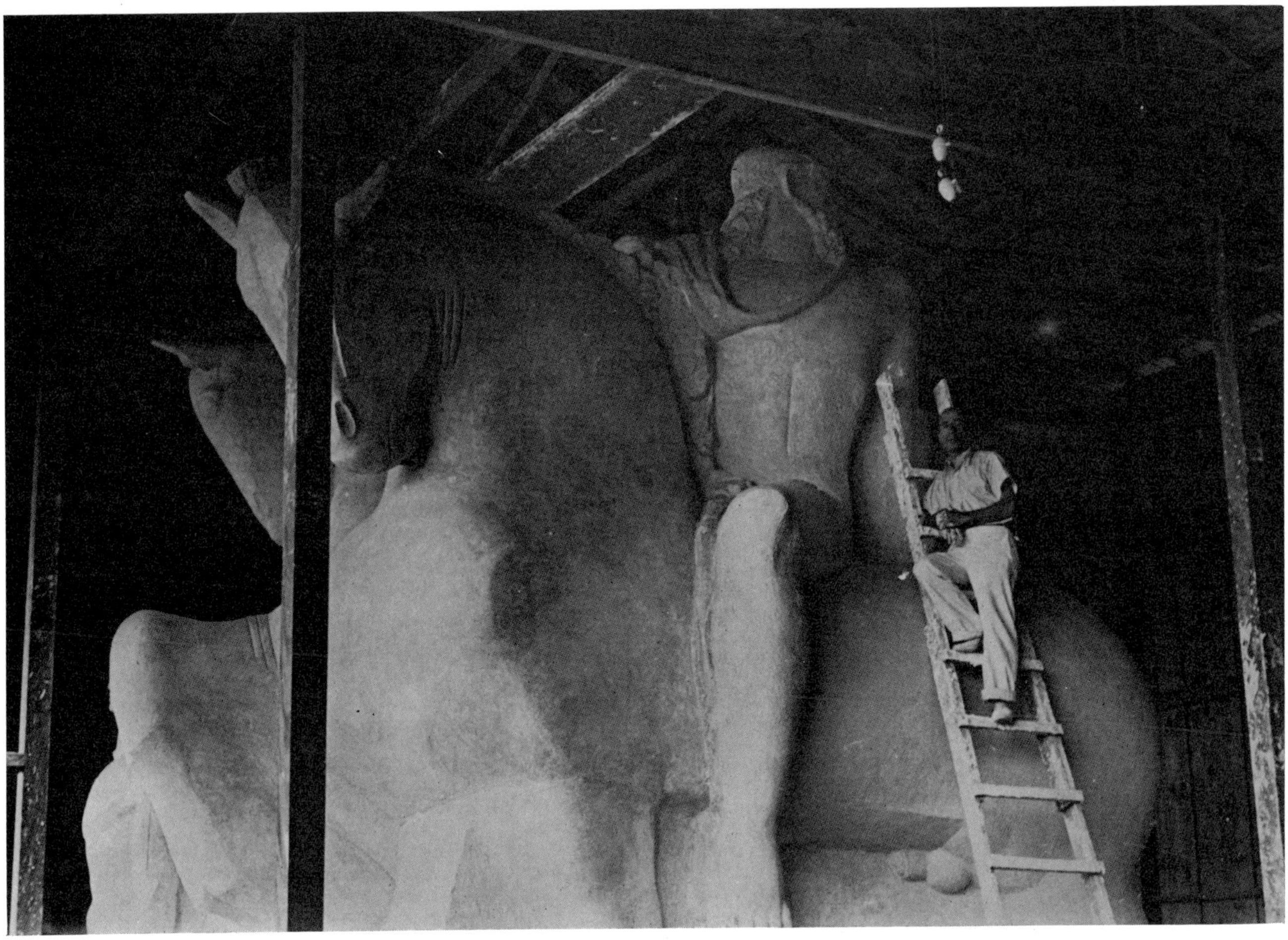

Brecheret junto aos cavaleiros do **Monumento às Bandeiras.**

— Ah sim, é um bom diretor de museu...

Outras perguntas vieram à baila. Outras indiscreções foram cometidas. O escultor responde calmamente. Mostra uma galeria com figuras da mitologia grega. Belmonte se admira de descobrir no meio daquela desordem o original de uma estatueta de um fauno e uma ninfa, de autoria de Brecheret, mais que ninguém sabia quem era ao certo o autor. A modéstia do artista proibira-lhe que assinasse. E, no entanto, quase todo mundo possui cópias da estatueta atribuída a um mestre helênico...
Quando passamos ao barracão onde Brecheret esculpe a epopéia de Fernão Dias Paes Leme, estacamos maravilhados. O artista então nos diz profundamente emocionado que inexplicavelmente tudo está paralizado... Até agora o governo ainda não se dignou oferecer o restante da verba estipulada para a conclusão do serviço...

Talvez ninguém dê crédito a isso mas é a pura verdade. O movimento das bandeiras, que está destinado a ser o maior do mundo acha-se interrompido por falta de dinheiro... E o pobre artista deixou o conforto do lar para residir ali num barracão, velando carinhosamente pela sua obra, como se se tratasse de um filho enfermo, que se encontrasse à mingua de recursos para se restabelecer... Por que razão o governo não auxilia logo, dando a quantia necessária? Esta pergunta é feita diariamente por todos aqueles que aguardam com ansiedade o final daquilo. Mas Brecheret não desanimou. Persiste lutando, trabalhando, sonhando. Não se revolta. Não vocifera. Não se exalta. Espera. Espera pacientemente que alguém se lembre...

— Mas, Brecheret, por que você não fala diretamente?

— Falar com quem? Ah, se eu tivesse dinheiro faria por minha conta e ofereceria ao meu país!

— É sempre assim...

— O que?

— O sujeito só pensa em grandes ações quando não tem dinheiro... Depois que enriquece manda às favas...

Belmonte deu uma risadinha das suas e consolou:

— Não, agora a coisa vai mesmo, até o fim de 42... Podia ser pior...

— Brecheret passou o lenço pela careca lustrosa e disse num suspiro, pensando em qualquer coisa distante:

— É, eu tenho fé...

O repórter resolveu mudar de conversa:

— Onde você nasceu, Brecheret?

— Aqui mesmo, em São Paulo, há muitos anos, há mais de dez anos...

— Realmente, faz muito tempo... Mais ou menos No tempo dos Bandeirantes, parodiando o nosso querido Belmonte. E onde você estudou?

— Comecei meus estudos de arte no Liceu de Artes e Ofícios, de São Paulo. Terminando este curso, embarquei para a Europa a fim de me aperfeiçoar. Em Roma, no convívio direto com os grandes clássicos, formei a base para a formação da minha arte, em estudos constantes durante oito anos.

— E quando voltou ao Brasil?

— Voltei para a minha pátria num momento em que se agitavam idéias renovadoras de arte e literatura. Eu vinha com grandes credenciais de escultor modernista pois na Itália, havia exposto em vários salões modernos. Aqui, aquelas idéias culminaram na famosa Semana de Arte Moderna, na qual, discretamente, tomei parte e consegui transmitir algo do que observei nos países que percorri. Foi um belo movimento de opinião intelectual e de ação construtiva, produzindo resultados que ainda hoje perduram.

— E continuou em São Paulo?

— Não. Pouco depois voltei para a Europa mas, dessa vez, para Paris, onde expuz em Salões e onde levantei inúmeros prêmios. Nessa época, eu realizava uma arte avançada mas que, no Velho Mundo, era louvada e disputada. Tanto que em algumas praças e museus da Europa se encontram trabalhos meus. Faço parte também de várias coleções particulares.

— Qual a sua opinião sobre a arte moderna?

— Acho que a arte moderna só pode ser realizada sobre base clássica. É tolice pretender impingir uma falsa arte atentatória à estética... Essa pseudo arte deturpadora não resistirá ao mais fugace sopro do vento... O tempo a destruirá facilmente. Repito, a arte sem uma base clássica poderá ser chamada de "moderna" mas não será jamais uma arte... Sem harmonia, a arte descambará para o monstruoso. Não adiantarão as blasfêmias dos iconoclastas... Eles perecerão, enquanto que a verdadeira arte ficará per omnia soecula...

— Agora, meu caro Brecheret, eu quero que você me fale do **Monumento das Bandeiras.**

— Pois não, Pacheco, estou às suas ordens.

— Que acha da sua obra?

— Esse monumento, como você vê, não é dos bandeirantes, como figuras históricas, mas do espírito das bandeiras, do ímpeto nacional que arrastou essas formidáveis massas humanas para os sertões. Veja, meu caro Armando Pacheco, se nós brasileiros temos ou não temos razões para nos orgulharmos da nossa história? Foi impulsionado pelo meu patriotismo que concebi e realizei o meu trabalho. Realizei em parte, porque a verba ainda não saiu... Mas, o monumento será inteiramente de granito, terá cinquenta metros de comprimento, por quinze de largura e dez de altura. São, ao todo, quarenta figuras medindo, cada uma, seis metros de alto. Será feito em blocos superpostos e constituirá uma verdadeira rocha. Posso afirmar que, como escultura será o maior monumento do mundo, sendo, ao mesmo tempo, um monumento tipicamente brasileiro. Aí figuraram todos os nossos tipos raciais, o índio, o negro, o mameluco e o português.

Um menino veio interromper a conversa dos mais velhos, para dizer que um homem de boina queria tirar retratos da estátua. O artista disse que não podia ser... Que estava difícil... Ouvimos o latido fraco e rouquenho do cãozinho tuberculoso, querendo assustar os turistas que afloram como cogumelos para visitarem o atelier, Belmonte explicou:

— É assim, todos os dias vem gente aqui planejando conhecer o monumento...

— Reina uma curiosidade geral em torno do caso...

O repórter deu um palpite talvez infeliz:

— Só os que podem ajudar não sentem desejo nem curiosidade, não é, Brecheret?

— Sei lá!...

Aproveitei a oportunidade para inquirir Belmonte:

— Por que Juca Pato não protesta?

O caricaturista-historiador tomou a defesa do filho:

— Protestar pra que? Os tempos não são lá próprios para o Juca e ele terminaria pagando o pato...
Por isso resolvi exilar Juca Pato...

Brecheret achou graça na resposta do Belmonte e disse por sua vez:

— Mas, você não disse que havia assassinado Juca Pato?

— Sim, mas eu tenho o poder de ressurreição... Posso reanimá-lo a qualquer hora... Basta querer. Aliás, eu não matei o Juca, dei-lhe uma droga e ele caiu numa letargia profunda.

Está semi-morto, como se sofresse de catalepsia... Uma injeção de óleo canforado resolveria tudo perfeitamente...

O jornalista então achou prudente matar o argumento em torno do famigerado espírito de porco — Juca Pato:

— São Paulo vai ostentar uma colossal montanha de granito, hein? (Esta pergunta foi feita acreamente, apenas para desviar o assunto).

— Conte-nos mais alguma coisa, Brecheret.

— Como você vê, a massa escultural começa em zero, subindo uma rampa até as figuras que abrem a marcha, dois bandeirantes a cavalo. A metade do trabalho já está pronta, com todos os personagens em gesso. As fundações do monumento estão concluídas e são de granito com três metros de profundamente no solo. As escadarias de granito também estão terminadas, aguardando a chance... Até agora já foram gastos mil e trezentos contos...

— E para quando você calcula a inauguração?

— Ah, meu amigo, se dependesse de mim!... A questão é que não depende e eu só sei dizer que nada sei...

— Você está contente com a sua arte, Brecheret?

— Contentíssimo...

— Por que?

— Porque coloco-a acima de tudo...

— Pode-se viver de arte no Brasil?

— Pode-se, como não? Eu, pelo menos, vivo da minha arte e não me queixo, vivo muito bem.

— Na sua opinião, como você acha que o Estado deve amparar os artistas?

— Primeiro, criar prêmios como se faz em todos os grandes centros do mundo. Ornamentar as praças públicas com estátuas e estabelecimentos públicos com pinturas. Ou senão, criar cargos onde se aproveitem artistas de valor.

— Qual deve ser a atitude do artista diante da guerra e dos problemas sociais?

— Atitude nacionalista e humana.

— Como você critica a crítica?

— Não a critico pois acho-a indispensável e útil, quando sincera e construtiva.

Alguém veio dizer que o almoço estava na mesa, esfriando. O repórter fez a última pergunta:

— Brecheret, eu gostaria de ouvir uma confissão da sua parte. Se você não fosse artista o que desejaria ser?

O escultor tornou a passar o lenço na careca luzidia, pensou, pensou. Enxugou a testa e respondeu com convicção.
— Nada.

Belmonte deu uma risadinha made in China, apresentou uma desculpa para não aceitar o convite ao almoço, consultou o Roskoff e antes de se despedir prometeu falar com os amigos para apressarem a conclusão do monumento. Brecheret nos abraçou mais esperançado e nos acompanhou até o portão.
Na saída divisamos no pedestal do colosso de pedra estas palavras esteriotipadas:

— MAGNAM FECIT NOSTRA BRASILIAM GENS...

Monumento ao Duque de Caxias

O Estado de São Paulo — 25-2-1943

Devendo seguir em breve para o Rio, a fim de assumir o comando da Primeira Região Militar, antes de passar suas elevadas funções ao seu substituto, general Mascarenhas de Morais, o sr. general Maurício Cardoso quis dar a conhecer ao público paulista o estado em que se encontram as obras de construção do **Monumento ao Duque de Caxias** — justa e merecida homenagem da nossa gente ao Exército Nacional. Para isso, o ilustre militar convidou os representantes dos jornais locais a realizarem uma visita ao atelier do escultor Victor Brecheret, situado no Parque Ibirapuera.

Essa visita realizou-se na manhã de ontem, acompanhando o sr. comandante da Segunda Região Militar os srs. coronel Paulo de Figueiredo, chefe do Estado Maior da 2.ª R.M.; Prestes Maia, prefeito da capital; Candido Mota Filho, diretor do D.E.I.P.; comendador Maria Gustini, diretor da Divisão de Impresa, Propaganda e Radiodifusão do D.E.I.P.; padre João Batista de Carvalho, redator-chefe da divisão de Imprensa; tenente Godofredo Santoro, secretário da Comissão Pró-Monumento ao Duque de Caxias; Vicente Lemos Romano, auxiliar do gabinete do C.E.I.P. e jornalistas.

Recebidos pelo escultor Brecheret, os ilustres visitantes passaram a percorrer os pavilhões, onde está sendo executada essa monumental obra escultórica. O trabalho encontra-se em sua penúltima fase — gêsso.

Não só a figura de Caxias, em bronze, como os baixos-relevos, em granito, foram demoradamente examinados pelos visitantes.

Essa monumental obra, que medirá 27 metros de altura, por 18 de diâmetro, incluída a escadaria, terá, além da estátua equestre de Caxias, sobre o plinto os seguintes baixos-relevos: **Pacificação, Caxias falando ao povo de Bagé, Reconhecimento de Humaitá, Caxias com seus três generais, Batalha de Itororó** e **Enterro de Caxias.**

Conversando com os jornalistas, o sr. general Maurício Cardoso não escondeu a sua satisfação e a excelente impressão que recebeu de tudo que vinha de ver. Aliás, outra coisa não esperava. Frizou que a campanha para obtenção de fundos destinados à ereção do monumento fora encerrada, com a entrega à Prefeitura, pela Comissão Pró-Monumento ao Duque de Caxias, da quantia arrecadada. O ilustre militar disse que seria seu desejo entregar o monumento a S. Paulo no próximo ano, no dia da fundação da cidade.

O sr. Prefeito Prestes Maia, nessa altura, disse não ser isso possível, mas, somente, para fins de 1944 ou 25 de janeiro de 1945.

Adiantou o sr. Governador da Cidade que se encontram bem adiantadas as negociações para aquisição da Igreja do Rosário, esperando que antes de dezembro seja possível a sua demolição. O local sofrerá completa remodelação urbanística, devendo transformar-se em belo logradouro público, de acordo com o monumento a ser ali erigido: o do **Duque de Caxias.**

Estão bastante adiantados os trabalhos de construção do monumento ao Duque de Caxias

Folha da Manhã — 25-2-1943

O **Monumento a Caxias,** a ser erguido no largo do Paissandu, como homenagem do povo de São Paulo ao Exército Nacional, está em adiantada fase de construção, no Parque Ibirapuera, onde Victor Brecheret modela a grande obra plástica em gesso.

Em visita aos trabalhos de construção, estiveram na manhã de ontem no Parque Ibirapuera, os srs. general Maurício Cardoso, comandante da 2.ª R.M.; cel. Paulo Figueiredo, chefe do Estado Maior da 2.ª R.M.; Prestes Maia, prefeito da Capital; diretor geral do DEIP, Godofredo Santoro, secretário da Comissão Pró-Monumento a Caxias, além de representantes da imprensa.

Os visitantes examinaram numerosas peças de baixo relevo que vão ser esculpidas em granito e que são as seguintes: **Pacificação; Caxias falando ao** povo de Bagé; **Reconhecimento de Humaitá; Caxias com seus três generais**: **Osório, Câmara e Andrade Neves**; **Batalha de Itororó e Enterro de Caxias.** A figura empolgante do patrono do Exército já se encontra esculpida em gesso e será transplantada brevemente para o bronze. O monumento, que será uma das maiores realizações do gênero na América do Sul terá 27 metros de altura por 18 de diâmetro.

Segundo informações dadas aos visitantes pelo escultor Victor Brecheret, já estão contratados os canteiros para a escultura em pedra. A parte dos baixos-relevos está nas últimas provas, devendo, dentro em breve, ser esculpida em granito.

O Monumento será inaugurado em janeiro de 1944

O general Maurício Cardoso enalteceu a tarefa empreendida pelo escultor Brecheret e acentuou ser seu desejo fazer inaugurar o monumento dia 25 de

Fauno, década de 40, bronze patinado, 50 x 14 cm.

Detalhe do alto-relevo do **Monumento a Caxias,** gesso.

janeiro de 1944, dia da fundação da cidade de São Paulo.

O prefeito Prestes Maia, em palestra com a reportagem, disse que se encontram bem adiantadas as gestões para a aquisição da igreja do Rosário, esperando-se que antes de dezembro seja possível a demolição desse templo. O local sofrerá grande remodelação urbanística, devendo transformar-se numa praça capaz de proporcionar perspectiva ao monumento.

Estão sendo perpetuadas no granito e no bronze as passagens culminantes do grande soldado patrono do Exército Brasileiro

Diário da Noite — 24-8-1943

Justamente quando termina a avenida Brasil, no começo do parque do Ibirapuera, o escultor Victor Brecheret trabalha há cerca de um ano nas obras do **Monumento ao Duque de Caxias,** destinado a ser a maior estátua equestre existente em solo americano. Medirá 27 metros de altura e 18 de diâmetro, devendo ser erigido no centro do largo do Paisandu.

O conhecido escultor nos acolhe com a boina basca na cabeça, o casacão de camurça marron e o sorriso que revela a afabilidade da recepção. Surpreendemo-lo em pleno trabalho, às 11 horas, no vasto atelier onde os operários, as mãos brancas de cal moldam as grandes figuras do monumento que será uma contínua lição de civismo aos paulistanos.

Concluídos os altos relevos em gesso

As figuras do monumento descansam em todos os ângulos e pontos do atelier. Moldadas em gesso, o seu tamanho ultrapassa o do natural, medindo 2,20 metros de altura. Victor Brecheret explica que

Pietá, 1955, pedra sabão, 57 x 26 cm. Fundação Oscar Americano, São Paulo.

todos os modelos dos altos relevos, em gesso, já se acham concluidos. E nós os vemos, na beleza e no garbo varonil das suas linhas emprestando um encanto indefinível ao tosco salão de madeira, atravancado de vasilhames e de escadas.

Os serviços estão sensivelmente adiantados. No momento está sendo atacada a estátua equestre. Operários passavam em gesso a cabeça do cavalo principal, já modelada em barro, com 8 metros por 8.

Ao centro, dando a única mancha escura no conjunto impressionante das figuras alvas alteia-se, num esboço em barro, o busto de grande guerreiro vencedor de muitas batalhas.

Para que se tenha uma idéia das proporções do monumento diremos que nada menos do que seis mil quilos de barro foram empregados no busto do Duque de Caxias e trinta mil no seu cavalo. A imponente obra de arte, que imortalizará para as gerações vindouras os feitos do primeiro soldado do Brasil, será inteiramente em granito gris com exceção da estátua equestre, moldada em bronze.

As figuras já vêm sendo passadas para o granito. A e os enormes lajões devem formar uma única massa arquitetônica, de singular majestade. E, a 18 metros de altura, sobre o plinto ou pedestal, a estátua equestre, de 8 metros isolada e admirável, dominando o conjunto.
As figuras já vêm sendo passadas para o granito. A operação, que é delicadíssima, exigindo operários especializados, recebe o nome de mis-en-point. Victor Brecheret, que obteve o primeiro prêmio no concurso instituido para a ereção do monumento, declara que, possivelmente, dentro de doze meses a tarefa artística de que o incumbiram estará concluída.

Que me sigam os que são brasileiros

Diante de nossos olhos, revividas na arte de Brecheret, estão as passagens que mais assinalaram o nome de Caxias, projetando a sua personalidade na admiração dos brasileiros. Paramos aqui e ali para apreciar as figuras moldadas no gesso, e enquanto avançamos pelo atelier, os símbolos como que vão revivendo para o nosso espírito os feitos do herói.

No canto sul está uma soberba síntese da Batalha do Itororó. Caxias com a espada desembainhada, na atitude de guerra, toma o comando enquadrado por lanceiros. De outro lado, caidos, estão os soldados vencidos. E ele pronuncia a frase arrebatadora e famosa que ficou para a História: "Que me sigam os que são brasileiros".

A última vontade de Caxias

A parte da frente do monumento fixa o instante em que Luiz Alves de Lima e Silva falava às mulheres de Bagé, oferecendo-lhes paz e trabalho. Há flagrantes da Batalha de Humaitá e outras passagens que são pedaços culminantes da vida do grande general e da nossa própria História, valendo como ensinamentos de civismo.

Quando já perto da porta de saída, Brecheret mostra à reportagem, trazida em gesso para ser perpetuada no granito, a derradeira vontade do grande comandante brasileiro: queria que seu enterro fosse simples, carregado o seu caixão apenas por seis milicianos, sem a menor pompa e sem as honras de que era merecedor.

Com a nossa visita ao atelier do artista tinhamos em vista assinalar a passagem da data natalícia do patrono do Exército brasileiro, que transcorre a 25 de agosto, amanhã, apresentando aos paulistanos aspectos do notável monumento que perpetuará a figura do grande soldado brasileiro no coração da nossa cidade.

Monumento das Bandeiras

(Em construcção na Avenida Brasil)

Esculptor :
VICTOR BRECHERET

Fiscal do Governo :
Dr. ANTONIO JOSE' DE FREITAS

S. Paulo, 26 de Janeiro de 1938

Amigo Portinari

Junto as fotographias
dos meus ultimos trabalhos

Um grande Abraço

V. Brecheret.

Sto trabalhando firme na
maquetta, logo mandarei algu-
ma coisa. e um Abraco ao
Amigo Carlos Leão, recebi a
carta delle

Dia de Caxias

Em comemoração ao Dia do Soldado, a Hora do Soldado da Rádio Excelsior será transportada para o III 4.º R.I. (Parque D. Pedro II) de onde será feita a transmissão do escolhido programa cívico-litero-musical.

A Hora do Soldado, já bem conhecida do público e dos soldados do Brasil e que é irradiada todos os sábados às 18,30 horas, fará esta transmissão extra, amanhã, em conjunto com o III R.I., prestando assim, sua homenagem à Caxias, símbolo do Brasil. A transmissão será das 18,30 às 19,30 horas, de amanhã.

A literatura e arte no Brasil

Diário de S. Paulo — 26-9-1943

Indagando o repórter sobre a sua opinião acerca dos vultos da literatura brasileira contemporânea, respondeu o sr. Echevarria:
— "O Brasil, no momento atual, tem grandes poetas tais como Vinícius de Morais, Oswald de Andrade, Cecília Meirelles, Cassiano Ricardo, Raul Bopp, Menotti Del Picchia, Manuel Bandeira, Murilo Mendes, Jorge de Lima e Rossini Camargo Guarnieri.

Entre os ensaístas, ao meu ver, destacam-se Gilberto Freire, um dos maiores, Artur Ramos, Sergio Milliet, Viana Moog, Oliveira Viana, Mário de Andrade, Rubem Braga, Lucio Heitor Correia da Silva, Renato de Almeida, e Tristão de Ataíde.

No Romance, têm lugar de destaque Graciliano Ramos, Lins do Rego, Raquel de Queiroz, Ciro dos Anjos, Érico Veríssimo e Otávio Ferria."
O sr. Juan Uribe Echevarria mostra-se entusiasmado com o nível cultural do Brasil e durante a sua estada no Rio de Janeiro, onde está assistindo as aulas da Universidade do Brasil, tem procurado conhecer de perto todas as nossas expressões espirituais. Falando sobre a música, disse-nos que colocava entre as grandes expressões da música continental Villa-Lobos, Camargo Guarnieri, Lourenço Fernandes, Nepomuceno e Mignone, enquanto na pintura assumiram vulto destacado Portinari, Lasar Segall, Di Cavalcanti, Guignard, Santa Rosa, Tarsila do Amaral, Oswald de Andrade Filho e Noemia Cavalcanti. Desejando a reportagem saber a sua impressão sobre a escultura brasileira, afirmou o sr. Uribe Echevarria:

— "Conheço os trabalhos de Victor Brecheret e há poucos dias estive, em companhia do escritor argentino Oliverio Girondo e da prosadora Norah Lange, em visita ao vasto atelier daquele grande artista, que está trabalhando no **Monumento a Caxias.**

Penso que este escultor, pela sua tendência monumental, é um caso único, à parte, em toda a cultura americana do momento."

Dentro de dois anos estará concluído o Monumento ao Duque de Caxias

A Noite — São Paulo, 18 de janeiro de 1944

Impressões do tte. cel. Afonso de Carvalho a A Noite — Brecheret, modernismo — A Comissão se rejubila pela escolha.

Procedente do Rio de Janeiro, encontra-se em São Paulo o tenente-coronel Afonso de Carvalho, que faz parte da Comissão do **Monumento a Caxias** e que aqui viera observar a marcha dos trabalhos.

Estivemos no Esplanada, onde se encontra hospedado o ilustre militar, a fim de ouvir sua opinião sobre a grande obra de Brecheret.

— "Em escultura — disse-nos o coronel Afonso de Carvalho — o que se observa, geralmente, é uma preponderância artística da maquete sobre o trabalho quando já realizado. Mas, no caso do **Monumento a Caxias** o que se dá é inteiramente o contrário: à proporção que a obra vai sendo levada para o granito mais avultam as suas linhas e o seu extraordinário valor. As figuras que Brecheret está esculpindo, principalmente as do friso, são realmente expressões de força e sentido guerreiro".

Moderníssimo

— "É excusado comentar a arte de Brecheret — nome dos mais expressivos da escultura. Moderníssimo, Brecheret procura libertar-se, já conscientemente, dos modelos clássicos, mas realiza um modernismo que se compreende e que nos empolga inteiramente."

Depois de tecer considerações em torno da personalidade do artista, o coronel continua:

— "À proporção que o monumento vai tomando forma, que as suas linhas se definem no granito, mais a comissão se rejubila pelo acerto da escolha, em que pese à apresentação de outros trabalhos de grande valor e notadamente de artistas paulistas ou que aqui tenham convivido e se impregnado deste notável clima artístico."

Dentro de dois anos
Extraordinária rapidez

— Além da perfeição com que está sendo executado o trabalho — prossegue o nosso entrevistado — o que impressiona é a rapidez com que ele se processa — apesar das restrições dos transportes de material impostas pelas atuais condições da guerra.

— Aliás — diz ainda — é de justiça destacar neste ponto, a ação decisiva e preponderante do prefeito Prestes Maia, a cuja inteligência, bom gosto artístico e operosidade, o **Monumento a Caxias** em São Paulo ficará devendo grande parte da sua construção".

Ao ser interrogado sobre para quando se esperava a conclusão das obras, o coronel Afonso de Carvalho declarou que, de acordo com suas observações, o monumento deverá estar concluído dentro de dois anos.

O Monumento das Bandeiras

Perguntado se a comissão havia visto o **Monumento das Bandeiras**, o coronel declarou que sim.

— "É realmente um grande trabalho — completou. E não se compreende que o Brasil, por intermédio do gênio realizador de São Paulo, não houvesse pensado em objetivar, de forma imortal, no granito ou no bronze a epopéia bandeirante da penetração colonial".

Por outro lado, disse-nos o coronel que a comissão tivera ocasião de constatar, em Rio Bonito, a marcha dos trabalhos do monumento.

FOLHA DA NOITE — ÚLTIMA

DIRETORES: OCTAVIANO ALVES DE LIMA E GUILHERME DE ALMEIDA

Propriedade da Emprêsa "FOLHA DA MANHA" Ltda.
RUA DO CARMO, 35 e 39 —— TELEFONE 2-7181

ANO XXIII N. 7379
São Paulo — Quarta-feira, 24 de janeiro de 1945

DOIS ANOS DE TRABALHO

Entregue à Prefeitura o monumento a Caxias

Um majestoso cavalo, em cujo interior cabem 30 homens — "Passei muitas noites sem dormir", diz o escultor Brecheret

O Largo Paissandu não comportará a gigantesca obra

Foi oficialmente entregue há dias, à prefeitura municipal, o **Monumento a Caxias,** feito com fundos angariados por subscrição pública e realizado pelo escultor Victor Brecheret, que recebeu a incumbência do prefeito Prestes Maia, depois de vencer o concurso internacional procedido nesse sentido.

A reportagem da Folha da Noite, ciente de que o trabalho estava terminado, dirigiu-se ao parque Ibirapuera, onde estão instalados os grandes galpões de trabalho de Brecheret, tendo então oportunidade de ver a majestosa obra daquele escultor. Para se avaliar o que é o trabalho em questão basta dizer que o imponente cavalo, em cuja sela se assenta a estátua do patrono do nosso Exército mede 11 metros de altura, 9 de comprimento e cerca de 5 de largura. Em seu corpo cabem nada menos de 30 homens. Nos braços ou nas pernas de Caxias cabe, folgadamente uma pessoa.
Segundo apuramos, o monumento em cuja execução Brecheret, auxiliado por numerosos operários, trabalhou mais de dois anos medirá, da base à ponta da espada de Caxias, 35 metros. O pedestal, com os relevos do projeto, será feito em granito. O duque e o cavalo serão feitos em bronze, para tanto devendo se utilizar 15 toneladas de metal.

Satisfeito

A Folha da Noite ouviu Brecheret sobre a grandiosa obra que acaba de concluir. O escultor, depois de relutar muito, apenas disse — "A responsabilidade era grande. Muitas noites nestes dois anos de trabalho árduo e intensivo, não consegui dormir. Felizmente cheguei, satisfeito, ao término da obra. E esta foi tanto mais difícil quando se sabe que a estátua equestre é o mais penoso trabalho da escultura."

No Largo Paissandu?

Como é do conhecimento público, o **Monumento a Caxias** deverá ser instalado no Largo do Paisandu. Para tanto, a prefeitura determinou, depois de entendimentos realizados com a Cúria Metropolitana a demolição do velho templo ali existente.

Cabe, agora uma pergunta:

Não será exíguo, não será demasiadamente pequeno,

aquele logradouro público, para comportar escultura tão grandiosa, tão imponente? Cremos que sim. A colocação da estátua naquele local, além de acarretar o fechamento do largo, traria o inconveniente de ficar entre os prédios do largo, quase que escondida.

Outro local

Como fato decorrente daquele, surge outra pergunta: não poderia a prefeitura municipal destinar um local mais amplo, mais aberto, para a colocação do monumento?

Sugerimos para isso, a Praça das Bandeiras. A grande estátua, ali colocada, de frente para o viaduto do Chá, estaria, a nosso ver, no lugar que merece. Ficaria o grande oficial brasileiro, em seu majestoso pedestal, num grande largo. Tudo de acordo.

A sugestão aí fica. Que os interessados a estudem e, se acordes, a acatem. Porque não é só nossa essa opinião. É do povo, que contribuiu totalmente para a execução do trabalho.

Terminado o trabalho de Vitor Brecheret no grandioso monumento ao Duque de Caxias

Diário de São Paulo — 20-6-1945

O público ignora as proporções exatas da estátua que se erguerá no largo do Paissandu — a Epopéia das Bandeiras e a Guerra dos Holandeses duas geniais criações do escultor.

Na véspera havíamos telefonado a Victor Brecheret, indagando se um repórter seria bem recebido em seu atelier, se a nossa bisbilhotice não lhe causaria algum desagrado. E o cinzelador da Partida para o Egito. dissera-nos que a sua oficina estaria sempre aberta para a nossa curiosidade. Que fossemos visitá-lo, pois ele teria nisso muito prazer.

Combinamos a visita para a manhã do dia seguinte.

E fomos. Lá, onde se vai erguer o **Monumento às Bandeiras,** no extremo da avenida Brasil, estão os barracões em que Brecheret trabalha, confundindo-se com os operários, na sua simplicidade característica.

Monumento a Caxias

Fomos entrando. Antes que vissemos alguém, antes que melhor buscassemos o escultor, quedamos a admirar a grande obra que, em gesso, se ergue majestosa no centro do barracão principal. Sabíamos que, confiado a Brecheret, o **Monumento a Caxias** seria completo.

Não tínhamos, porém, a idéia exata do seu tamanho impressionante, o que não permitia a maquete que estava exposta na praça Ramos de Azevedo. A grande estátua agora à frente dos nossos olhos, em cada linha, em cada parcela o gênio do grande artista. Trinta metros de altura. Tudo proporcional, tudo feito de molde a causar a mais viva impressão.

O monumento, que será a maior estátua equestre da América, não impressiona, porém, unicamente pela altura. Vê-se nele o zelo do artista em dar perfeito equilíbrio ao conjunto. Muito embora em linhas tanto ou quanto clássicas vê-se o dedo do inovador, do criador de gênio que é Brecheret.

O povo não sabe o que está feito

Fascinava-nos o monumento. E da nossa abstração foi o próprio Brecheret que nos veio tirar.

Dissemos que não pensávamos que a sua obra estivesse tão adiantada.

— "A minha parte está pronta, falou-nos. E mesmo o serviço de cantaria já se encontrava quase terminado. Resta, tão somente, a fundição da estátua propriamente dita para que tudo possa ser colocado no lugar definitivo".

— "Mas o povo não sabe disso!"

— "Eu sei que o povo ignora o ponto em que está o trabalho para cuja execução ele contribuiu com tanta boa vontade. E é por isso que recebo aqui com o maior prazer qualquer visita pois é preciso que São Paulo inteiro fique sabendo que o monumento que ele encomendou está feito, isto é, está quase pronto.

Quem quiser ver o trabalho que venha até aqui. Terei imenso gosto em franquear as portas de minha oficina a qualquer pessoa".

Volteamos pelo monumento. Admiramos os altos relevos que se encontram encostados à parede do barracão. Brecheret dá-nos esclarecimentos. Fala do trabalho imenso que teve:

— "Trabalhei dias e noites sem parar. O senhor está vendo a estátua e avaliará o quanto de canseira, de paciência não foi preciso para chegar a esse ponto. Não é coisa muito fácil conseguir o equilíbrio numa obra de tal dimensão. Veja que o cavalo se sustém em duas patas. Sobre esse recai o peso todo do bloco, que não é nada pequeno. O senhor vendo e está achando grande. Quer ter uma idéia melhor da grandeza? Pois olhe, dentro do corpo do cavalo cabem trinta homens."

O dinheiro nada vale

Ficamos a olhar mais detidamente. Brecheret não exagerava. A uma nossa pergunta, a qualquer coisa que lhe dissemos, Brecheret, fala:

— "O dinheiro nada vale. O artista se dá por muito bem pago se vê o seu nome ligado a um monumento público. É para isso que estudamos, que passamos privações e, por que não dizê-lo? — é para isso que sofremos muitas decepções. Nem sempre somos bem compreendidos."

Monumento da guerra dos holandeses

Tínhamos notícia de que o governo de Pernambuco havia encomendado a Brecheret um monumento à Guerra dos Holandeses. Seria verdade?

— "Não foi bem uma encomenda. Houve um convite a mim e a meu colega para apresentarmos uma maquette sobre o tema. Fiz a minha parte. Levei-a a Recife, mas não sei o que resolveram a respeito. Interessa-o a maquete? Se quiser ver algumas fotografias vamos até minha casa."

Na casa do artista

Saímos com Brecheret e fomos até a rua João Moura. Ao entrarmos Brecheret tira a capa e o chapéu e os coloca em uma estátua que se erguia no vestíbulo. Olhamos espantados. E Brecheret diz-nos sorrindo:

— "Isto é sinal de velhice. Em outros tempos, quando eu era moço não faria isso. Sabe de uma coisa? Cheguei a ter uma briga séria com o Monteiro Lobato só porque distraidamente, ele pôs o chapéu em um meu trabalho. Naquele tempo..."

Mas Brecheret não está velho. Talvez se sinta desiludido com o materialismo dos dias presentes.

Fotografias da maquete

O escultor remexe gavetas... Procura dum lado, procura doutro.

— "Está aqui. Veja as fotografias da maquete."

Um grande arco de triunfo, com figuras nos dois lados. Saindo do arco, os grandes vultos que lutaram contra os holandeses.

Tudo isso numa praça externa. Monumento de linhas severas, precisas, majestosas. É a arte enxuta de Brecheret que ali se vê.

Despesas pagas e só

— "E não sabe o resultado de tudo?"

— "Não, não sei. Foi há questão de um ano que recebi a encomenda. Fiz o trabalho, depois de ter ido a Recife. Entreguei tudo, pagaram-me e pronto."

— "Pagaram-lhe."

— "Isto é, pagaram-me as despesas. Foram vinte mil cruzeiros que recebi do sr. Barbosa Lima. A propósito, aqui está um telegrama sobre o assunto."

E Brecheret nos mostra um telegrama em que se dizia que o sr. Barbosa Lima Sobrinho estava encarregado de receber a maquete e, por intermédio do Instituto do Alcool e Açúcar efetuar o pagamento.

Tínhamos conosco as fotografias. A grandiosidade da obra estava evidente. Que pena Pernambuco não erguê-la em sua Capital, como pleito a um dos episódios mais empolgantes da sua história. Justamente por vivermos numa época em que a preocupação das coisas materiais tudo vence, justamente por isso é que os governos devem procurar modificar o pensamento do povo. A guerra dos holandeses é rica de feitos heróicos, em que a abnegação, o desprendimento, o valor real aparecem a todo momento. André Vidal, Henrique Dias e tantos outros poderiam dar belas lições aos brasileiros de hoje.

Epopéia dos Bandeirantes

Voltamos ao fim da avenida Brasil. Brecheret quer nos mostrar o conjunto do **Monumento às Bandeiras.** A magnífica massa aparece aos nossos olhos. Ali sim, naquele trabalho, é Brecheret que vive. É o grande artista que está presente em cada figura, em cada bloco. Dissemos isso.

— "Na verdade, aqui pude por um pouco mais de mim, pois o trabalho difere um pouco do **Monumento a Caxias.** Como o sr. vê, tudo será em granito, como se fossem figuras talhadas na rocha bruta. A Epopéia das Bandeiras, da qual todas as raças participaram, eu procurei contar nesse trabalho."

— "E quando ficará tudo pronto?"

— "Mais uma vez eu tenho que dizer ao sr. que não sei. O que me competia fazer eu fiz. As fundações do monumento já estão prontas. Há porém imprevistos..."

O Índio e a Sussuapara, 1951. Museu Middelheim, Anvers, Bélgica.

Velhos tempos

Não queríamos ser indiscretos. Enquanto examinávamos cada detalhe, cada parcela do monumento, Brecheret conversava conosco. Lembrava anos passados. Rememorava episódios velhos. E essa conversa continuou quando com o artista, tomamos o automóvel que nos trazia para a cidade.

— "Bom tempo aquele" diz Brecheret, quando nos referimos ao muito que se escreveu a propósito da **Eva** sem umbigo.

— "Bom tempo. Eu era quase desconhecido, mas vivia com a minha arte. Havia regressado de Paris e viera encontrar um meio diferente no São Paulo que havia deixado há anos. Meus antigos amigos estavam casados e não eram mais os boêmios de outros dias. Como disse, vivia com a minha arte. Lembro-me que certa tarde, eu estava só, muito só, sentado num banco do Anhangabaú. O parque, naquele tempo ainda tinha bancos. Olhava São Paulo distraído e, abstrato, pus-me a desenhar na pedra do banco. Foi quando se acercou de mim um guarda: "Moço, que está fazendo aí?" Estou desenhando, não vê? — Não sabe que é proibido escrever nos bancos? É melhor dar o fora". Levantei-me revoltado. Que terra, pensava, em que nem artista se pode ser!" Brecheret sorri ao fazer essas evocações.

— "Não sei bem como tudo aconteceu. O certo é que me descobriram e houve todo aquele barulho com a minha **Eva.** Mas que, em São Paulo então havia interesse pela arte. A mocidade se entusiasmava pelas coisas levadas. Lembra-se da Semana da Arte Moderna?"

A palestra com Brecheret é tão interessante como os seus trabalhos. O artista cativa com a sua simplicidade. E tão ligados estávamos à conversa, que nos surpreendemos quando o carro chegou ao largo de S. Francisco, onde Brecheret ia ficar. Despedimo-nos, mas voltaremos ao atelier para nova palestra para novo deliciar dos olhos com as criações do escultor. E como nós, quem quiser ver o que faz Brecheret, quem quiser empolgar-se com o **Monumento a Caxias**, vá a oficina onde o grande escultor paulista receberá a todos com satisfação.

Notícias Diversas

O Estado de São Paulo de 16-6-46

Em defesa de Pan

De encaracoladas e respeitáveis barbas que suavemente se derramam pelo peito largo, o tronco robusto, ainda cheio de vitalidade, chifrinhos mal despontados mais que são gracioso enfeite do que coisas do tinhoso, pés de cabra elegantíssimos, como e nobremente sentado numa elevação a lembrar um trono, o velho, calmo e inofensivo **Pan,** já nas campinas não tange ovelhas, nem aos bosque faz tresmalhar donzelas.

Tem, agora, aspecto venerável. Infunde mesmo respeito e admiração. A sua atitude faz crer que traz o espírito recolhido em profunda e serena meditação, a resolver, problemas de ordem estética. Quem possui alguma leitura clássica e passa pela deliciosa e acolhedora miniatura de bosque, situada atrás da Biblioteca Municipal, ao ver **Pan** entre a fresca e verde ramalhada e sob a copa do delicado e elegante arvoredo, imagina, por certo que assim deveria ser um recanto da Arcada. Pois lá está o velho **Pan**, na sua serena majestade, somente própria dos deuses, embalado no último som tirado de sua misteriosa flauta.

As criaturinhas aladas de Deus e de Francisco de Assis não lhe temem a presença: cantam, pipilam, esvoaçam alegremente os passarinhos, revolutelam silenciosas as coloridas borboletas, entrelançando-se, numa dança que só eles e os poetas entendem. A cabeça docemente voltada para a direita, **Pan** sustém nos lábios a flauta cujo último tubo acaba de executar a música da Natureza para a Natureza, que naquele sítio ressoa sempre...

Pela calada da noite, onde certamente fizeram prédicas Anchieta e outros veneráveis e santos padres da Companhia de Jesus, devem passar a sinistra vara da porca com os sete leitões, a tenebrosa mula sem cabeça, o alucinado lobisomem, o fogoso boi-tatá e outras muitas brasílicas entidades que povoam a imaginação do povo, a pedir que o buril do artista os ponha em redor do macróbio e selênico caprípede. Com isso, em comunhão perfeita com a Natureza, não prejudicariam materialmente nem espiritualmente a quem quer que fosse. Pelo contrário, num grupo assim de confraternização mitológica ofereciam, pela arte, um pouco de encanto aos olhos dos mortais terrenos, cansados da miragem do pão de açúcar da carne, da condução, do valor da moeda, dos inimigos da democracia; um pouco de paz, enfim, ao espírito conturbado pela luta ingrata de todo dia.

Mas há infinitas maneiras de ver e de sentir. Já o conhecido conselheiro dizia que o colo do cisne, visto com ódio, é negro, e o urubu visto com amor, é branco... Assim os que tem cultura literária e sendo estético e por isso não se apegam a preconceitos, só poderão ver com amor o velho **Pan,** emigrado para S. Paulo, e ter nele uma fonte perene de gratas recordações de estudos, conhecimentos e inspiração da beleza pura. Ao contrário, os parcos de espírito, ou mesmo aqueles que possuem apenas tênue ramada de verniz cultural à flor da pele, e são por isso meio fanáticos sempre envoltos em trevas, sem nunca poderem gozar... conscientemente as manifestações da Natureza concretizadas pela Arte, esses só reconhecerão em **Pan** a figura hedionda lasciva, repugnante e malfazeja do Rabudo... Mas ainda que **Pan** fosse um ente vivo, não deveria ser assim tão temido e muito menos repudiado: os que pelo espírito se sentem superiores, que tem consciência dessa superioridade, é óbvio, não podem, não devem temer os fracos e, se abraçam a doutrina cristã, hão de lembrar-se do conselho — "amai-vos uns aos outros como a vós mesmos" e do que diz o senso popular: — todos têm direito a um lugar ao sol...

Um **Pan** imaginado por um artista e realizado em pedra não pode fazer mal a ninguém, nem abalar, com a sua tão caluniada lembrança, a fé de ninguém. Além do mais, a figura física do velho silvano, que em tão recatado e muito apropriado sítio está, não é de ofender a nenhum princípio de ética, ainda do mais rígido moralista, nem à sensibilidade estética do mais exigente crítico, esculpida, como foi com grande e rara mestria.

O **Pan** do Jardim da Biblioteca é antes e além do mais uma obra de arte, que ficaria bem e seria visto tão somente como tal em qualquer centro civilizado do mundo. Nem mesmo do palácio do Vaticano seria desprezado. Os papas, homens de espírito esclarecido pela cultura, por isso que, ao que se pressupõe, dirigem os destinos da Igreja Católica, timbram em enriquecer cada vez mais, as já há muito famosas coleções de arte da sede do catolicismo. Lá se encontram, sabem-no os viajantes e os estudiosos, célebres pinturas, esculturas e vários objetos que, representando atos e atitudes condenados pela moral ,nem por isso são vistos e apreciados por esse aspecto, senão pelo que de sensação estética podem suscitar. É lá que se encontra um **Pan** bem diverso do que, antes com ares de moralista, se compraz em meditar e marcar a contradança dos entezinhos alados no jardim da Biblioteca.

Fauno, 1942, granito, alt. 344 cm, Prefeitura do Município de São Paulo. Parque Siqueira Campos.

Constituindo uma das mais belas obras de arte que na cidade existem, é de esperar que, como outras (a do menino do papa-vento por exemplo) não tome destino ignorado, para dar lugar a pedras e bronzes inexpressivos.

A vingança do Pan (...)

Especial para a GAZETA, por
Menotti Del Picchia,
da Academia Brasileira de Letras

Havia na praça da Biblioteca um pobre **Pan** de pedra, que tocava dionisiacamente sua flauta. Discreto, sob a sombra das árvores, tinha sua nudez anfíbia — de homem-capro — delicadamente disfarçada pelas pacientes folhas de éra que, mais púdicas que uma das Onze Mil Virgens, lhe tecera uma sunga vegetal e verde em torno dos rins de granito.

O semi-deus olímpico, que é a euforia do mundo, fazia a alegria das crianças, que viu nele, rompendo da terra como por artes de magia, uma das criaturas fabulosas, das que costumam encontrar nos seus livros de história. Os turistas, os artistas e os homens de gosto, paravam diante dessa maravilha e murmuravam:

— Aqui está uma verdadeira obra de arte. Este **Pan** rivaliza em força escultória com o de Dárde... Povo de artistas, este de São Paulo!

E pensavam que um povo que produzia tais obras-primas, tinha gosto e tinha cultura. Pudera! O grande fauno citadino fora escalpelado por Brecheret, um mestre, e ali colocado por Prestes Maia, um urbanista.

O governo, porém, não parecia gostar muito de tais coisas. Implicou com **Pan,** com sua nudez rugosa e nobre, porque castamente artista. Esquecido de que, na Capela Sixtina há anatomias mais cruas e mesmo nus mais pagãos, que a inteligência dos papas, longe de condenar, sagra pela santidade artística que contém; esquecido de que o imaculado Cordeiro é exposto, como S. Sebastião, na divina graça de suas formas desvestidas, num gesto caipira e grotesco mandou despejar **Pan** da praça. Desmontaram, peça a peça, o gracioso monumento. **Pan**, que tocava para si mesmo sua flauta muda — talvez com medo de perturbar os severos pensamentos dos homens que saíam da Biblioteca e iam meditar nos bancos do parque, tão discreto para ele, — foi exilado para o subúrbio. Em seu lugar, com a maior irreverência para um signo sagrado, (pois escolhiam um ponto central) em que os homens, atrafegados, coléricos, cupidos, envenenados pelas "filas" e pelo câmbio-negro, somente cospem blasfêmias e pragas, ergueram a cruz do Redentor...

A decepção foi geral! Houve mesmo uma reação nos meios artísticos e entre os homens sensatos. Os próprios católicos não acharam sentido nessa troca agressiva para os foros de cultura da cidade e nada útil para os sentimentos religiosos dos fiéis cristãos. Mas a coisa, como tantas outras, passou a ser apenas mais um humilde elemento de soma para uma repulsa que outras e múltiplas razões tornaram coletiva.

Pan exilado provocou um surdo mau-humor nos que procuravam, na graça das suas formas e na evocação dionisíaca da alegria de viver que o caprípede nume exprime, uma esperança de dias menos reacionários, mais ensolarados e livres para o espírito. Aquela cruz mortuária, que se cravou no local onde ele surgia, dava idéia de que ali fora soterrado algo de vivo e jovial, caindo das almas a sombra gris do desapontamento, do luto diante da profanação artística expressa por um gesto caipira e ultramontano. Mais que um inútil desafio à beleza, era um índice de mentalidade, por isso, coisa triste e irremediável, se já os carpinteiros não estivessem, com os enchós e com as planas, chanfrando e desbastando as urnas democráticas, que varrem da terra o obscurantismo e o arbítrio.

Pan, largado num bosque de bairro, sob a sombra verde de grossas árvores, certamente conspirava. Em seu redor, dolentes, os silvanos e as hamadríades faziam-lhe sentir a estulta afronta. Que mal fizera ele? Um escultor de gênio libertara da pedra sua figura híbrida; um prefeito inteligente valorizará um recanto urbano com uma admirável peça escultórica.

Não atrapalhava o trânsito, como o cavalo alado da avenida Tiradentes. Não ofendia a estética como certos mostrengos de bronze, que ainda perpetuam o mau gosto nalguns pontos da cidade.

Pan — que é um mito sensível, pois é onímodo e astuto — certamente trabalhou em surdina. Ajudou a somar votos. Nos meios cultos e artísticos falou: "Reparai na espécie de mentalidade que me expulsa! Na Igreja máxima da cristandade que é o Vaticano, há irmãos meus venerados, não como semideuses, mas como obras geniais da arte dos homens. Há ali anatomias que mostram, às almas puras que procuram os altares, essa excelsa beleza que há na nudez sem malícia e sem obcenidade. Gente que não possua cultura para compreender isso não pode comandar povos..."

Isso disse **Pan** no seu silêncio, pela voz da consciência de cada paulista culto, ateu ou católico, pessedista ou comunista, ademarista ou borghista, porque o sentido da liberdade, do bom gosto e da civilização só não está num lugar: na casca grossa e dura dos reacionários.

E **Pan,** o suave tocador de flauta, nesta hora talvez tenha tirado dos lábios musicais o seu lírico instrumento para poder sorrir como costumam sorrir os deuses quando se sentem vingados!

(...) O fragmento não traz a data de publicação do jornal. Jornal de propriedade da autora. Pelo tema, no entanto, deve ser de 1946.

Crônica de Arte - Conversa sobre faunos (...)

Luís Martins

Num de seus "Pontos de Vista", o jornalista Maurício Loureiro Gama já comentou, pelo "Diário da Noite", a retirada do fauno de Brecheret dos jardins da Biblioteca Municipal.

Foi anteontem, à noite, em casa do arquiteto Rino Levi, que eu soube do fato.

Quem primeiro nele me falou foi Flávio de Carvalho, que estava positivamente indignado. Queria escrever, dar entrevistas, ou redigir um memorial contra a autoridade responsável pelo injustificável atentado. Com uma condição, porém: que o jornal publicasse sua opinião e a respeitasse integralmente, sem mutilações ou atenuações. Dado o seu estado de espírito, não lhe pude garantir que isso acontecesse...

O arquiteto Artigas fazia "blagues" espirituosas: segundo ele, era provável que o fauno fosse recolhido a um convento, para se regenerar... Brecheret, a um canto, sorria com uma resignação de mártir. E todos rodeavam Sérgio Milliet, diretor da Biblioteca, para saber como fora aquilo. Porém, Milliet de nada sabia; a ordem emanara de autoridades superiores.

Realmente, toda essa revolta se justifica. Sempre considerei um absurdo essa imposição do gosto privado de um administrador na orientação da ornamentação artística da cidade. Isto pode nos levar a extremos inconcebíveis. Por exemplo, nunca chegaremos a saber com certeza quais os nossos monumentos públicos.

Fauno, c. 1940, gesso.

Vem um administrador que gosta da arte de Fulano. Fulano faz uma estátua que vai para determinado jardim. Mas como tudo tem fim neste mundo, lá vem um dia em que a administração muda. E vem uma nova autoridade que não gosta da arte de Fulano. Em consequência, a estátua de Fulano sai do jardim...

Agora imaginemos que isto se desse com o **Monumento às Bandeiras,** do mesmo Brecheret. Esta obra, ainda não terminada, é colossal e nela tem sido investidos vários milhões de cruzeiros. Há anos o nosso notável escultor trabalha nela.

Pensemos um instante na sua demolição um mês após ser inaugurada e concordemos que tudo isso é alucinante...

Mas pode-se discutir, no caso do fauno, com argumentos de ordem moral. Em primeiro lugar, Maurício Loureiro Gama acentuou muito bem que as obras de arte estão acima do bem e do mal, isto é, são pela sua própria natureza de uma categoria que nada tem com os códigos morais consuetudinários.

E além de tudo, essa concessão à vulgaridade não se admite numa administração esclarecida, que se supõe dispor de homens que sabem, ou podem saber o que é arte. Há dias, a cozinheira de um amigo meu estarrecia-se diante da mulher despida (de bronze) de Brecheret, que está no Largo do Arouche.

O ato de agora é digno da mentalidade dessa doméstica, porém chamais de estadistas, de homens públicos, colocados, pela sua própria função, acima de suas inclinações pessoais e de suas convicções religiosas ou estéticas, por mais sinceras e fervorosas que possam ser.

(. . .) O recorte não faz menção à data da sua publicação e nome do periódico. Recorte de propriedade da autora. Pelo tema, no entanto, deve ser de 1946. O periódico deve ser "O Estado de S. Paulo".

Torso, c. 1930, bronze polido, alt. 80 cm.

Escultura Brasileira

Correio da Manhã — 21-7-1946

A. C. Callado

O cérebro humano tem uma tendência para reduzir à expressão mais simples coisas muito complexas. Por exemplo, mesmo os ingleses que conhecem o Brasil bem, se pensam nele abstratamente tendem a exprimi-lo dizendo: "Brasil-Borboletas". Eu, quando penso na Grécia, inclino-me a este sumário resumo: "Grécia-Escultura". O mais interessante, entretanto, é que apesar de injustas estas simplificações têm sua razão de ser. A Grécia que eu imagino em termos de escultura, a antiga e não a moderna e combatente Grécia, era de fato uma coisa tão completa, tão acabada, tão circular que pode imobilizar-se em formas brancas, petrificar-se em estátuas, morrer. Uma morte muito invejável, mas morte.

Ora, no jovem Brasil, um grande gênio para petrificar coisas seria indesejável. E a escultura brasileira felizmente está muito longe de ser uma coisa completa. Nossos escultores aparecem sempre como uma surpresa e suas estátuas como inesperados presentes. A primeira grande surpresa escultórica assaltou-nos no século XVIII. Foi o dramático aparecimento do Aleijadinho com seus patológicos profetas. Valentim da Fonseca e Silva surgiu mais ou menos ao mesmo tempo e ainda está vivo nas nossas igrejas e jardins. Mais tarde, D. João VI, importando Augusto Taunay e Marc Ferrez, fez realmente nascer a escultura no Brasil. Discípulo Ferrez, Chaves Pinheiro nos deu os doze Apóstolos da Igreja de S. Francisco de Paulo e sua bela representação de João Caetano. Como discípulos seus aparecem Almeida Reis e Bernardelli e, como discípulos de Bernardelli, Correa Lima, Leão Velloso, Modestino Kanto e inúmeros outros que começaram a desembaraçar a escultura nacional de classicismos, escolas, imitações.

Mas uma escultura realmente brasileira só começou em nossos dias, graças a Deus. Só começou no meio de uma revolução estética que tornou a arte mais preocupada com sugestão do que com forma, com o fugidio mundo invisível escondido na matéria, com o perfume do que com o frasco — por mais lindo, transparente e cristalino que seja o frasco. Victor Brécheret é uma poderosa amostra deste sangue moderno no Brasil. Cássio M'Boy esculpindo temas brasileiros em madeira do Brasil, outro. Quanto a Maria Martins, ela de fato representa como poucos no Brasil o novo espírito em termos de escultura.
Na sua coleção de estátuas chamada "Amazônia",

onde modelou folclore e pôs em estátuas a superstição popular e o ingênuo atavismo brasileiro, Maria conseguiu este difícil objetivo de qualquer arte — que é ser nacional, regional mesmo, e a tal ponto, que atinge a universalidade.

Inúmeros outros nomes poderiam ser citados, provando que em nossos dias nasceu verdadeiramente uma escultura brasileira. Mas eu me refiro a esta moderna escultura, audaciosa e experimental. Nada estável, nada acabado. Nada frio, eterno e grego, Brasil-Borboletas.

* Nascido em Niterói em 1917. Iniciou jornalismo no ano de 1937, no jornal "Correio da Manhã", escrevendo também para o "Globo". Residiu em Paris e Londres durante os anos de 1941 a 1947, quando retornou definitivamente ao Brasil.

Maternidade, década de 20/30, terracota, 21 x 9 cm.

A cidade espera as estátuas das Bandeiras e de Caxias

A Noite — S. Paulo — 19-4-1947

Quando serão inaugurados os monumentos idealizados e realizados pelo escultor Victor Brecheret? — As figuras gigantescas do atelier do Ibirapuera — Blocos de granito de 20 a 25 toneladas — Os bandeirantes, o chefe índio e a mãe-índia — O **Monumento a Caxias**, a ser localizado no largo do Paissandu, será a maior estátua equestre do Brasil e talvez da América Latina.

Os monumentos de S. Paulo... Está aí um assunto quo tem dado lugar aos comentários mais desencontrados. Mais contra do que a favor, aliás. E entre esses comentários, alguns representam críticas das mais duras e das mais acachapantes.

Uma coisa que tem sido muito notada, por exemplo, é a localização errada dos monumentos da cidade: na avenida Tiradentes não está o monumento a Tiradentes, e sim o dedicado a Ramos de Azevedo: na praça Ramos de Azevedo, não está o deste e sim o de Carlos Gomes, aliás já no começo do Parque Anhangabaú. Em compensação, podia-se lembrar que Carlos Gomes está ao lado do Teatro Municipal, Caetano de Campos no jardim fronteiriço à antiga Escola Normal... Entretanto, dizem que esse problema de fazer coincidir o nome dos logradouros públicos com as respectivas estátuas não é o mais grave. Problema mais sério parece ser o da desproporção entre a localização e as dimensões de certos monumentos, — e as personalidades históricas que eles evocam. E para ilustrar o caso não bastaria mais que lembrar, a respeito, a pequena estátua escondida no largo da Liberdade, em homenagem a Feijó, e o monumental conjunto da avenida Tiradentes, erguido, não em homenagem a Fernão Dias, a Raposo Tavares ou a José Bonifácio, como se poderia supor, mas em homenagem ao arquiteto, sr. Ramos de Azevedo.

O "ATELIER" DO IBIRAPUERA

E por falar em Fernão Dias e Raposo Tavares — é preciso falar do **Monumento das Bandeiras,** uma grande realização para São Paulo, mas cuja inauguração está tardando demais...

Foi por volta de 1936 que o governo do Estado confiou ao escultor Victor Brecheret a tarefa de empreender o **Monumento das Bandeiras.** Brecheret, como se sabe, instalou o seu atelier em um recanto do Parque do Ibirapuera — idealizando e confeccionando em gêsso, preliminarmente, as figuras gigantescas do monumento.

Depois de dois anos de trabalho, todavia, foi o

escultor forçado a suspender a sua tarefa, que ficou paralisada durante cerca de três anos — só sendo reencetada a partir de 1941. Anunciou-se então que, em fins de 1942 ou começo de 1943 a obra estaria concluída, podendo ser admirada, em toda a sua grandiosidade, no eixo da avenida Brasil, precisamente na entrada do Parque Ibirapuera, no centro de uma decorativa praça de cento e oitenta metros de diâmetro. Seria, portanto, além de um belo monumento erguido à memória dos rudes desbravadores do passado, uma realização urbanística de primeira ordem, destinada a acrescentar mais um elemento de beleza ao aristocrático bairro do Jardim América. Até agora, entretanto, não foi inaugurado o monumento.

O MONUMENTO DAS BANDEIRAS

A reportagem de A NOITE fez há poucos dias uma visita às figuras monumentais de Brecheret — figuras que têm, em média, cinco metros de altura. O monumento terá, como se sabe, cinquenta metros de comprimento, quinze metros de largura e nove metros de altura em rampa. Todo ele é construído de bloco de granito de vinte a vinte e cinco toneladas — sobrepostos — representando uma verdadeira rocha de rara grandiosidade. Os seus alicerces têm quatro metros de profundidade e são de concreto ciclópico, pois terão de suportar todo o peso dos enormes blocos de granito.

O monumento consta dos elementos que compunham a Bandeira, precedidos por dois chefes a cavalo, um português e um guia-índio. Fixando o sentido de solidariedade reinante nas velhas entradas sertanistas, Brecheret idealizou uma barca na qual vários bandeirantes, sacrificados por doenças ou por flechas traiçoeiras, vão sendo carregados pelos companheiros. Na entrada do Parque do Ibirapuera, serão colocadas mais duas figuras: um chefe índio, tendo ao lado uma onça abatida, e a figura da mãe-índia ao lado de uma anta. São também figuras de grandes proporções, de quatro metros de altura e assentadas sobre um pedestal imponente, de cinco metros.

E A ESTÁTUA DE CAXIAS?

Também não se sabe ainda quando será inaugurado um outro monumento de proporções grandiosas, de autoria do mesmo Brecheret. Trata-se da estátua do Duque de Caxias, cuja maquette, de autoria do famoso escultor, foi a vitoriosa no concurso realizado para escolha do trabalho escultórico.

A estátua de Caxias, como se sabe, será localizada no largo do Paissandu, depois das remodelações urbanísticas que estão planejadas para aquele local, inclusive a demolição da Igreja de Nossa Senhora do Rosário. Esse monumento terá uma base em granito, de grandes proporções, em torno da qual ficarão fixadas na pedra, em simbólicos alto-relevos, aspectos culminantes da vida do valoroso cabo de guerra brasileiro. De proporções avantajadas, calcula-se que cinco homens, uns sobre os outros, mal atingirão a cabeça do cavalo, e que duzentas pessoas caberão em seu bojo. Para que essa parte da estátua fosse modelada, o escultor Brecheret trabalhou mais de um ano. O monumento será inteiramente de granito e bronze, sendo de granito o embasamento e os baixo-relevos, e de bronze a grande estátua, que será o maior monumento equestre do Brasil e talvez da América Latina.

O prisioneiro do Parque Ibirapuera

Revista ELITE — 1947

Vergniaud Gonçalves *

"Marchai, titãs de gesso!" bradou Victor Brecheret, em 1940, quando terminou o modelo do colossal grupo que representa a epopéia dos heróicos bandeirantes. Estamos em 1947 e a massa escultural, modelada pelo maior escultor brasileiro, espera ainda que seja transformada em granito e se encontra aprisionada no vasto barracão, à entrada do Parque Ibirapuera, onde Brecheret tem seu atelier. A Prefeitura Municipal envolveu na teia de aranha da burocracia as figuras e os cavalos possantes que ocupam uma área de 50 metros de comprimento por 15 de largura, e fez deter a marcha dos bandeirantes.

Há sete anos, o **Monumento às Bandeiras** depende, portanto, da rotina municipal a fim de que surja, no esplendor de sua glória, aos do povo paulista.

BRECHERET E ROCKEFELLER

Embora marcando passo no barracão do Parque Ibirapuera, os bandeirantes de Brecheret já se tornaram conhecidos na América. Nelson Rockefeller, presidente do Museu de Arte Moderna de Nova York, esteve em São Paulo no fim de 1946 e quis conhecer o **Monumento às Bandeiras.** Já sabia, nos Estados Unidos, da existência das figuras de quatro e meio a cinco metros de altura e dos cavalos ciclópicos que sobem a oito metros de altura,

Vista parcial das obras do **Monumento às Bandeiras.**

Detalhe lateral do **Monumento às Bandeiras.**

formando a maior massa escultural de granito do Continente. Guiado por Carlton Sprague Smith, ex-adido cultural americano em São Paulo, Nelson Rockefeller conseguiu fugir ao programa de recepções e foi, num breve passeio sem protocolo, ao Parque Ibirapuera. Estava cerrado o portão que dá ingresso ao atelier. Nelson Rockefeller, porém, não achou meios de resistir ao impulso de conhecer o trabalho de Brecheret e, como um garoto que salta no quintal do vizinho para pegar bola, pulou o muro do atelier e ali permaneceu durante longo tempo admirando os titãs de gesso que simbolizam a arrancada das Bandeiras.

Depois de sete anos, finalizado o modelo, necessitam os forasteiros de pular um muro para conhecer a monumental escultura brasileira.

A MARCHA PARA AS BANDEIRAS

"A concepção de Brecheret é grandiosa e original, disse certa vez Tarsila do Amaral, descrevendo o Monumento. A marcha para as Bandeiras começa num grupo onde homens arrastam, num esforço miraculoso, a canoa amiga; continua num grupo mais alto, onde os bandeirantes encontram o ouro cobiçado; continua a marcha para o sertão e são portugueses, são índios, são mulatos e mamelucos, a promiscuidade das raças que se irmanam, amalgamadas pela mesma esperança; são os brancos que carregam na rede o índio enfermo, vitimado pelas febres perniciosas que vão semeando pelo caminho o rosário doloroso de cadáveres. Mas a tenacidade não se abala, a esperança cresce e com ela o monumento vai crescendo de altura e o hino às Bandeiras se expande num grupo de cavaleiros montando cavalos colossais que desafiam o tempo com os seus oito metros de altura."

Esse grupo formidável será fundido em granito de Itaquera, de cor cinzenta; o Monumento vai ficar na grande praça de 180 metros, à entrada do Parque Ibirapuera, e será circundado de palmeiras imperiais; a face principal do bloco de granito ficará

Detalho lateral do **Monumento às Bandeiras.**

voltada para o Morro do Jaraguá. À entrada da praça, duas figuras se postarão de guarda: de um lado uma índia, com o filho ao braço; do outro lado o seu companheiro, o índio valente, senhor da terra.

O Monumento às Bandeiras é tipicamente brasileiro: apresenta o negro, o índio, o mameluco e o português. É diferente de todos os outros monumentos, porque só pode ser erigido no Brasil, devido à concepção genuinamente nossa e cor local que ressalta com a vibração do seu conjunto.

PROMETEUS ACORRENTADOS

Victor Brecheret, no zênite da carreira artística, considera o **Monumento às Bandeiras** a sua maior criação. É a escultura que vai perpetuar o seu nome na memória do povo paulista. Na sua vitoriosa vila delineada em Roma, onde afroutou vicissitudes para aprender a arte dos grandes mestres, o **Monumento às Bandeiras** é um sol que resplandece eternamente e ilumina o caminho das gerações futuras.

Nascido em São Paulo, no bairro de Santa Cecília, o artista que esculpiu o **Cristo** de Honolulu e venceu nos salões de Paris, deseja ver erguido na sua terra natal o monumento que é o mais belo depoimento do esforço titânico dos bandeirantes. Os sete anos de atraso na execução da obra torturam a vida do artista que contempla, dia a dia, no seu atelier, os titãs de gesso, prisioneiros da Municipalidade.

Destinados à glória e à admiração pública, os bandeirantes de Brecheret parecem Prometeus acorrentados ao Cáucaso da burocracia paulistana.

* Nasceu em 1914. Bacharel em Direito em 1936. Jornalista, tendo escrito para os jornais "Diário de S. Paulo", "Folha de S. Paulo", "Shopping News" e o "Tempo". Escreveu para as revistas — O Dirigente Industrial, Banas, Elite e atualmente para a Tendência, como chefe de redação.

Ontem - Hoje - Amanhã

Diário de São Paulo — 02-11-1948

Guilherme de Almeida

Todo o mundo ali, naquele rés-do-chão de esquina (a esquina mais bonita de São Paulo; entre os plátanos agonizantes da Praça da República e a figueira atlética da Rua Vieira de Carvalho), olhando os ritmos que Victor Brecheret ora expõe é que tirou das coisas brutas do chão: ritmos em granito, ritmos em bronze, ritmos em pedra-rolada, ritmos em terracota. E eu. .

. . .eu, olhando o artista. Vendo o homem. Observando Brecheret. Uma estátua baixa, grossa, forte, talhada firme a golpes seguros. Parece aquele milagroso galego — o "Santos dos Cóques" — a entrada da nave central da catedral de Santiago de Compostela, na sua pedra preta, engordurada: um bonzo atarracado em cuja cabeçorra os estudantes de Paris vinham, em romaria, esfregar a testa para se iluminarem de inteligência.

Olhei Brecheret, lembrando o dia em que nós ("nós" no caso, com sua **Eva**, com seu **Fauno.** E Brecheret prepara o Moderna de 1922) o descobrimos, por acaso, numa alta galeria envidraçada do então Palácio das Indústrias, hoje, grande fábrica estadual de discursos, de falta de número legal para votações e de "jetons". Era um trabalhador de macacão. Trazia de seu atelier em Roma e de sua convivência com Mestrovic, uma **Fonte dos Gênios,** feita de gigantes de gesso escalpelados, parecidos com essas figuras humanas descascadas, sem pele, para o estudo dos músculos, nos laboratórios de anatomia. E Brecheret veio para o saguão do Teatro Municipal, durante a célebre "Semana". E Brecheret publicou desenhos de escultor nos hors-textes em papel acetinado, entre as páginas de "KLAXON".
E Brecheret partiu para a Europa: e foi premiado no Salon d'Automn, de Paris, com a sua **Mise au Tombeau,** que d. Olívia Guedes Penteado adquiriu para seu túmulo. E Brecheret enfeitou os jardins municipais de São Paulo com sua **Eva,** com seu **Fauno.** E Brecheret prepara o **Monumento das Bandeiras** e o de **Caxias.** E Brecheret tornou-se o escultor de São Paulo."

Uma glória recíproca. Não sei quem mais se honra: se ele com ser de São Paulo, se São Paulo com tê-lo por seu.

* Nasceu em Campinas em 1890 e faleceu em S. Paulo em 1969. Poeta, jornalista, bacharel em Direito, redator de "O Estado de S. Paulo", diretor da "Folha da Manhã" e da "Folha da Noite". Redator do "Diário de S. Paulo". Membro da Academia Paulista de Letras em 1928, cadeira n.° 22 e Academia Brasileira de Letras, poltrona n.° 15. Participante da Semana de 22. Cognominado como o Príncipe dos Poetas. Membro do Instituto Histórico e Geográfico de S. Paulo. Membro da Union Cultural Universal, de Alcácer de Sevilha. Autor de "Messidor", "Nós", "Dança das Horas".

A dança das estátuas

Correio Paulistano, 14-11-1948

A melhor maneira de fazer com que um trabalho não seja visto é colocá-lo num ponto de passagem obrigatória — Nenhuma moldura melhor do que a mancha verde dos gramados — Trabalhos muito pequenos ou muito grandes — O **Monumento às Bandeiras,** de Victor Brecheret, um dos poucos monumentos que serão bem localizados.

— "A melhor maneira de fazer com que um monumento não seja visto é colocá-lo num ponto de muito trânsito e de passagem obrigatória", — disse certa vez o prof. Pietro Maria Bardi, diretor do Museu de Arte de S. Paulo, a propósito da colocação dos monumentos e trabalhos escultóricos .Isso aconteceu quando se discutia apaixonadamente, sobre onde colocar o **Caxias** do escultor Victor Brecheret. O prefeito daquele tempo, sr. P. Lauro, tinha suas opiniões a respeito. Aliás, S. Paulo é de uma infelicidade única em questões de valor e má colocação de monumentos. Ao contrário do que sucede em todas as partes do mundo, aqui é o único lugar onde se pede a um artista que execute este ou aquele trabalho para, só depois então, colocá-lo a trouxe a mouxe em qualquer canto. Resultado: o trabalho acaba indo dormir seu último sono no cemitério das estátuas e dos monstros, isto é, no Viveiro Manequinho Lopes, de mistura com mudas de eucaliptus e plantas ornamentais da prefeitura.

A dança das estátuas

Há trabalhos que perambulam de déo em déo, antes de pousarem definitivamente num determinado ponto da paulicéia. O exemplo mais recente é o do **Verdi** que, depois de arrastado daqui para ali, acabou indo esconder-se envergonhado num cantinho do vale do Anhangabaú. Antes houve o "caso" do **Fauno,** de Victor Brecheret. Foi um verdadeiro "caso", — e nessa época foram manobrados cordéis subtís para fazer que o mitológico personagem deixasse de apadrinhar os namorados que procuram aquele trecho arborizado da Biblioteca Municipal de S. Paulo. Enfim, o **Fauno** foi retirado! Hoje, não sabemos mesmo onde se encontra: talvez esteja no meio das plantas do Viveiro Manequinho Lopes, saudoso dos

Tocadora de guitarra, c. 1925, mármore polido.

cochichos dos namorados. Dizem outros que anda perdido lá na praça Siqueira Campos... Em seu lugar, dando ao bucólico recanto uma aparência de cemitério, fixaram uma enorme cruz negra. Mas os namorados não se afastaram...

Aliás, já que estamos na praça da República, é bom que demos uma olhada nos outros trabalhos aí contemplados. Pode ser que o escultor Galvez não tivesse sido avisado de que o seu **Cervantes** ia ser colocado ao lado do estabelecimento de que é diretor o sr. Sergio Milliet. Se o soubesse, talvez o autor de **D. Quixote** não ficasse com aquela postura tão... tão rígida, como que envergonhado de algumas de suas proezas em África, a terra das mouras e do amor. **Camões,** do escultor José Cucé, também parece pequenino, naquele trecho, quase que perdido e afogado na verdura.

Um trabalho que se encontra muito bem colocado é o **Augusto** — aquele mesmo trabalho que nos foi doado governo italiano, no tempo em que Benito Mussolini sonhava em repetir (mutatis mutandi) o imperialismo do sobrinho de Cesar... Posto de quarentena enquanto as tropas aliadas se preocupavam em combater os nazistas, eis que o **Augusto** volta à praça pública. Foi muito bom que isso acontecesse — mesmo porque voltou muito melhor colocado, imponente, ali no largo do Arouche, quase na saída para a avenida São João. Também não está mal colocada a **Guanabara,** do escultor Ferri, naquela ponte de verdura do Parque Anhangabaú.

Falemos das coisas horríveis: o **Laocoonte,** reprodução de célebre obra grega. Resolveram colocá-lo no ponto mais movimentado de S. Paulo, e, o que é pior, no trecho percorrido quase que exclusivamente pelos automóveis que timbram em desrespeitar os regulamentos do Departamento de Trânsito. Resultado: ninguém vê o **Laocoonte.** Segundo a opinião de todos os entendidos esse trabalho deveria ser posto no interior de um jardim, público ou particular, rodeado de verdura. Aliás, nenhuma moldura melhor para trabalhos desse tipo do que a verdura dos gramados. Só assim o espectador tem um certo tempo para a contemplação e a reflexão que obras desse tipo provocam. Outra coisa horrível: o **Monumento ao Engenheiro Ramos de Azevedo,** na avenida Tiradentes. Porque aquele cavalo enorme (aliás olhando para a rua S. Caetano? Não há dúvida de que Emendábile é um grande artista, mas dessa vez não foi feliz. Quem desembarca da Estação da Luz, ao contemplar aquele enorme cavalo, pensa logo que deve ser monumento a Cristóvão Colombo ou a qualquer herói de quaisquer Termopilas nacionais... Sim, porque o engenheiro Ramos de Azevedo foi um grande engenheiro, um grande homem mas... sua maior obra foi o Liceu de Artes e Ofícios! Positivamente, o tamanho do monumento e mesmo o motivo não é dos mais felizes.

Agora, um trabalho otimamente colocado! a reprodução de **Moisés,** a célebre obra de Miguel Angelo. Embora a Galeria Prestes Maia seja lugar de passagem obrigatória, esse trabalho obriga à contemplação, dada sua disposição quase estratégica. Apesar de S. Paulo não possuir muitos monumentos, seria pequeno o espaço neste jornal para apontar todas as falhas existentes nesse setor. Talvez nossa capital seja o único lugar do mundo onde os monumentos são feitos depois que a praça ou o largo já existe há muito tempo. E, assim mesmo, as condições do local nem sempre são levadas em conta por artistas que trabalham em seus estúdios, à luz quase sempre artificial...

O Cavalo de Tróia de Victor Brecheret

Agora, dois trabalhos que tudo indica vão ser bem colocados: o **Monumento às Bandeiras** e o **Caxias.** À medida que se aproxima a data da inauguração, vêm sendo cada vez mais visitados esses dois trabalhos de autoria de Victor Brecheret. Este escultor é um dos pais do chamado modernismo no Brasil, e, no próximo dia 18, exporá diversos trabalhos na Galeria Domus; deve-se notar, frizando a importância desta exposição, que, Victor Brecheret não expõe há mais de dez anos. Aproveitando a permanência do escultor na cidade (o homem não sai do seu atelier no Ibirapuera), entrevistamo-lo a propósito daqueles dois monumentos. Enquanto arrumava seus trabalhos no interior da Galeria Domus, Brecheret nos ia dizendo:

— "As visitas ao **Caxias** e às **Bandeiras** estão isentas de burocracia. Quem quiser visitar o meu estúdio pode fazê-lo à vontade e a qualquer momento", disse-nos.

Soubemos que, realmente, todos os que se interessam pelos nossos monumentos artísticos, históricos ou documentários, assim têm procedido em relação às duas obras daquele artista. Embora o **Monumento às Bandeiras** seja mais impressionante, o **Caxias** aguça mais a curiosidade dos visitantes, talvez por sua propaganda que se tem feito em torno da obra do pacificador.

O plinto do **Monumento a Caxias** é de uma forma piramidal truncada, com base retangular; contendo nos lados descrições da vida do grande soldado. No grupo em que fixou sua posição de fixador em Bagé figuram a esposa e a filha de Victor Brecheret, além de diversos de seus amigos e conhecidos. Na cena em que aparece Caxias morto, que impressiona pela sobriedade e imponência, vê-se o ataúde guardado por seis soldados rasos, grandes em sua humildade devotada. Todas essas fases, que fazem parte do embasamento, serão executados em bronze e a todo relevo.

O monumento tem 45 metros de altura, desde a base até o vértice da espada, sendo de 30 metros a altura do plinto. A estátua equestre mede 9 metros; Caxias 11 metros e 15 metros até o vértice da espada. Somente esta mede cinco metros de extensão. Disse-nos seu autor que somente em 1949 poderá ser inaugurada a obra completa.

O grande monumento equestre tem alguma coisa do cavalo de Tróia, pois cabem em seu ventre 33 pessoas. Para se ter uma impressão de quanto é poderoso esse novo cavalo de Tróia, basta saber-se que só em um de seus braços entra folgadamente uma pessoa corpulenta. Aliás, uma das diversões preferidas de Victor Brecheret é escolher numa turma de visitantes aquele mais impressionante pelo tamanho e pedir-lhe que suba até o braço do Caxias — o que é sempre recebido pelas gargalhadas dos presentes. A estátua equestre está toda cercada de andaimes e a mão direita do Caxias toca a cumieira do telhado, cuja altura atinge doze metros, dando a impressão de que toda aquela massa vai dar uma arrancada e atirar o barracão dentro das águas do Ibirapuera. O colosso sustenta-se apenas sobre dois dos seus membros e será um dos maiores monumentos equestres do mundo. Brecheret trabalha nessa obra há mais de seis anos.

Onze anos de trabalho no Monumento às Bandeiras

Todavia, trabalho há mais tempo no **Monumento às Bandeiras,** atualmente aprisionado no interior de um barracão de sessenta metros de comprimento, que não permite tenham os visitantes uma impressão de conjunto.

O **Monumento às Bandeiras** será localizado numa futura praça idealizada pelo artista emoldurada pelo cobalto das águas do Ibirapuera. Segundo a expressão do prof. Vicente Mecozzi, secretário do Sindicato dos Artistas Plásticos será uma sinfonia granítica a ecoar pela planície dos feitos dos bandeirantes, tendo como fundo o Jaraguá que dali se pode avistar nos dias claros.

Executada em nosso granítico de Mauá, pode ser descrita como um triângulo-retângulo: medindo o cateto-base 50 metros e o cateto-altura cerca de 15 metros. O **Monumento às Bandeiras** compreende 39 figuras, atingindo cerca de 15 metros a largura do pedestal em sua parte máxima.

Era desejo do escultor que o bloco todo surgisse do rés do chão, acompanhando o realismo que se

desprende de toda a massa granítica, — mas isto viria a oferecer grande perigo para o trânsito. Decidiu-se, então, que fosse feito um embasamento mínimo, para evitar que imprudentes volantes perdessem a vida contra o gigante. O bloco tem todas as características da escultura de rocha, como convêm a um monumento desse tipo. Disse-nos Victor Brecheret que faz questão de fixar o tipo físico dos palmilhadores de mundos que foram os bandeirantes, evitando assim que o monumento se desligasse da realidade social que o inspirou. Em certos pontos, os alicerces da obra atingem até doze metros de profundidade.

— "Aquilo desafia a própria bomba atômica!!!", concluiu Victor Brecheret, depois de descrever minuciosamente as suas duas obras mestras, trabalhos que a reportagem desta folha está cansada de ver, por ocasião de todas as visitas ofiicais feitas por este ou aquele figurão, aos dois monumentos do Ibirapuera.

Aqui terminamos o nosso passeio, à frente dos monumentos desta capital. Passeio pessimista quase sempre. Não concluímos, porém, as nossas considerações anteriores. Iamos dizendo que, nem sempre o artista sabe onde será colocado seu trabalho, porque a todo o momento qualquer cidadão guindado a um alto posto entende de dar palpites sobre o assunto. E eis então um monumento, que deveria ficar numa determinada área, sobre esta ou aquela mancha de verdura, é atirado para o asfalto da avenida Paulista.

Ou, o que é pior, no cemitério do Viveiro Manequinho Lopes. . . Porisso, transcrevemos aqui a opinião do escultor Victor Brecheret:
— "Esse assunto deveria ser entregue à solução dos artistas, ao invés de quererem a toda força que os engenheiros sejam os primeiros e os últimos a decidir. O autor da obra, geralmente, sabe melhor do que ninguém onde deve ela ser colocada. . . "

Itacy Pellegrini, Brecheret, Henriette de Toledo Piza na exposição da Galeria Domus, SP, 1948.

Artes e Artistas - Brecheret na Domus

O Estado de São Paulo — 3-11-1948

II — Brecheret e a escultura

A solução do "problema Brecheret", cuja existência sentimos tão fortemente, só poderá ser curada por meio de uma observação conscienciosa de sua escultura. Numa terra em que a crítica sem bajulação e sem elogios fáceis continua tão rara, a honestidade crítica parece quase uma andácia. Mas a obra de Brecheret precisa começar a ser encarada sem a aura protetora dos tabus. Já nos referimos à precisão da qualidade plástica de sua escultura. De fato, ela não falha, tecnicamente, dentro de seu neo-classicismo, ou quando se baseia simplesmente nele.

No que, então, representa ela para o crítico um problema, um caso de consciência, se tecnicamente é boa?

Suas grandes esculturas de nus são frias, sem vibração, embora nos pareçam frequentemente belas, quando sozinhas numa praça pública. Isoladas, dão a impressão de saírem de um todo, de serem o fragmento de uma maneira, de um estilo, de alguma coisa que "é" o artista. Vistas em conjunto, numa exposição, sente-se que lhes falta uma diretriz e, principalmente, muitas vezes lhes falta bom gosto e até mesmo harmonia formal.

Quanto à multiplicidade de pesquisas feitas por um mesmo artista, dir-se-á que é comum em nossa época.

Que todos os "grandes" passaram por várias escolas, várias procuras, várias interpretações do mundo. Contudo, a oscilação trazia a marca de uma personalidade, o que levava a reconhecer-se o "estilo" do artista em cada uma de suas fases. Ao passo que Brecheret, em toda a sua obra de escultor, revela-se um perdido dele mesmo. Aliás, ele próprio deu-nos a impressão de ter consciência desse desvio, ao definir-se contra a escultura intelectualista de nosso tempo. Sente-se nessa definição uma angústia, um drama. A explicação de que várias vezes o escultor haja tentado "destruir" a escultura em sua escultura, conforme sua fase expressionista o comprova estranhamente. Ele "tritura" a forma, massacra-a, como se procurasse combatê-la. Aquele n.º 23, a **A Virgem e o Menino Jesus** já terá mesmo vagas características de que irá realizar mais tarde nas "pedras". E para cuja libertação completa o **Monumento das Bandeiras** será a longa, laboriosa e dolorosa expiação.

Conversando com as pedras - Catálogo Galeria Domus

18-11-1948(. . .)

Brecheret

Brecheret, tire essa roupa de civilização e viva um pouco de tempo conosco. Deixe todas essas sabedorias da Grécia, Roma, Paris e do atormentado século XX. Não se lembra que há vinte anos atrás andou tentando outras esculturas, cheias de intelectualismo, de formas simples, arredondadas, polidas? E que você não insistiu? Por que? Faltava-lhe alguma coisa que hoje eu posso explicar. Muitos escultores da velha Europa continuam esculpindo em seus ateliers, nas grandes metrópoles, onde fabricam e espalham pelo mundo uma espécie de chave que passa por tudo. E isso eu condeno. Por que? Porque são formas amaneiradas e falsas. Falta-lhes o que nós chamamos de humano. Veja a pedra n.º 36, olhe para ela e então você verá aí está escondida a **Mãe índia** contornada por um grande peixe que há milhares de anos espera o momento de sua revelação. A que você, ao tentar pegá-la rolou mais fundo nas águas. Mas você se deu por vencido e, apesar do seu peso, conseguiu traze-la para um lugar seco. Ande Brecheret anda mais cem metros e encontrará a pedra n.º 38. Verá que também ela é linda, de formas arredondadas por rolar milhares de anos no mar. Ela deve ter-lhe dado uma sensação curiosa, talvez lembre-lhe uma **Virgem índia Acropí.** Mais adiante, no alto, siga aquela picada. Lá está o n.º 34. É uma pedra um pouco esverdeada e sugere um **veado amarrado pelas pernas.** E, assim, continue andando, andando à procura de suas pedras.

(. . .) O manuscrito deste texto é de propriedade da autora.

Caro Brecheret

Lamentei ter que viajar sem poder me despedir de você. Espero ir até ali novamente antes do encerramento da exposição e assim ter o prazer de estar a conversar com você. Recomendações de Maria e minhas para sua Sra. Abraços e até breve

seu velho Portinari

Rio, 10-XII-948

Artes e Artistas - Brecheret e a Domus

O Estado de São Paulo — 18-11-1948

Victor Brecheret inaugura hoje, na Galeria Domus, uma exposição de suas esculturas de pedras gravadas. A importância dessa exposição não vem apenas da obra do escultor. É muito conhecido o valor dessa obra, não somente por meio das esculturas isoladas do artista nos nossos parques (das raras esculturas públicas de qualidades plásticas existentes em São Paulo, emparelhando-se com as Bruno Giorgi, no Rio), como é conhecido esse valor através dos grupos esculturais que está terminando, e de que nossos jornais já se têm ocupado, divulgado maquetes e fotografias: a **estátua equestre de Caxias** e o **Monumento às Bandeiras.** Sabe-se desde já que esse monumento dará à escultura moderna no Brasil um realce excepcional.

Índio acocorado, 1947/48, pedra, alt. 30 cm

Mas a importância da exposição que o escultor nos apresenta hoje vem ainda da circunstância de selar um contrato. Porque Brecheret confiou à Galeria Domus toda a venda de sua obra, mesmo depois de sua exposição. Contrato esse realizado também, aliás, por Flavio de Carvalho e pelo nosso primitivo Souza, que depositaram em Pasquale Fiocca a mesma confiança. Sendo que, nos dois primeiros, essa confiança é acompanhada da noção "civilizada" de que deve haver uma colaboração entre o proprietário de uma galeria e o artista que se utiliza dela.

Focalizamos essa questão por nos parecer de muito interesse num meio como o nosso, em que na verdade não existe nitidamente o hábito das galerias de arte, à maneira dos grandes centros. Esse hábito da galeria de arte moderna especializada — precisamos fazer justiça — quem nos está trazendo é o casal Fiocca, com a sua dedicação, a sua boa-vontade, a sua tão sem esperança nos primeiros tempos, quando foi aberta a simpática e agradável galeria da Praça da República.

Os nossos artistas estavam acostumados às galerias oficiais gratuitas ou então "usavam" as galerias particulares, em geral heterogêneas na escolha dos expositores. E o nosso público compradores de quadros ou esculturas usavam-nas do mesmo modo. Isto é, como um simples local de exposições artísticas, onde iam "espiar" o que se fazia a cada momento. Depois... a exposição se encerrava, e quem queria comprar ia comprar mais barato no atelier do artista, que diminuia, do preço pedido ao comprador, mais ou menos a comissão que deveria ter dado à galeria. O comprador saía muito contente porque o artista lhe vendera "mais barato". E o artista também, porque nada dera à galeria, embora muitas vezes, na venda particular, nada tivesse ganho. Evidentemente, o sacrificado era o galerista, o marchand, que não tinha lucro nenhum. Porque é claro que o preço do aluguel da sala (e quantas vezes não era cedida graciosamente) não compensava os trabalhos, os aborrecimentos, as consultas do público sobre o preço que não queria aceitar durante a exposição, pela certeza de que o regateamento, junto ao artista, o faria economisar alguns cruzeiros.

O método continua, em grande parte. Existem mesmo os artistas que expõem numa galeria, e logo em seguida confiam os quadros a uma outra, para serem vendidos. Não falam em comissão a nenhuma das duas. Lesam, assim, ambas ao mesmo tempo, e continuam inconscientemente e inconscienciosamente tranquilos.

Ana Maria e Pasquale Fiocca perceberam, quando aqui

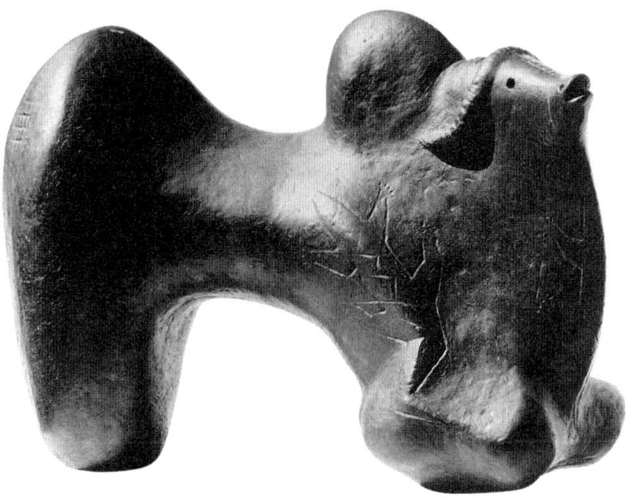

Zebú, década de 50, bronze patinado, 85 x 57 cm.

se instalaram, que o meio era difícil e estava mal habituado. Porém com uma figura, uma elegância e uma probidade cheia de desinteresse (não obstante precisassem desse trabalho para viver, como qualquer trabalhador de qualquer trabalho), conseguiram conquistar a nossa simpatia e a nossa confiança.

Conseguiram mesmo "moralisar" o meio. A prova está nessa oferta que lhes fizeram os artistas do valor de Flávio de Carvalho e Brecheret, tão conhecedores de como se estabelece o caminho da obra-de-arte ao público, passando quase sempre pelas galerias, nos meios artísticos mais avançados.

Por isso tudo a exposição atual de Brecheret na Domus vale por uma dupla consagração: a do artista e a da própria galeria.

As "Pedras" de Brecheret

Diário de S. Paulo — 21-11-1948

Guilherme de Almeida
Da Academia Brasileira de Letras

As **pedras** de Brecheret...

Isso sôa como se disse: os **mobiles** de Calder. Sôa igual e é igual. Mas de uma igualdade contrária: como o direito e o avesso de um tecido, que são opostos, embora próximos; diferentes, embora idênticos. O tecido é o mesmo: os lados é que não são.

Calder procura criar objetos fora da natureza; Brecheret procura criar natureza dentro de objetos.

Um é direito; outro, o avesso; mas não sei qual deles é isto ou aquilo.

Exposição Brecheret, na Galeria Domus.

Entre granitos religiosos, bronzes mitológicos, terracotas regionais, aparecem as **pedras**... **pedras** o que? — Se precisassem de um adjetivo, eu lhes daria, convictamente, este **sábias.**

É um adjetivo que vem da China multi-milenar: essa que guarda o pedestal — que falta às três colunas-mestras — Progresso, Cultura, Civilização — sobre os quais o Ocidente assentou tudo o que sabe, tudo o que quer. São três colunas no ar: não têm a base — Sabedoria — que lá ficou nas terras onde nasce a luz. Aí, os lapidários, talhadores de pedras-duras (ágata, cristal-de-rocha, onix, jade...) não abrem arbitrariamente na matéria preciosa a imagem resolvida. Estudam, primeiro, durante dias, meses, o espírito, a intenção do pedaço de sílico ou calcáreo que lhes deu a **Mãe Terra.** Partem do princípio de que todas essas pedras vieram ao mundo com um sentido, uma mensagem; e que é preciso descobrir, primeiro, esse destino, para depois acentuar-lhe as formas. É, primeiro, uma descoberta; depois. simples trabalho de revelação. Assim, tiram os artífices chineses de uma lasca de jade a imagem de Shu-Lao, o Deus da Longevidade: macróbio embalando um recém-nascido, sob um galho de pessegueiro em flor...; ou de um prisma de cristal-de-rocha, a silhueta de Kuan-Yin, que é a Compaixão e a Caridade, sentada, de olhos baixos e mãos ocultas sob um panejamento hierático...

Ora, isso é Sabedoria. Eis que isso Brecheret se pilhou fazendo, intuitivamente, com suas **pedras:** grandes pedregulhos-rolados que o mar lhe deu, com um mistério hieroglífico inscrito na sua matéria. Dir-se-iam formas lisas de Brancusi? — Não. Brancusi quis fazer pedras-roladas para significar coisas;

Brecheret recebeu essas coisas nas pedras -roladas que tirou do mar. E assim... assim, em um desses grandes ovos que o tempo chocou no leito marítimo, Brecheret foi acordar a **Mãe India Envolta Por um Grande Peixe,** que esperava, Bela-Adormecida, o buril que desfez o seu encantamento...; em outro; esverdeado, surpreendeu um **Veado Amarrado Pelas Pernas**...; em outro, o **Índio acocorado** espreitando, através de séculos o momento da descoberta...; em outro, a **Luta da onça com o tamanduá,** tragédia da floresta, escondida, longe, entre ondas e areias...

Se fosse possível haver uma Arte Brasileira, seria essa que Brecheret inventou. Essa, sim, é natureza nossa: material, sentimento, idéia, expressão, gentes, bichos, coisas, ritmos e mística do Brasil.

E uma idéia me vem, que a qualquer um viria, e que todos se impõe.

Imagino que essas **pedras** de Brecheret, como aqueles hard-stones dos chineses, fossem serem humanos... Fazer com homens o que fizeram esses escultores: procurar em cada semelhante, que vem ao mundo, o seu segredo original, a sua significação inata — suas tendências, sua índole, seu caráter, e, sem contrariar essa "ordem", apenas sublinhá-la, dar-lhe relevo, acentuar-lhe o delineamento, descobri-la a si mesma nas suas formas despojadas...

Não sei compreender nem definir de outra maneira essa coisa tão séria e tão malentida que se chama Educação.

E por falar em pedra...

A Manhã — Rio de Janeiro — 21-11-1948

...Brecheret inaugurou na Galeria Domus uma exposição de trabalhos feitos com pedras retiradas do fundo do mar.

Há quase quinze anos o conhecido escultor não expõe em São Paulo, dedicado como estava ao **Monumento das Bandeiras** e do **Duque de Caxias.**

Agora que esses monumentos (leia-se a palavra em todos os seus sentidos) estão prontos e em vias de serem montados em praça pública, Brecheret pode se voltar um pouco à escultura de tamanho menor. Dizem que os seus últimos trabalhos são qualquer coisa de surpreendente.

Trabalhar uma pedra que dormia no fundo do mar deve ser o mesmo que lidar com objetos que pertenceu a alguma sereia: cama, espelho ou travesseiro.

Brecheret fala de arte

Gazeta — 24-11-1948
Reportagem de **Maria Antonia**

A sala de grandes janelas está povoada de maravilhosas figuras, estátuas que Victor Brecheret criou no mármore, no granito, no bronze. Um **Cristo** primitivo, em terracota, esticado ao longo de uma cruz de madeira a imensidão do seu sacrifício. Entre as esculturas de um outro grupo, **São Jerônimo** conta a sua história santa numa interpretação que é toda arte e pureza. Brecheret, cujo nome ninguém em São Paulo ignora, transformou temporariamente o espaçoso living da sua residência em museu.

E é ali que ele me recebe alguns dias antes de inaugurar a sua exposição na Galeria Domus, entretendo a reportagem de A Gazeta numa agradável palestra, contando-me o início da sua carreira, recordando a primeira e improvisada exposição que realizou em São Paulo apresentando-me a estátua que celebrizaram em museus e vias públicas internacionais.

Victor Brecheret nasceu em S. Paulo. Filho de pai francês e mãe romana, o que quer dizer que a predestinação artística já lhe vinha no sangue de duas raças. Ainda muito jovem foi para a Europa. Ficou na Itália, estudando na Academia de Belas Artes, da Cidade Eterna. Até que um dia os seus professores lhe deram independência. Mandaram-no embora. Que fosse viajar, trabalhar noutros países, expor trabalhos. Já era tempo de iniciar a carreira e mostrar ao mundo as suas esculturas.

— Fui parar em Paris — conta o artista — pouco depois da primeira grande guerra, época em que a revolução da arte atingia o ápice. O que lá encontrei era completamente diverso do que até então estivera aprendendo. Fiquei aturdido, confuso. Passei um ano sem trabalhar, embora frequentasse ateliers e artistas. Depois, arrastado pelo meio ambiente entrei na minha fase modernista. Figuras em granito que só apresentavam volume (chamava-os de pneumáticos...). Ou concepções avançadas em que a geometria jogava com forma, figuras essas executadas em cobre polido.

O escultor levanta-se e põe na minha frente uma peça estranha, que ele chamou de **Três Graças.** Dois discos superpostos, no centro dos quais, em perpendicular, equilibra-se uma peça semelhante a um cilindro ou cone. Não escondo o que penso a respeito desse estravagante trabalho e Brecheret concorda comigo, sorrindo.

É um gênero de arte que até parece desaforo. Lá adiante, no suporte de madeira, um outro trio em terracota chama-se realmente **Três Graças.**

Anjo, década de 40, terracota, alt. 40 cm.

— O que se faz hoje — continua o artista — no estrangeiro ou aqui em nossa terra, já foi feito na Europa depois de 1920. Naquele tempo desejava-se acabar com certo convencionalismo na arte, pois que a arte era doce, feita para gosto burguês. Tentou-se uma transformação que não pode ser realizada por não ter atingido nada. Fora das bases clássicas será inútil tentar criar alguma coisa nova. Aliás, na Arte, tudo o que se poderia conseguir já foi feito. Na efervescência do movimento modernista, eu costumava pensar: então porque continuam a apresentar o ponto máximo de atração aquelas estátuas célebres dos museus, que vêm atravessando séculos sem que a sua beleza ou valor diminuam? Nada até hoje conseguiu diminuí-las. Em 1928 houve também, na França, uma verdadeira invasão de artistas de todos os pasíes, que traziam idéias novas, revolucionárias. Porém, desapareceram a seguir, como um fogo fátuo, nada mais.

— Quando voltou às bases clássicas?

— Indago.

— Na verdade — responde Brecheret — eu nunca me afastei delas. Mas, levado pela influência da época, acompanhei o que todos faziam naquele momento. Entretanto, fui peneirando os meus trabalhos, avançando, ou melhor, retrocedendo, até me fixar. A experiência adquirida no período modernista foi-me deveras proveitosa, pois adquiri um vasto conhecimento das linhas geométricas na escultura.

A primeira exposição de Victor Brecheret em São Paulo foi uma aventura. Uma improvisação. No armazém de um amigo, afastando para um lado sacas de feijão e arroz, arranjou um espaço para colocar suas esculturas e chamou os amigos para vê-las. São Paulo ainda não se habituara às mostras de arte, e nem mesmo havia recintos apropriados para isso. Foi quando surgiu ao lado de jovens artistas e intelectuais, a figura animadora e sempre lembrada de dona Olívia Guedes Penteado, que reunia e apresentava no seu famoso salão da rua Conselheiro Nébias, os moços de talento que urgiam então. Era um esteio valioso e através dela os artistas e intelectuais foram se agrupando despertando o interesse de todos.

— Qual a sua opinião sobre o abstracionismo e todas essas novas tendências e manifestações de que se ouve falar a todo momento? — pergunto ainda.

— Insisto em dizer que se torna necessário criar alguma coisa mais pura e sã. Estes movimentos são passageiros, não podem fixar-se. A arte tem que ser construtiva. Já assisti a essas forças evolucionistas e até mesmo participei delas. São transitórias.

Victor Brecheret possui trabalhos nos Estados Unidos, na França (Musée du Jeu de Pomme), Suíça, Honolulu (monumento público), Bélgica, Holanda e outros países. Em São Paulo, algumas das suas obras integram conhecidas coleções particulares. Outras podem ser admiradas pelos transeuntes na Galeria Prestes Maia, largo do Arouche e Jardim dos Amores (av. Paulista). Dentro em breve dois trabalhos de vulto do grande escultor paulista serão inaugurados: um na praça Princesa Isabel (Monumento a Caxias) e outro no Parque Ibirapuera (Monumento às Bandeiras). Trabalhos esses que vêm sendo executados desde 1937 e 1940.

Quem vai à Galeria Domus, naquele cantinho simpático da Praça da República com a rua Vieira de Carvalho encontra, deslumbrado, na última fase de Brecheret, poemas. Um poema escrito na pedra, como uma lenda primitiva. Caminhando certa vez numa praia, o artista descobriu, perdido na areia, um tesouro que o mar não quis e que ele levou para o atelier: três pedras que durante séculos viveram sob o dorso verde do oceano. Esculpindo-as, Brecheret, deu-lhes

Banho de Sol, década de 30, bronze patinado, 110 cm.

uma história. Marcou ali, em traços primitivos, a figura de uma índia. Um peixe. E as pedras criaram vida. Falam de arte.

— Mas, o mar é um mau fornecedor — acrescenta Brecheret — e na falta de outras pedras, cuja beleza me inspirasse, venho trabalhando em terracota, sempre no mesmo assunto, com motivos nacionais, procurando assim uma nova forma, uma nova modalidade, uma outra escultura brasileira, legitimamente nossa.

Um trabalho que poderá ser continuado por outros, pois muita coisa será descoberta aí.

Victor Brecheret é uma magnífica afirmativa de arte. Um artista que cria o belo, na intenção sincera de fazer Arte.

Artes Plásticas - Exposição Brecheret

Folha da Noite de 24-11-1948

Osório César

Brecheret está expondo os seus últimos trabalhos na Galeria Domus. Agora que este grande artista brasileiro de fama mundial atingiu a sua completa maturação, pois há mais de trinta anos Brecheret trabalha sem cessar, podemos bem julgar do valor escultórico que sua obra apresenta. Ela sempre foi realista e humana, acima de tudo, profundamente humana. O seu realismo é de caráter psicológico. Entendemos por realismo psicológico aquela parte de sentimento que o artista imprime aos seus temas ou modelos e que provoca emoção no espectador .Ele se encontra fora da beleza plástica e dentro da beleza moral, onde vai exprimir o verdadeiro sentido humano da obra de arte. É quando os dois se unem — a beleza plástica e o realismo psicológico — a obra de arte se torna perfeita pela harmonia entre o plano físico e mental.

É desse sentido a obra genial de Brecheret. Este artista que por vários anos trabalhou na Europa, sofreu uma grande evolução na sua técnica escultórica. Pelos últimos trabalhos agora apresentados, vemos que ele foi buscar a lição de pureza e sensibilidade nos períodos madalenense, do antigo Egito, e arcaico grego para realizar essas produções notáveis como: **Filha da terra, Luta da onça e o tamanduá, Veado amarrado, Índia escondida por um grande peixe,** em que consegue dar-nos intensa emoção com poucas linhas e em cujo ritmo está marcada a sensibilidade da massa. Também nas: **As três graças,** no **Torso** e nos **Fragmentos,** em que as linhas de conjunto, com os valores plásticos, concorrem para a beleza harmônica entre o físico e o mental, proporcionando assim grande emoção ao espectador.

A obra que Brecheret nos apresenta é trabalhada com técnica impecável, e de grande sensibilidade nos seus ínfimos detalhes.

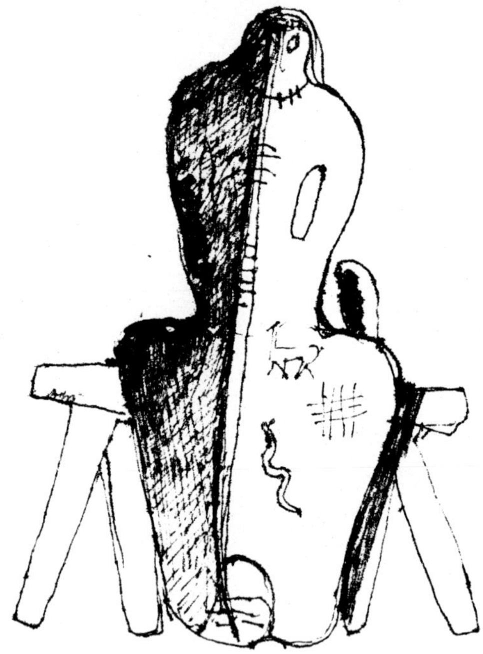

Artes e Artistas - Brecheret na Domus

O Estado de São Paulo — 28-11-1948

I — O "Problema Brecheret"

O "problema Brecheret", na escultura moderna brasileira, é dos mais sérios, desde que Mário de Andrade lançou a sua célebre frase, cheia de um transbordante entusiasmo: "Depois dos egípcios, só Brecheret".

Sem dúvida esse exagero nacionalista nos leva à procura de um equilíbrio de julgamento. No entanto, como são falhos os julgamentos, sobretudo em relação a artistas de nossa época!

Brecheret aqui está, com suas figuras greco-romanas, suas cabeças, seus santos expressionistas, sua fase purista, seu vago cubismo analítico, seus monumentos. E suas pedras. Vimos recentemente esses trabalhos no atelier do artista. Num atelier a escultura tem fisionomia diferente. É criação ainda, tem qualquer coisa de mais indeciso, de mais vibrante, como se não fosse ela mesma, independente ,obra de arte, mas um pedaço da personalidade do artista, de tal forma continua ligada a ele. Pode-se objetar que, em todas as artes, o fenômeno se assemelha. Elas parecem sempre mais íntimas no ambiente em que foram criadas. (Até a poesia, enquanto manuscrita). Mas, na escultura, tudo isso se faz sentir muito mais forte. Talvez porque a terceira dimensão a obriga a participar mais do mundo, das coisas do mundo e seus elementos. Talvez porque "a escultura dogmaliza, como escreveu Mário de Andrade, ao passo que o ser humano divaga." E assim, numa exposição, ou num museu, ou numa praça, a escultura se impõe, mais ela mesma, mais harmônica. Adquire a sua personalidade própria como obra de arte, o seu sentido de comunicação, o seu dogmalismo expressional. O que explica que tenha sido a arte comunicativa das grandes civilizações. De outro ponto-de-vista, evidentemente, é o que explica que o "problema Brecheret" de repente se faça sentir tão forte entre nós, quando se sabe que, na Galeria Domus, suas estátuas e suas cabeças se destacam, nobres, das paredes claras.

Essa obra, escondida no atelier do artista, nos últimos anos, pois que ele não pensava senão no **Monumento às Bandeiras,** aparece agora como obra, e nos perturba. Perturba pelo que tem de variado, de oscilação de pesquisas, pela ausência de uma unidade de estilo, de uma certeza de caminho. Por essa estranha inquietação primitiva que se sente em toda a personalidade do homem Brecheret, e que se espalha através de sua escultura. Perturba também pela permanência, em toda essa variedade, da qualidade plástica, da segurança técnica, que a formação clássica do escultor explica e justifica. Perturba quando se pensa que Brecheret realizou, no mesmo período, um prodígio técnico e acadêmico — O **Monumento a Caxias,** e outro prodígio técnico dentro da liberdade moderna — o **Monumento às Bandeiras.**

Mas a perturbação não traz a solução do problema.

Exposição da Semana

A Gazeta — São Paulo (Capital) — 29-11-1948

J.I.

Uma das mais apreciáveis demonstrações de nossa vitalidade artística é a exposição de Victor Brecheret, na Galeria Domus. Curioso e significativo o que se vem verificando neste final de 1948, quando, após longos anos de ausência, voltam a ter contato com o público, oferecendo-lhe visões retrospectivas de sua arte, os nomes mais representativos de nossa cultura plástica — Di Cavalcanti, Victor Brecheret, Candido Portinari...

Estamos a um quarto de século da famosa revolução artística de 22, e essas mostras de arte como que têm o recondito significado de uma prestação de contas à geração que assistiu boquiaberta e indecisa, às invectivas audaciosas daqueles homens, então em plena mocidade. Não nos encontraremos, por acaso diante de um novo ciclo de inquietações ou de procura ou será este o momento da meditação e da volta ao equilíbrio conquistado, resultante dos frutos colhidos durante aqueles anos de insatisfações e de lutas? Da sinceridade da atitude combativa de um Di Cavalcanti ou de um Brecheret ninguém duvidou jamais; a capacidade de domínio plástico de um Portinari conquistou para o artista a admiração dos grandes centros da pintura moderna.

Desejamos que assim seja, de vez que voltamos em boa hora à serenidade criadora, sobrepujados que já foram todos os cerebralismos doentios daquelas "escolas" ditadas por inspiraçoes extremistas, desmoralizadoras de nossa civilização que ainda agora, na "bienal" de Veneza, tentaram ressuscitar todas as suas extravagâncias, de há muito superadas.

Aqueles que lamentaram a ausência de nossos artistas naquele conclave, certamente não compreenderam as razões determinantes de sua ausência — e não há dúvida que a primeira delas se fundamenta num duplo imperativo ideológico; do sentido político, porque não compreendemos a arte "dirigida" nem tão pouco orientada rumo à negação de nossa liberdade; de sentido artístico-filosófico, porque encerrado o primeiro ciclo de nossa evolução artística, ciclo eminentemente revolucionário, compreendemos que é chegada a hora da reflexão do amadurecimento, da reconstrução enfim. Os expositores da "bienal" quiseram explorar as deploráveis consequências da Segunda Guerra, suas misérias morais e suas neuroses; mas, do mesmo modo que no primeiro após-guerra, nada mais fizeram eles que dar pasto aos seus recalques de pintores medíocres e às suas fanadas ilusões de uma nova "marcha" sobre Roma. O artista brasileiro, porém, entende que encerrado seu ciclo revolucionário, chegou a hora de meditar e construir, dentro do clima brasileiro, caracteristicamente nativista que o país deles espera, para sua exaltação e para sua alegria interior.
Assim foi no México; assim foi no Chile; e assim deverá ser no Brasil e em toda a América.

Pietá, década de 30, terracota, 16 x 25 cm.

A vitória de Victor Brecheret

Folha da Manhã — 30-11-1948

Helen *

Entrar naquele mundo de terracota e beleza de Victor Brecheret, na Galeria Domus, é o tempo todo, para a cronista, ir pela mão de um "você se lembra?"

— Você se lembra daquela **Vitória** de bronze verde?

Cabeça de Graça, 1940, bronze, alt. 43 cm

Ai, se me lembro! Eu era uma menina miúda e emotiva com olhos a se encherem d'água por qualquer coisinha.

Surpreendi a extraordinária estátua em casa de papai, ali naquela rua Brasílio Machado de onde saiu o movimento da anta. Os músculos verdes da estátua se retezavam e o corpo ascendia tal uma chama e o rosto era quase cruel e as asas se fechavam no alçar supremo do vôo. Papai, meditativo, acariciava o bronze. Em torno, as pessoas riam, não compreendendo aquele "modernismo".

— Isto é uma coisa muito séria e muito bela, minha filha. É uma **Vitória,** feita por Victor Brecheret. Guarde este nome.

E guardei esse nome associado à estátua ascensional e pura...

Muitos anos passaram. Os amigos que frequentavam a casa da rua Brasílio Machado ganharam rumos venceram seguindo a mesma diretriz do ideal daqueles tempos. Outros tomaram opostas veredas e aqui, não poderia deixar de lembrar um moço chamado Plínio Salgado que acabara de publicar seu livro de estréia — O Estrangeiro...

Em compensação outros moços daqueles tempos dos meus inquietos nove anos aí estão vencendo: Menoti Del Picchia, Cassiano Ricardo, Osório Cesar, Paim Vieira...

— "Você se lembra"? dizem-me os fantasmas da terracota de Brecheret. Diz-me **Ritmo,** dizem-me **Fragmentos,** diz-me o ascético **São Jerônimo** e diz-me a **Pedra n.º 36** com a sua **índia escondida por um grande peixe.**

Alarico Silveira previnira a criança para guardar o nome de Victor Brecheret. E no arquivo das lembranças esse nome ficou, premunitoriamente, ligado à carne de bronze verde de uma Vitória...

* Helena Silveira — Nasceu em S. Paulo em 1911. Escritora, estreou em 1943 com um volume de contos denominado "A humilde espera". Em 1944 começou escrever para o jornal "Folha da Manhã", passando a escrever para a "Folha da Noite", em 1947. Em 1954 foi agraciada com o prêmio Alcântara Machado, pela Academia Paulista de Letras. Atualmente escreve para o jornal "Folha de S. Paulo".

Victor Brecheret, o escultor do "Monumento às Bandeiras"

Notas de Arte — Correio Paulistano — novembro de 1948

Ibiapaba de Oliveira Martins *

A riqueza e a diversidade caracterizam Victor Brecheret, o escultor que expõe na Galeria Domus. Da estilização da mitologia grega ao arremedo da estautária egípcia, **do Caxias** às **pedras** em que o jogo e a fantasia se misturam, esse artista de origem italiana e nome afrancesado parece querer penetrar em todos os campos da escultura. Em sua exposição — há mais de dez anos não expunha — apresenta-nos terracotas, bronzes e granito, além de pedras fantasiosamente retocadas. Abrangem trabalhos religiosos, retartos e temas colhidos no manuncial tupi-guarani.

As três graças, frisa o catálogo, já foram expostas em 1925! e por esse aviso Victor Brecheret nos lembra não ser nenhum arrivista do movimento moderno. Realmente, antes da famigerada Semana de

Detalhe do **Monumento às Bandeiras.**

Arte Moderna, já tinha sido descoberto pela crítica. Desde então, passou a ser elemento do qual não se podia deixar de falar em qualquer referência à escultura no país. Menotti Del Picchia era seu grande corifeu e, há mais de dez anos, quase vinte, enfrentava Brecheret árduas polêmicas e lutas com o velho Rollo, antes de tornar-se quase indiscutido.

Reportando-nos ainda ao catálogo da atual exposição, devemos fazer uma referência ao trecho (assinado por Brecheret) no qual confessa:

"Não se lembra (o autor faz esta pergunta a si próprio) que há vinte anos atrás andou tentando outras esculturas, cheias de intelectualismo, de formas simples, arredondadas e polidas? E que você não insistiu? Por que? Faltava-lhe alguma coisa que hoje eu posso explicar. Muitos escultores da velha Europa continuam esculpindo em seus ateliers, nas grandes metrópoles, onde fabricam e espalham pelo mundo numa espécie de chave que passa por tudo. E isso eu condeno. Por que? Porque são formas amaneiradas e falsas. Falta-lhes o que nós chamamos de humano."

Reproduzimos esse trecho tal e qual se encontra no catálogo, para mostrar quanto Brecheret faz questão de pertencer à velha guarda do chamado movimento moderno.

Nestas linhas, tudo indica uma profissão de fé "figurativista" ou, melhor, ressalta o que há de jogo e acaso na **Luta da onça e do tamanduá** ou na pedra n.° 27, a que chamou **Veado amarrado.**

Pode ser, também, que esta nossa interpretação seja forçada: culpa não nos cabe, entretanto, e sim à divagação do próprio Brecheret...

Uma visita à Galeria Domus onde se encontram expostos trabalhos de diversas épocas, suficientes para revelar a riqueza do conjunto de sua obra, mostram-nos que, por ora, o ponto alto da sua produção ainda é o **Monumento às Bandeiras.** Neste, concepção e execução se aliam. Será, acreditamos, a grande obra de Brecheret, diferente, muito diferente de sua **Diana** ornamental do Teatro Municipal.

E já que falamos no **Monumento às Bandeiras,** queremos notar um pequeno engano existente em "Retrato da Arte Moderna do Brasil." Afirma o sr. Lourival Gomes Machado que "ao público proibe-se até de saber o que Brecheret produz e como se faz a evolução da sua estilística e de sua arte." Seus monumentos mais recentes — é ainda o sr. Lourival Gomes Machado quem o afirma — jazem aos pedaços em barracões suburbanos, à espera de uma praça, de um lugar em que adquiram existência pública. Ora, isso não corresponde aos fatos. Com exclusão do **Fauno** antigamente localizado junto à Biblioteca Municipal e dali arredado injustificadamente para não se sabe onde, — as outras obras (parece que o sr. L.G.M. quer referir-se a **Caxias** e ao **Monumento às Bandeiras),** ainda não estão terminadas porque o próprio Brecheret não o conseguiu. Todavia, a visitação a esses dois monumentos pode ser feita a qualquer momento e por qualquer pessoa. Basta que o próprio Brecheret esteja presente no barracão do Ibirapuera para acompanhar os visitantes...

* Nasceu em Botucatu — Estado de São Paulo, em 1917. Bacharel em Direito. Crítico de arte dos jornais "Diários Associados" e "Última Hora", tendo escrito também para o "Correio Paulistano". Estreou como romancista com a obra "Falam os muros da cidade", "Sangue na pedra" (romance, 1953) e "Noites de Relâmpago" (romance, 1968) e uma série de outras obras.

Artes e Artistas - Brecheret na Domus

O Estado de São Paulo — 1.°-12-1948

III — Do Monumento das Bandeiras às "pedras"

Não cremos que se possa ter uma idéia precisa do que seja o **Monumento das Bandeiras.** Fechado no barracão de táboas, onde o artista nele trabalha há dez anos, falta-lhe o necessário recuo para ser visto à distância, assim se podendo avaliar melhor suas qualidades de proporção, de composição, de ritmos e harmonias — todos fundamentais numa escultura de dimensões tão imensas. Contudo, sente-se até que ponto impressiona aquele grande bloco compacto das figuras da parte da frente, excetuando-se o barco, mais frios menos sensível. Mas o que nos importa hoje é procurar saber porque o monumento irá levar Brecheret a essas pedras gravadas, que tanto o interessam neste momento, que tanto o absorvem.

Sua revolta contra a forma já percebemos em seus santos expressionistas. Ora, o Monumento prepondera o artista durante anos e anos à preocupação da escultura pura, ao ato puro de dar forma. O projeto era antigo, mas Brecheret o executou fielmente. O longo trabalho não trará apenas o cansaço da escultura, mas também a insatisfação dela, já pressentida ,aliás, e que levará o artista a ir procurar pedras, pedras polidas pela natureza, pedras que "já possuem" uma forma, para divertir-se simplesmente com o gravá-las. E nega tanto, sem perceber, o ato de esculpir, que, explicando seus objetos gravados em terracota, aos quais precisou dar uma forma, um aspecto de pedra, ele diz: "Esses foram feitos

Alto-relevo da fachada do Jockey Club de São Paulo.

pensando em pedras que eu quero encontrar com esta forma. . . "

As pedras que Brecheret têm muito vagas reminiscências de sua fase purista e da influência de Brancusi.

Brancusi "esculpia" as suas pedras, procurava, por meio delas, a pureza formal levada ao máximo, a um cerebralismo consciente. Brecheret não esculpe, antes se liberta da escultura, por meio delas, qual pudemos ver, desde seus motivos até suas consequências. Brecheret aproxima-se do primitivismo milenar, pré-histórico, do instante em que "a escultura deixa de ser baixo relevo para se tornar gravura", segundo diz Eli Faure, em capítulo sobre arte pré-histórica.

E tanto são gravuras as suas pedras, que Brecheret fez, para todas elas, uma série de estudos em desenho, procurando a melhor construção, o melhor ritmo, a melhor composição bidimensional, sem nenhuma preocupação como relevo. É apenas o traço, o traço que acompanha as curvas da pedra, em sulcos fundos, fazendo brotar não a projeção do uma forma, mas a ilusão dela.

Brecheret

O Estado de São Paulo — 2-12-1948

Sérgio Milliet

Este fim de ano nos vem proporcionando grandes exposições nacionais. Foi Di Cavalcanti, a princípio, com uma centena de telas de épocas diferentes, de procuras diversas, mas todas unidas pela característica essencial de sua pintura: a mensagem potética, a mórbida mensagem de sensualidade e melancolia.

Dentro de alguns dias teremos a retrospectiva de Portinari e agora, na Domus, expõe o calmo

Maquete do **Monumento às Bandeiras,** bronze patinado, 90 x 110 x 90 cm.

Brecheret. Ia-me esquecendo de Flavio de Carvalho que, antes de sair com sua bagagem artística para Buenos Aires, ocupou durante uma semana os salões do Museu de Arte. E impressionou profundamente o público e a crítica com seu desenho estonteante de espontaneidade e sua pintura extremamente pessoal. O ano, pois, tem que ser assinalado com pedra branca.

Mas é de Brecheret que se trata nesta crônica, do pioneiro Brecheret, daquele escultor "poliglota" (no sentido negativo... pois não falava lingua nenhuma) que em 22 descobria aos olhos dos espantados literatos revolucionários uma arte de magia para a qual ele próprio não encontrava explicação. Brecheret foi para Paris, passou por fases duvidosas, decepcionou-nos com seus bibelots amáveis, tornou a entusiasmar-nos com o possante **Monumento das Bandeiras,** caiu no néo-classicismo, fez grego, tentou a escultura picassiana e chegou, numa longa viagem de volta à idade das cavernas. Talvez a fim de partir de novo para outra experiência, a da escultura abstracionista que ele condena... por enquanto. Condena da boca para fora, mas a quem analise sua evolução complexa não escapará a tendência dia a dia mais acentuada para a exclusiva preocupação dos volumes e planos e o desinteresse cada vez maior pelo assunto, o tema, a concessão figurativa. A fase atual das pedras realça rigorosamente esse amor à forma pela forma, muito embora Brecheret com explicações algo confusas em seu catálogo. Na realidade o aproveitamento do acaso da natureza e o grafismo das gravações primitivas revelam tão somente a timidez do artista à cata de uma justificação para o gesto do futuro. Este será, creio, o da confecção da própria pedra, e da procura de novas euritmias, de proporções ideais de planos e volumes que não lembrem mais o corpo humano, que nasçam simplesmente da imaginação e da sensibilidade do artista. Se a natureza, no seu trabalho inconsciente, produz formas admiráveis, por que não as poderá descobrir o escultor dentro de si próprio? E quem ousará censurar-lhe a ousadia, se tomou antes a precaução de mostrar que formas semelhantes se encontram ao mundo real?

Brecheret teme confessar, de chofre, que não lhe importa o tema, que a sua vontade é a de se exprimir, sem peias convecionais, através de valores plásticos. Mas ele caminha rapidamente para essa confissão e toda a sua rota, desde o início, está traçada, e visível a um olhar perspicaz, nas estilizações, nas simplificações, nas deformações, nas sínteses. O escultor jamais se apegou à concepção analítica, e quando parou no pormenor foi sempre para fazer da parte um todo, para valorizá-la plasticamente como uma obra em si e não a fim de marcar uma tendência naturalista. E quando teve como objetivo o próprio todo, o pormenor só lhe interessou como solução de equilíbrio ou de grafismo sensível.

Por mais estranho que pareça Brecheret não alcançou ainda a maturidade, no sentido da plena realização de si mesmo. Isso já foi dito, de outra maneira, pelo crítico desta folha em suas notas sobre a exposição atual. Estão a tolher sua expressão definitiva alguns preconceitos figurativos, por um lado, e por outro sua grande timidez. Não é, em verdade, uma inquietação picassiana que o impede de ir até o fim, é o temor da perda de contato com o público. Se ele fechar os ouvidos às críticas e às observações dos leigos por certo atingirá essa expressão certa de sua personalidade. Tecnicamente ele está preparado para ela, mas psicologicamente ainda resta um passo a dar.

Numa terra de raros escultores, a hesitação de Brecheret assume uma importância capital. É preciso que se empurre a si próprio para a frente, de olhos cerrados, olhando para a alma insatisfeita.

Então há de ser o grande artista que seus trabalhos por vezes anunciam e por vezes negam.

São Paulo, Sexta-Feira, 24 de Dezembro de 1948 — A NOITE — SÃO PAULO

48 metros de altura!

A maior estatua equestre do mundo

HISTORIA E DETALHES DO MONUMENTO A CAXIAS QUE DENTRO DE ALGUNS MESES SERA' ERGUIDO NA PRAÇA PRINCESA ISABEL

A Noite — S. Paulo, 24-12-1948

Sabe-se que o monumento ao **Duque de Caxias,** a ser em breve inaugurado na praça Princesa Isabel, será a maior estátua equestre do mundo. Nunca será demais, porisso, relembrar algo sobre a sua história e alguns dos seus detalhes mais interessantes.

A idéia de ereção do monumento surgiu em 1939, quando se achava no comando da 2.ª Região Militar o general Maurício José Cardoso. Foi ele o iniciador do movimento que encontrou logo, apoio mais decidido e entusiástico por parte de toda a população paulistana, pois os fundos para o empreendimento foram conseguidos mediante subscrição popular.

Constituída a Comissão Pró-Monumento ao Duque de Caxias, teve início a coleta de fundos para levar avante a idéia de homenagear em São Paulo, por aquela forma, aquele que foi o maior dentre os vultos da história militar do Brasil. Reuniu-se em breve a quantia líquida de um milhão, oitocentos e trinta e oito mil, novecentos e sessenta e três cruzeiros e trinta centavos.

O Concurso de "maquettes"

Em fins de 1941, instituiu-se um concurso de maquette, vencido, como se sabe, pelo escultor patrício Victor Brecheret, que concorrera com um notável modelo em gesso, conquistando assim o primeiro prêmio, que era da importância de trinta mil cruzeiros. Estipulou-se ainda que Brecheret receberia trezentos mil cruzeiros, quando concluísse o seu trabalho.

Em virtude das enormes proporções do monumento, construiu-se, na confluência das avenidas Ibirapuera, Brasil e Brigadeiro Luiz Antonio, um grande pavilhão, em cujo interior, durante muitos meses trabalhou incansavelmente uma equipe de artistas selecionados por Victor Brecheret. Numerosos estudantes de escultura, de arquitetura e de carpintaria, do Liceu de Artes e Ofícios, passaram a trabalhar no majestoso monumento.

O maior do mundo

Será realmente o monumento a ser erigido na praça Princesa Isabel a maior estátua equestre do mundo? Esse privilégio até o momento pertence ao monumento a Victor Emanuel, em Roma. Todavia, as medições procedidas nos dois monumentos revelaram que a de **Caxias** superará a outra.

Terá o monumento 48 metros de altura acima do nível do solo, e 20 metros de diâmetro, na base. O bronze terá 10 metros de cumprimento por 11 de altura, sendo que o plinto de granito, em um só bloco, medirá da base à superfície, 34 metros.

Na parte baixa serão esculpidas em relevo de estilo inédito, figuras do Condestável do Império e episódios históricos em que ele se destacou. Para a confecção desse bronze, 36 toneladas desse metal foram gastas, e para se fazer uma idéia de suas dimensões basta dizer que em cada casco de cavalo caberá um homem sentado.

O local e a data

A princípio, pensou-se em colocar no largo do Paissandu o **Monumento a Caxias,** devendo para isso ser demolida a igreja de N. Senhora do Rosário. Entretanto, por questões de ordem urbanística, resolveu-se posteriormente que a estátua fosse erguida na praça Princesa Isabel, que é a confluência de quatro grandes artérias: a avenida Duque de Caxias, e as ruas Visconde do Rio Branco, Guaianazes e General Rondon, originando-se desse fato uma amplitude maior de visão para o monumento.

Acresce ainda que, nesse local, será edificado um grande teatro, pela Prefeitura de São Paulo.

O Instituto de Pesquisas Teconológicas procede à sondagem para determinar a consistência da base que deverá suportar o pedestal do monumento. E assim, calcula-se que dentro de quatro meses, mais ou menos, já esteja montada sobre o seu pedestal a gloriosa figura de Caxias.

Uma visita a Brecheret

Diário de S. Paulo — 10-4-1949

Tarsila do Amaral

Bravo, Brecheret: 150 vezes bravo! exclamei aniquilada pela imensa pata de cavalo levantada para o ar. Estávamos no barracão do Parque Ibirapuera, onde o escultor trabalha no **Monumento a Caxias.** A maquette, em grande escala, torna-se minúscula junto à colossal figura que empunha uma espada de cinco metros, em dimensões definitivas. Dentro daquele braço erguido pode um homem locomover-se a vontade e aquele imenso Caxias, aquele enorme bloco de gesso trabalhado se equilibra no cavalo possante que marcha como um tank, destruindo barreiras, abatendo florestas, desmoronando cidades...

Ali tudo é grandioso. O barracão se alonga, se alarga, se espicha para o alto em extensas proporções. Brecheret é um ponto pequenino junto de sua obra. Anda de um lado para outro. É um formiga no trabalho. Não uma formiga atarantada que não sabe por onde enveredar, porém uma formiga ponderada, consciente de sua missão, a essas formigas que carregam no dorso uma folha colossal, arrastando-a pacientemente, teimosamente.

Estava eu dominada ainda pela impressão do grandioso, quando Brecheret me diz:

"Agora vamos ver outra coisa, o **Monumento às Bandeiras.**"

Dirigimo-nos para outro barracão, enquanto bandos de pombas, esvoaçando, pousavam nos ombros do **Duque de Caxias.** Felizes pombas! Para elas não há crise de habitação. Fazem o footing nos braços do nosso herói, ali mesmo constroem seus ninhos, por ali mesmo criam os filhotes, ali se abrigam desafiando as intempéries. Moradia dos deuses!

Penetramos no outro barracão onde se acha pronto, em gesso, o **Monumento às Bandeiras.** Há anos que vejo familiarizada com a maquette desse monumento. Foi ele bastante modificado, conservando porém, as linhas. Rememorando todos os monumentos que tenho visto em viagens, em cinemas e em livros de reproduções artísticas, concluo que Brecheret, com o **Monumento às Bandeiras,** quebra todos os moldes clássicos, os de base mais ou menos ornamentada e uma coluna com o herói nas alturas, quando não se trata de um Arco do Triunfo.

Esse trabalho foge inteiramente dessas convenções. São figuras hercúleas em marcha heróica. A última do grupo, num esforço titânico, empurra uma canoa, ajudando os companheiros que a arrastam penosamente. Muitos rios, como barreiras proibitivas, surgirão à frente daqueles bravos conquistadores.

O grupo, que se estende num comprimento de 41 metros, caminha corajosamente. São portugueses barbados, índios tatuados, negros atléticos, mas um deles cai exausto e os outros, solidários, o carregam. Vão adiante cavalos intrépidos, montados pelos chefes da caravana que abrem caminho, olhos fitos no futuro. Este é o ponto mais elevado do monumento. Visto de lado, suas linhas em conjunto formam um triângulo. E aquela gente dominadora, sem a tal base ou escadaria convencional, brotará da terra milagrosamente para enriquecer São Paulo com uma obra de arte notável pela sua composição, pelas suas figuras sintéticas e angulosas, construídas em grandes planos, visando, o efeito de luz à grande distância.

Depois de render meu culto de admiração paulista, pedi-lhe que me mostrasse as estátuas pertencentes ao plinto do **Monumento a Caxias.** Cedendo à minha curiosidade, prontificou-se o artista a conduzir-me até à oficina de cantaria, situada num arrabalde da capital. Guiando seu Oldsmobile, Brecheret vai cantarolando: "En amour on a toujours vingt ans". E recorda Paris.

— Como se chamava mesmo — perguntei-lhe — aquela americana tão simpática, sua admiradora?

— Madame Bleir — respondeu com seu vozeirão de baixo.

Madame Bleir apaixonou-se em Paris pela arte de Brecheret. (Não sei se a paixão limitou-se exclusivamente à obra do artista...). Comprou-lhe

Detalhe da exposição de Brecheret em São Paulo, 1930, vendo-se entre outros, Tarsila do Amaral.

várias estátuas que doou a diversas cidades da América do Norte. E teve também o bom gosto de colecionar telas de Picasso, Léger, Matisse e todo o primeiro time de pintores de vanguarda. Isso foi mais ou menos em 1926 e Madame Bleir deu um passo bem acertado como colecionadora de obras artísticas. Alguns anos depois voltou apressadamente para os Estados Unidos. Perdera tudo quanto possuia, mas uma exposição dos quadros até então colecionados depositou-lhe nas mãos vazias a fortuna integral.

— E a bela marquesa de Soriano? não teve mais notícias dela? — perguntei-lhe.

Essa linda americana, casada com um marquês espanhol, possuia grandes propriedades e usinas em Honolulu, onde era rainha do açúcar. Quis seu retrato esculpido pelo nosso artista e foi à rua Vercingétorix, 52. Fez parar o seu Rolls diante de um grande e velho portão de ferro quase em ruinas. No interior enfileiravam-se, num beco estreito e longo, os ateliers térreos. O calçamento rústico lembrava nosso "pé-de-moleque" das cidades antigas. O atelier era um salão onde se trabalhava, onde se comia, onde se dormia, onde se recebia. Aquecimento a carvão num poele primitivo; iluminação... elétrica ou a querosene? Era a querosene. Entretanto ali morava um grande artista. Brecheret trabalhava e dia a dia seu nome se impunha. Críticos de arte entre eles Maurice Raynal, chamavam a atenção de Paris para o artista brasileiro. E foi bater à porta numero 20. Lá entrou a marquesa de Soriano muitas vezes irradiando beleza e posou para o nosso escultor. Seu retrato já esteve exposto em São Paulo e no Rio. É um mármore já bastante viajado pois, ao chegar a Honolulu, verificou a marquesa que se tinha quebrado um dedinho da sua linda mão e fez voltar o trabalho a Paris. Brecheret remeteu-lhe outro, guardando para si o primeiro que depois de restaurado, foi exibido ao público da nossa terra.

E assim vamos recordando os bons tempos de Paris. Brecheret lembra-se com carinho de Simone Bordat.

Foi durante anos sua companheira dedicada e sua noiva, mas o destino não quis que se casassem. Faz questão

Brecheret e o casal Marino, em um café de Montparnasse.

de que todos saibam da sua gratidão a Simone. Ela foi sempre seu amparo em dias difíceis. Eu mesma a vi muitas vezes a seu lado com sua palavra animadora. Antes de casar-se em São Paulo, disse o artista a Juranda, sua linda noivinha, que seu culto de amizade a Simone seria para toda a vida. A inteligente e compreensiva Juranda não somente concordou como também aprovou.

"Sou feliz — diz Brecheret — porque as duas se conhecem por fotografia, correspondem-se por cartas e são duas grandes amigas".

Passadas todas essas recordações o escultor continua a canção começada "En amour on a toujour vingt ans" acrescentando: "En amour c'est l'eternel printemps".

O automóvel parou. Descemos e penetramos no vasto recinto onde vivem no granito as personagens do **Monumento a Caxias.** Tudo é belo e imponente. Não é atoa que sempre tive pelo artista uma grande admiração: vejo nele um tipo de inteligência especializada. Nasceu para escultor, encontrou seu caminho e dele não arreda um passo. Vai seguindo firme, sem parar, acenando às coisas belas que encontra nas margens. Os outros que cantem que componham, que pintem, façam versos, toquem piano, escrevam romance, estudem línguas. Brecheret fala misturando francês, português e italiano. Que importa? A sua linguagem é de granito e bronze.

Enquanto eu formulava essas considerações vinte operários na oficina de cantaria batiam martelos, desbastando enormes blocos de granito. Os pantógrafos se locomoviam nas verificações dos relevos. Grandes estátuas, já terminadas, esperavam num canto as companheiras que iam nascendo sob as mãos dos marmoristas, enquanto o chão se forrava de estilhaços.

— Brecheret — disse-lhe — se você trabalhasse exclusivamente pelo amor à glória, poderia agora cruzar os braços. Já foi condencorado com a Legião de Honra em Paris por ocasião da venda de um grupo ao museu do "Jeu de Pomme", coisa difícil para um estrangeiro: foi consagrado pelos melhores críticos de arte que o tornaram mundialmente conhecido. Agora, esses dois monumentos são suficientes para imortalizar seu nome.

Mas ele está distraído e me diz:

— Vamos para casa. Tenho ainda outras coisas para mostrar a você.

Ao passar pelo Liceu de Artes e Ofícios, o escultor recorda o tempo de menino quando à noite, após o trabalho, ia estudar desenho. Dois anos depois concluira o curso. Seguiu então para Roma onde permaneceu oito anos. Foi seu professor de escultura um artista de renome. Dazzi que ainda muito jovem executara diversos monumentos e outras obras importantes. Era um homem belíssimo e não sabia o que fazer com seu bando de apaixonadas. Apelidaram-no o Rafael da escultura.

— Deve ser — disse-lhe mais ou menos como De Fiori, um belo homem que viveu entre as estrelas de Hollywood. Condessas e princesas...

— Não — respondeu Brecheret — era muito mais bonito.

— Era então um Adonis — observei!

E passamos a falar de Mestrovic, de quem também tinha sido discípulo, mais nisso chegamos à Rua João Moura. A casa do artista, delineada por ele mesmo aos 18 anos, sóbria, moderna e perfeitamente encaixada no pequeno parque, é uma vivenda encantadora. Juranda, a esposa do artista, parece uma linda menina de 15 anos. Vem receber-nos rindo, aureolada pelos cabelos louros esparsos. Lá dentro uma algazarra. Crianças por todos os cantos. Mães risonhas e felizes. A mesa cheia de doces ao centro um bolo como seis velinhas acesas. É uma festa de aniversário.

Brecheret, pega pela mão o menino de seis anos, o Victor, e uma menina de três anos, e me diz:

— Aqui está o que eu queria mostrar a você. São estas minhas obras-primas.

Bartira, década de 50, gesso patinado, 226 x 91 cm.

Brecheret

Revista Guaíra — novembro de 1949

Jorge de Hollanda

Folheando um catálogo de uma exposição de Brecheret, ouvi uma conversa dele que acho interessante reproduzir nesta reportagem. Digo ouvi, porque uma conversa se ouve, mas na realidade ela está impressa no catálogo:

CONVERSA COM AS PEDRAS: Brecheret, tire essa roupa de civilizado e viva um pouco de tempo conosco. Deixe todas essas sabedorias da Grécia, Roma, Paris e do atormentado século XX.

Não se lembra que há vinte anos atrás andou tentando outras esculturas, cheias de intelectualismo, de formas simples, arredondadas e polidas?

E que você não insistiu? Por que?

Faltava-lhe alguma coisa que hoje posso explicar.

Muitos escultores da velha Europa continuam esculpindo em seus ateliers, nas grandes metrópoles, onde fabricam e espalham pelo mundo uma espécie de chave que passa por tudo.
É por isso que condeno. Por que? Porque são formas amaneiradas e falsas. Falta-lhes o que nós chamamos de humano.

Veja a pedra n.º 36; olhe para ela e então verá que aí está escondida a **Mãe Índia, contornada por um grande peixe,** que há milhares de anos espera o momento de sua revelação. E essa pedra, ao você tentar pegá-la, rolou mais fundo nas águas. Mas, você não se deu por vencido, e, apesar de seu peso, conseguiu trazê-la para um lugar seco. Ande, Brecheret; ande mais cem metros e encontrará a pedra n.º 38. Verá que também ela é linda, de formas arredondadas, por rolar milhares de anos no mar. Ela deve ter-lhe dado uma sensação curiosa, talvez lhe lembre uma **Virgem Índia Acropí.** Mais adiante, no alto, siga aquela picada. Lá está a N.º 34. É uma pedra pouco esverdeada e sugere **um veado amarrado pelas pernas.**

E, assim, continue andando, andando à procura de suas pedras.

BRECHERET

Não precisamos concordar com esta profissão de fé do célebre escultor paulista. Mas devemos ouvi-la com respeito, e fazer uma tentativa, ou tentar explicar somente uma faceta da arte de Brecheret, uma arte que tem muitas facetas.

Há anos ouço falar em Victor Brecheret, como de um grande escultor e como do primeiro escultor moderno do Brasil. Conhecia fotografias de alguns dos seus trabalhos, que me deram vontade de ver muito mais. Mas, ficou nisto. Desta vez, logo depois de minha chegada a São Paulo, fui apresentado a Brecheret e imediatamente pedi licença para visitar o seu atelier. Combinamos para o dia seguinte, às onze horas.

Quando eu vinha do Aeroporto, tinha reparado em alguns enormes galpões, num grande terreno de esquina da Avenida Paulista. Agora descobri que este conjunto de galpões formava o atelier de Brecheret. Um destes galpões, muito alto, abriga a estátua equestre do **Duque de Caxias;** o outro, menos alto e mais comprido, envolve o **Monumento às Bandeiras.**

Num edifício menor, encontra-se o atelier propriamente dito, com uma grande lareira, onde Brecheret trabalha nas peças menores. Em volta dos galpões, em toda a parte, a gente vê cabeças gigantescas, troncos, braços, mãos, estátuas de mármore, enfim, traços bem flagrantes do trabalho de escultor muito ativo.

Sentamos um pouco ao sol, conversando e entrando em contacto. Brecheret me fala um pouco dele mesmo. É paulista de nascimento, filho de mãe italiana e pai francês. Desde a sua infância quis ser escultor. Começou os seus estudos em São Paulo, no Liceu de Artes e Ofícios. Depois, a grande aventura: Europa.

Primeiro, fixou-se em Roma durante oito anos, e fez todo o curso da Academia. Foi também em Roma que fez a sua primeira exposição. Voltou a São Paulo e expôs. A Prefeitura comprou-lhe uma estátua de mármore, que se encontra no parque da Biblioteca Municipal. Brecheret também participou da Semana de Arte Moderna, que revolucionou todo o movimento artístico e cultural do Brasil.
Mas a Europa estava chamando outra vez. Desta vez, Brecheret foi a Paris, onde se deixou ficar dezoito anos, voltando ao Brasil somente em 1937, para começar o trabalho no **Monumento às Bandeiras.** Tomou parte, também, com mais trinta concorrentes,

num concurso para o **Monumento ao Duque de Caxias,** saindo vencedor. Falamos de escultura e de escultores. Brecheret tem grande admiração por Maillol, aliás como a grande maioria de seus colegas. Entre os mais avançados dos contemporâneos, gosta de Jacques Lipchitz e de Henry Moore. Dos brasileiros, Brecheret gosta de Bruno Giorgi.

Falamos da escassez de escultores no Brasil. Brecheret pensa que esta escassez existe porque a escultura é talvez a mais difícil das modalidades da arte, a mais dura. Muitos artistas procuram coisas mais cômodas, por vezes também por razões materiais.

Brecheret me mostra algumas de suas obras que estão no atelier: um belíssimo **São Francisco,** delgado, místico, que é um dos trabalhos que mais me impressionaram. Algumas formas abstratas, com reminiscências folclóricas, inspiradas por lendas índias. Na porta do atelier, uma coluna grega, da qual cresce um **torso de mulher,** altivo, digno, de beleza clássica. Uma das obras mais atraentes que vi de Brecheret.

Vamos ao galpão mais alto, o da **estátua de Caxias.** Este será o maior monumento equestre do mundo, com 45 metros de altura. A estátua não se enxerga muito bem atrás das armações de madeira. É difícil, também, transformar uma figura equestre, destinada a um monumento num lugar público, numa coisa nova e diferente.

O outro galpão abriga o **Monumento às Bandeiras,** que é obra deveras impressionante. Vemos o modelo de gesso, em tamanho original, o que nos dá exatamente a idéia do trabalho já terminado. O monumento todo tem cinquenta metros de comprimento. Brecheret conseguiu reunir todas as figuras em uma massa compacta, mas cheia de movimento, de concepção moderna, mas ao mesmo tempo facilmente compreensível aos mais leigos. A Bandeira, na interpretação de Brecheret, é um grupo de homens, de várias raças, unidos no mesmo ideal e diante dos mesmos perigos, desbravando os sertões de São Paulo de então. Uma grande obra. Fora do galpão o mesmo monumento em pedra. Por enquanto são ainda fragmentos, mas mesmo estes fragmentos emanam a força da grande obra.

No convívio de Brecheret e de sua obra o tempo passa depressa, muito depressa de mais. Ele é um homem baixo, esbelto, com olhar muito vivo e conversa atraente. Onde ele vai, vai a sua cachorrinha, tímida e meiga. Mas o tempo é implacável.

Despeço-me de Brecheret, na certeza de ter conhecido um dos maiores artistas do Brasil.

Brecheret em seu atelier, 1949, Ibirapuera, SP.

A escultura em São Paulo

Revista "Rio" 1949

Luís Martins

Não há em São Paulo, como não há no Brasil, um desenvolvimento da escultura paralelo ao que se tem verificado, nos últimos decênios, na pintura. Ainda hoje, velhos monumentos do pior barroco da decadência enfeiam as praças paulistas, e o grande grupo das Bandeiras de Brecheret mofa, há não sei quantos anos, no gesso, devido à má vontade, à incúria, ao mau gosto, à teimosia das administrações municipais. Prestes Maia, é verdade, espalhou pela cidade uma ou outra estátua de limites simples, harmoniosas, adornando parques e jardins. Em compensação, o Sr. Macedo Soares, com a cumplicidade do sr. Abraão Ribeiro, fez retirar do jardim da Biblioteca o **Pan** de Brecheret, para aí colocar uma cruz. O velho sátiro foi exilado para longe do centro, em homenagem aos escrúpulos religiosos de umas poucas matronas que, apesar de terem atingido provavelmente à idade canônica, deixaram-se perturbar pelo aspecto sensual do chifrudo fauno. Esse episódio, em si sem grande importância, aliás, demonstra apenas a influência do gosto pessoal dos governantes paulistas na ornamentação artística da cidade. É por isso que ainda existe uma estátua, a de Verdi, na Praça do Correio, e uma incrível fonte na Praça Júlio Mesquita, com caranguejos vomitando água e semininfas fazendo sinais esquisitos para o público.

A escultura é uma arte cara. O material do pintor — tela, tintas, paleta, pincéis, cavalete — não se pode comparar, em preço, ao barro, ao gesso, ao bronze, ao granito, à terra-cota. O escultor necessita de capital e é obrigado a vender seus trabalhos a um preço pouco acessível à maioria. Além disso, nesta época de apartamentos e pequenas casas, há sempre uma parede disponível para uma tela, mas nem sempre se consegue espaço para uma estátua. Em jardins, então, nem se fala. Só os públicos e os dos milionários, que em geral não gostam de arte. Bem razão tinha o poeta ao cantar com melancolia: "Havia jardins, havia manhãs naquele tempo". Naquele tempo...

Arriscarei ainda outro motivo, de ordem menos prática, para explicar a relativa insignificância da escultura. É que o nosso mundo, deformado por fatores de ordem psicológica, deformado pelo progresso da ciência moderna, e desenvolvimento da técnica, as doutrinas totalitárias na política, a hipertrofia do sistema econômico capitalista, os morticínios em massa, a bomba atômica — é um mundo que se espelha no cáos expressionista e repudia as formas severas dos momentos clássicos. Ora, a escultura — a arte de grandes massas ordenadas e frias não se adapta à expressão patética.

A pintura é muito mais humana, nesse sentido em que vive as dores e os desesperos dos homens; a escultura é uma arte de mortos, bem própria para os cemitérios e as comemorações póstumas.

Foi talvez sentindo essa impossibilidade de reproduzir no barro plástico a inquietação de seu espírito amargurado pela guerra, que Ernesto de Fiori

o grande escultor que veio morrer em São Paulo, aqui passou a se dedicar à pintura, extravazando-se em fúria expressionista. O que aliás aconteceu também a Figueira.
Ambos já não são deste mundo. Mas não foram eles apenas que nos deixaram, emigrando para o norte: Bruno Giorgi foi morar no Rio. Do grupo principal restou-nos somente Victor Brecheret, esse criador de titãs. Se há um homem que possua a visão e o gosto do monumental, como o possuíram os egípcios, esse homem é Brecheret. E, como os egípcios, o nosso ilustre artista sente o ritmo das grandes retas hieráticas, duras, angulosas, que se tiram à sua obra bastante graça (ao contrário do que acontece à de Bruno Giorgi, inspirada na beleza helênica), emprestam-lhe, em troca, uma sensação de força formidável.

Seu grupo das Bandeiras, que dorme há anos no gesso, nos emociona espantosa procissão de gigantes caindo por acaso num mundo de pigmeus.
Seu Caxias — também ainda no gesso — é a maior estátua equestre do mundo, sem que se limita a ser uma ampliação das nossas medidas comuns.
O artista tem o senso do grandioso e até mesmo do grandiloquente. Suas figuras não são homens aumentados; pertencem a uma raça extinta, a raça dos titãs.

O outro grande escultor de São Paulo é um pintor: Lasar Segall. Comparando-se sua escultura à sua pintura, veremos bem a verdade do que eu disse há pouco. As figuras criadas por Segall, numa como noutra arte, se parecem. Mas enquanto na tela, elas vivem, agem, sofrem, e nos transmitem a sensação de um drama — no granito, no mármore ou no bronze, elas são apenas ritmos, linhas, curvas e harmoniosas sínteses. As primeiras são figuras vivas; as segundas são estátuas.

Há também Elizabeth Nobiling em São Paulo. A modéstia e o retraimento dessa excelente retratista a deixam um pouco na sombra. É certo, porém, que ela participa do pequeno grupo de bons artistas que, entre nós, sabem esculpir.

Teria a acrescentar bem pouco, se não me lembrasse, numa imperfeita relação em que arrisco cometer uma ou outra injustiça, os nomes de Júlio Guerra — que venceu o concurso para o monumento da cidade de Fronteira — Morrone, Cucé e Pola Rezende, que realiza na escultura uma obra ingênua bastante saborosa.

Ia-me esquecendo de Emendábili. Pessoalmente, confesso que suas estilizações, semelhantes às que o fascismo adotou na Itália, para sua escultura oficial, me causam, talvez por prevenção política, um certo mal estar. Mas seria inepto negar-se a importância de Emendábili, que aqui tem um de seus trabalhos considerados como a atração turística: o monumento a Ramos de Azevedo.

E creio que é só, o que não é muito, afinal de contas.

Trinta anos de trabalho no maior monumento do mundo

Última Hora — 21-11-1952

Texto de Ibiapaba Martins

Era um jovem de gênio, olhos azuis, sotaque italiano. Depois de ver seus trabalhos, o então presidente do Estado de São Paulo, sr. Washington Luís, estava convencido que poderia e deveria ser encarregado da execução do **Monumento às Bandeiras.**
Isso ocorria um ano antes do Centenário da Independência.

Isso acontecia justamente em 1921. E o jovem de olhos azuis era nada mais nada menos do que Victor Brecheret, um dos participantes do barulhento cenáculo que reuniu, no Teatro Municipal, sob a batuta do velho Graça Aranha.

UMA MAQUETA CHEIA DE PERCALÇOS

Ora, mal o presidente Washington Luís concordava com a entrega do trabalho ao escultor Brecheret, e eis que uma comissão de artistas lusitanos chega ao Brasil, querendo nos ajudar a homenagear os bandeirantes. Sendo também eles bandeirantes e, bandeirantes muitos dos nomes que integraram as monções, queriam encarregar-se da construção do monumento. A divergência se estabeleceu e, logo-logo os jornais entravam em polêmicas, farejando arquivos, fazendo citações, cada qual procurando provar se deveria ser Brecheret ou os portugueses os autores do trabalho.

O presidente Washington Luís, homem habituado a ponderar os fatos e depois resolvê-los mais ou menos por conta própria, pensou, pensou na coisa e decidiu:

— "Olhem, guardem a maqueta. Guardem na Pinacoteca. . . "

E a maqueta de Victor Brecheret lá ficou até um dia qualquer de 1937, quando o governador Armando Salles resolveu tirar-lhe o pó, chamar o artista e recomendar:

— "Faça o trabalho..."

E desde então, Victor Brecheret, já calvo, quase velho (nenhum artista assim se julga) iniciou os trabalhos preliminares no próprio Ibirapuera, estudando a posição do monumento, pedindo auxílio deste e daquele.

TRINTA ANOS DE TRABALHO

Tudo foi estudado em seus pormenores. A parte financeira da iniciativa, o pagamento dos operários, a compra do material, o transporte do granito até o local, tudo ficou a cargo da Prefeitura Municipal de São Paulo.

Victor Brecheret apenas orientava a execução artística. E não era pouco, já que às vezes ali se juntavam até sessenta operários, entre canteiros e trabalhadores não especializados.

Um detalhe: os blocos de granito eram tantos que seu transporte até o Ibirapuera traçou um sulco no asfalto da avenida Brasil. E hoje, que o monumento já se encontra praticamente terminado, o artista pode exclamar naquele seu jeitão entre modesto e fanfarrão:

— Será o maior do mundo, como massa e escultura. Sessenta metros de comprimento por catorze de altura. Tem umas quarenta figuras mais ou menos.

— E o que falta para terminar?

— O piso e o revestimento da parte de baixo e a remodelação da praça.

— E as legendas? Vão ser entregues a alguém?

— Ainda não sei. Isso ainda precisa ser resolvido...

Chamando a atenção de um dos canteiros, pediu-lhe que melhorasse determinado ponto. Depois nos confessou:

— "Esse é um dos meus braços direitos, empregado do Manuel, o canteiro mestre. Chama-se José Loio Ferreira e chegou há três anos ao Brasil.

Faz um gesto de cansaço, contemplando a série de figuras alinhadas umas atrás das outras naquela sua imobilidade "laocoontiana" de máscaras de granito".

— "Trinta anos me custou tudo isso. Quero ver o trabalho inaugurado logo, antes de morrer."

Brecheret e Jurandy, década de 40.

O ALTAR DA PÁTRIA

Contou-nos então um dos seus sonhos:

— "Como você sabe, pretendi transformar isto num Altar da Pátria. Aqui estão as raças que formaram o Brasil. Aqui se encontram o índio, o negro e o branco. Por isso mesmo gostaria que, no dia da inauguração (será no primeiro 25 de janeiro, dia de São Paulo), o Ministro da Educação tome algumas providências no sentido de que ao pé do monumento estejam estudantes de todo o Brasil. Quero vê-los junto do Altar da Pátria."

— Então será mesmo no dia 25 de janeiro? Por que não no IV Centenário?

— "Você está louco? Quero ver o trabalho pronto, antes de morrer."

Olhou outra vez para a máscara dos mamelucos, para o granito que ali se conservará para todo o sempre e murmurou mais uma vez:

— "Trabalhos desses, um sujeito não faz dois..."

Brecheret e Sandra, década de 50.

O Monumento às Bandeiras

Obra-prima do escultor Victor Brecheret — Monumento tipicamente nosso — Colossal bloco de granito com 37 figuras — Fala-nos Brecheret.

Gazeta — 31-12-1952 (...)

O **Monumento às Bandeiras** será inaugurado no próximo dia 25 de janeiro, data da fundação de São Paulo, preparando-se deste modo a Capital para comemorar condignamente o IV Centenário de sua fundação pelos Padres Jesuítas.

O escultor Victor Brecheret, autor do grande monumento, concedeu interessante entrevista à Enciclopédia do Ar, pela Rádio Gazeta, programa cultural que tem a supervisão de Fernando Soares. Antes da sua oportuna entrevista, Brecheret foi aplaudido pelo prof. Máximo Ribeiro Nunes.

Publicamos hoje, na íntegra, a rápida e importante entrevista do criador do **Monumento às Bandeiras,** que será, sem dúvida, motivo de orgulho para os paulistas e para todos os brasileiros.

— De quem foi a idéia do **Monumento às Bandeiras?**
— A primeira idéia surgiu na redação do "Correio Paulistano", em conversa com o dr. Washington Luís, o qual me incumbiu de estudar o primeiro projeto, que atualmente se encontra na Pinacoteca do Estado.
— Há quantos anos trabalha no grande monumento?
— Trabalho há 30 anos nesse monumento. Em cada figura que criava, encontrava sempre uma nova e grande sensação.

— Quais as figuras e dimensões do monumento?

— O monumento é constituído de 37 figuras e mede 50 metros de comprimento por 16 de largura e 10 de altura.

— Como explica a concepção de sua obra?

— Primeiramente a minha grande preocupação era a de criar o **Monumento às Bandeiras,** para que tivesse um cunho tipicamente nosso; coisa que não é fácil. Imaginei uma grande rocha de granito esculpida; como não havia nenhuma no local, precisei criá-la superpondo bloco sobre bloco, nos quais deveriam ser representadas todas as raças que tomaram parte nas Bandeiras e Monções.

— Como receberão o seu trabalho as correntes artísticas?

— Haverá sempre crítica, embora isso não me preocupe.

— A quem coube a redação das legendas?

— Prefiro dar na próxima entrevista uma resposta, definitiva.

— Será iluminado o monumento?

— Espero que sim, mas isso ficará ao encargo de nossa Prefeitura.

— Que mais o estimulou a concretizar a sua obra?

— Foi a história dos heróicos bandeirantes, aos quais o Brasil deve a grande extensão do seu território. Não poderia citar todos os nomes, pois longo foi o período de execução da obra. Citarei, entretanto, o nome dos que mais me encorajaram na realização do monumento, como o dr. Washington Luís, dr. Armando Salles de Oliveira, o poeta Cassiano Ricardo e outros. Entretanto, não poderei deixar de reconhecer que, graças ao nosso prefeito dr. Armando de Arruda Pereira, juntamente com seus colaboradores, dr. França Pinto e dr. Zagotis, poderemos inaugurar o monumento no próximo dia 25 de janeiro, em que comemoraremos a fundação da cidade de São Paulo.

— Que poderia dizer-nos da solenidade de inauguração?

— Não poderei esclarecer nada a respeito, porque os festejos da inauguração competem ao Ministério da Educação e à Prefeitura Municipal. Acho, entretanto, que a inauguração deveria revestir-se de um cunho patriótico por tratar-se de um monumento à nossa raça e na qual todos os Estados deveriam ser representados por delegações.

— Que mais deseja dizer à Enciclopédia do Ar?

— Direi plagiando Cassiano Ricardo, que os bandeirantes foram feitos para mim, assim como fui feito para os bandeirantes. Aproveito a oportunidade para agradecer e despedir-me dos ouvintes de Enciclopédia do Ar, pela Rádio Gazeta, a emissora de elite.

(...) Esta entrevista encontra-se gravada junto ao Museu da Imagem e do Som (MIS) em São Paulo.

Inauguração do **Monumento às Bandeiras**, vendo-se em primeiro plano Brecheret e o governador Lucas Nogueira Garcez.

O Monumento às Bandeiras e a Praça Armando Salles Oliveira

A Gazeta — 09-01-1953

Colossal bloco de granito com 37 figuras, numa vigorosa e arrojada concepção do escultor Victor Brecheret, é tipicamente nosso este monumento que se alteia nos seus dez metros de altura por 16 de largura e 50 de comprimento à soleira do Parque Ibirapuera. Bloco sobre bloco de granito, durante trinta anos, foram colocados, depois de esculpidos, na sequência magnífica que deu corpo ao **Monumento das Bandeiras.** Não existe no país obra mais significativa do que esta, erguida no coração de São Paulo, com o fim de perpetuar em pedra a arrancada das Monções. Na confluência da avenida Ibirapuera, Brasil, Luiz Antônio e Manoel da Nóbrega — ponto em que se ergue o monumento — a Prefeitura vem construindo uma praça que receberá o nome de Armando de Salles Oliveira, ex-governador do Estado. O **Monumento às Bandeiras** e o novo logradouro público serão inaugurados solenemente, no dia 25 do corrente — data em que a cidade faz 399 anos.

A figura do dia - Victor Brecheret

Última Hora — 26-01-1953

Carlos G. do Prado

Inaugurou-se ontem, na nova praça Armando de Salles Oliveira, como um dos principais acontecimentos do dia do 399.º aniversário da cidade, o **Monumento das Bandeiras,** obra do escultor Victor Brecheret.

Victor Brecheret forma entre os poucos artistas nacionais, ao lado de Oscar Niemayer, Villa Lobos, Portinari, Bidu Sayão, reconhecidos, prestigiados e de firme renome internacional.

Talvez figure também entre os mais modestos, entre os mais simples. Seu nome está presente em todos os acontecimentos de relevância da história da arte moderna no Brasil. Cabe bem a ele o título de mestre da arte moderna em nosso país.

E se sua obra é importante, ultrapassando o interesse em torno dela as fronteiras do país, sem dúvida o monumento inaugurado ontem merece um capítulo especial, podendo mesmo ser considerado sua mais séria realização, o coroamento final de toda uma existência dedicada ao trabalho, à pesquisa, no setor artístico.

Durante trinta anos, Victor Brecheret trabalhou no seu **Monumento das Bandeiras,** talhado em pedra nacional, trabalhada por ele mesmo, orientando uma equipe de operários especializados.

É um dos maiores monumentos, em tamanho, jamais erguidos em nosso País. Numa base de sessenta metros de comprimento, o conjunto de figuras representando os bandeirantes mede quarenta metros por doze de altura.

Mas não é imenso, grandioso, no seu tamanho material, físico. O **Monumento das Bandeiras** é, sobretudo, uma demonstração dos méritos já internacionalmente reconhecidos do nosso grande artista.

Monumento às Bandeiras, 1953, Parque Ibirapuera, São Paulo.

O Grupo, década de 30, granito. La Roche sur Yon, França.

Brecheret e Bruno Giorgi, 1953, MASP.

A volta dos Bandeirantes

Revista da Semana — 04-4-1953

Pedro Calmon *

(Da Academia Brasileira)

O **Monumento das Bandeiras,** que foi solenemente inaugurado em 25 de janeiro pelo governador Lucas Garcez, pertence à família grandiosa dos monumentos que simbolizam a glória de uma raça, a prosperidade de um país e a força de uma cultura. O poema lido nessa ocasião por Guilherme de Almeida, tem a beleza, ou antes, a unção de um hino místico.

É preciso ver na obra formidável de Brecheret, produto de trinta anos de estatuária superficial há quatro séculos de história, a personalidade e a pujança do povo. O que nela se comemora é o heroismo sem nome dos sertanistas; é a massa como fator de civilização; é a corrente obscura das almas e dos acontecimentos que circulam nos subterrâneos da evolução nacional; são os bandeirantes sem biografia, sem heráldica, sem títulos, sem testamentos nem prosápia, saídos da rudeza da

Brecheret ilustrou o "Acalanto de Bartira" de Guilherme de Almeida.

terra e da vastidão dos campos como fantasmas de bronze, espíritos silenciosos da mitologia silvestre...

Há em Montevidéu dois esplêndidos monumentos que celebram essa expressão robusta da pátria rural: a carreta — com o estupendo vigor de invasão paciente — e a diligência, com a audácia gauchesca das viagens perigosas.

Admirávamos nessas imagens do drama platino o sentido cívico do anonimato. Habituados, pelos padrões da escultura alegórica, ao louvor do homem célebre, essa homenagem aos instrumentos plebeus da conquista tinha para nós um significado poético especialmente delicado e verídico.

Destacava dos equivocos da justiça dos tempos o peão da estância, o carreiro hercúleo, a bravura ignorada e o cavalo, e o boi, para amassar, com essas energias humildes, o bloco monolítico da nação. Os bandeirantes de Brecheret, vazados em granito, falam uma linguagem semelhante. São brancos, índios e negros que arrancam da vaza do Tietê a canoa das monções, guiados pelo cavaleiro arrogante que indica o rumo, à frente do grupo, desleixadamente montando à moda mameluca, de pés nús, gibão aberto, cabeça erguida, espécie de centauro fabricado pelas mesmas contingências telúricas que reuniram aqueles gigantes e lhes animam a empresa... Não se procure nesse conjunto plástico a minúcia autêntica. O que descreve é o fenômeno central do bandeirismo, como o conceberam os seus sociólogos: a unificação moral da tropa que se lança para os desertos sob o comando intuitivo do chefe, numa sociedade democrática eletrizada pela comunhão espiritual.

Não conhecemos outra associação de interesses em que fosse mais perfeita a identidade de objetivos traduzida na cooperação ativa, no arranco harmonioso, na aliança total. São os elementos formadores da pátria que se associam para levar por diante a tarefa inaudita. Renuncia o caboclo a sua desconfiança, renuncia o africano o seu ressentimento, o português renuncia o seu orgulho, e a soma dessas dedicações cria o paulista da época de Fernão Dias Paes, de Raposo Tavares, do Anhanguera.

Aquela canoa puxada a músculos de patriarcas, como um destino comum, atrelado a esses escravos da fortuna, que foram os senhores do Oeste, equivale a uma responsabilidade, a um ideal concreto, a um preço. É o preço do bom êxito, quando, vencida a escarpa, atingido o vale, metido rio a dentro esse lenho pesado, vogar triunfalmente em direção ao país encantado de ouro, às regiões incríveis da prata, das esmeraldas e dos tesouros indígenas, ao Eldorado americano. Os bandeirantes arrastam nesse batel das selvas a Nação: interpretam, numa representação fabulosa das forças primitivas do continente, o milagre de Cristophoro; carregam aos ombros o Brasil menino.

Nos monumentos uruguaios da Diligência e da Carreta, estremece o período romântico da fundação do Estado. Percebe-se, ao lado dessas sombras tempestuosas do passado, a presença encorajadora da História. Os bandeirantes que o gênio de Brecheret e o civismo dos governos paulistas instalaram no admirável bloco de pedra que fica sendo um dos brasões de Piratininga, ressentem-se de um isolamento soberbo.

Chegaram antes da literatura, antes da crônica, antes da epopéia. São os operários de uma construção ciclópica anterior à História: os transtornaram a geografia, levando para os sertões desconhecidos os limites do império.

* Nasceu na Bahia em 1902. Bacharel em Direito em 1924. Membro da Academia Brasileira de Letras, ocupando a cadeira n.º 16. Autor de várias obras, entre elas "O Tesouro de Belchior" (novela), prêmio da Academia Brasileira de Letras em 1929. "O Marquês de Abrantes", publicado em 1923. Autor de vários livros de Direito.

No granito os heróis da Bandeira

Shopping News — 17-6-1953

Freitas Nobre *

A Pátria teria ficado pequena se a audácia daqueles titãs não tivesse ampliado, em todas as direções, os limites territoriais, como construtores de nacionalidade e plasmadores de um povo.

Eles surgiram da velha Piratininga e estenderam pelo Brasil as suas botas de sete-léguas, símbolo do vigor de uma raça nova, esperança da grande nação que surgia.

E não houve obstáculo que os impedisse de continuar a marcha heróica através dos sertões, das matas, das charnecas, sem o temor do perigo ou dos animais selvagens, sem a preocupação da doença, e na própria incerteza de conquista da fortuna.

Bandeirantes que seguiram por todos os caminhos! Ainda se ouve hoje nas horas suaves do Brasil pacato o passo compassado de suas botas incomensuráveis que subiam serras como gente grande e que desciam pelos vales e que desbravavam com a energia de super-homens os mistérios da floresta virgem!

Nada deteve a marcha desses heróis nacionais, homens grotescamente vestidos, desprendidos da vida, esquecidos de todos os prazeres do mundo, que ficou distante para a luta desigual com a natureza.

Devemos a esses homens incomuns, misto de gente e de deuses, a glória de sermos um povo numa grande nação, porque o próprio sentido de nossa unidade veio deles, veio dessa "democracia social" que eles criaram, segundo o testemunho de Cassiano Ricardo.

Mas, ainda que o tempo os tivesse olvidado para que a posteridade os descobrisse depois, como o exemplo melhor da energia do nosso povo mestiço, nunca seria demais trazer para o granito, fotografar, no cimento armado como arranha-céus do Brasil coevo, como fotografias vivas, os seus feitos, para que as gerações continuassem a ver, no exemplo que deixaram, a grandeza da raça.

Assim, a idéia da construção do **Monumento às Bandeiras** surgiu com a preocupação de dar às figuras lendárias dos bandeirantes uma homenagem que refletisse a grandeza de seus atos.

Do mesmo local que Victor Brecheret confeccionou o colossal monumento, partiram há mais de 400 anos os homens que dilataram as nossas fronteiras territoriais. Lá, também, ao lado do monumento, num barracão de zinco, viveu o escultor durante muitos anos.

O monumento das Bandeiras é um dos maiores do mundo, com quarenta figuras, medindo cada uma seis metros de altura, formando, assim, em blocos superpostos, uma rocha para resistir aos tempos como os bravos penetradores do sertão.

Disse mesmo Brecheret que a sua preocupação não era a de dar ao monumento uma interpretação dinâmica, uma ação, como se fosse possível objetivar o espírito dos bandeirantes num sentido de movimento de heróis, de super-homens.

No trabalho do conhecido escultor não faltam as características de nossa formação étnica e, portanto, as figuras dos que participaram das Bandeiras; negros, índios, mamelucos e portugueses.

Cerca de 2 milhões de cruzeiros foram gastos na grande montanha de granito. À frente, dois bandeirantes a cavalo abrem a marcha histórica e há figuras que se abraçam como irmãos de luta no sacrifício comum, figuras colossais como gigantes que se contorsem, locomovendo obstáculos, cruzes pendidas ao pescoço como mensagens de fé à audácia dos homens, figuras contemplativas, enérgicas, inesquecíveis.

* Nasceu em Fortaleza, em 1922. Bacharel em Direito, jornalista, político, tendo sido deputado estadual e federal. Professor de Jornalismo da Faculdade Casper Líbero, São Paulo.

Cabeça de Morena, década de 40, terracota, alt. 45 cm.

Vai ser erigida em São Paulo a maior estátua eqüestre do mundo

Local impróprio o escolhido para a sua localização — As autoridades não compreenderam ainda o alto significado da magnífica obra que está sendo executada por Victor Brecheret — Deverá estar concluída no próximo ano — Dados históricos do monumento ao imortal patrono do Exército Brasileiro.

O Dia — São Paulo — Domingo, 12 de julho de 1953.

Não é de agora que se pensa em erigir em São Paulo uma estátua em honra do Duque de Caxias, o imortal patrono do Exército Brasileiro, que tantas glórias conquistou pelo inegável valor de soldado e patriota. Agora, que se anuncia que o grande monumento eqüestre — o maior do mundo — está em vias de se concretizar, junto é que se diga com toda a franqueza que o lugar escolhido para esse fim, o largo Princesa Isabel, não poderia ser o pior possível, pela péssima colocação e mesmo por achar-se absolutamente fora do perímetro central da cidade.

Um monumento de tal grandiosidade e que falará por suas linhas gigantescas à consciência de todos os paulistas como um empreendimento de sua gratidão ao bravo general do Império, bem poderia merecer um outro local, quando não a praça da Sé ou o largo do Paissandu, pelo menos a praça Clóvis Beviláqcua ou a praça das Bandeiras, que ficam situadas no centro da Capital e ganhariam em importância pela posse do gigantesco monumento histórico. O certo é que, as nossas autoridades até agora não atinaram com a importância da estátua ao Duque de Caxias e nem com o papel que está reservado à existência cultural, artística e cívica de São Paulo. Quando apontamos, linhas acima, o largo do Paissandu e a praça das Bandeiras como locais perfeitamente em condições para abrigar a formidável estátua de bronze, deixamos de frisar que o assunto já havia merecido a atenção das autoridades competentes, porém, resolveram de uma hora para outra erigi-la na praça Princesa Isabel, recanto humilde da nossa magnífica cidade, que vive num cenário esquisito pela multiforme quantidade de prédios antigos e modernos, uma promiscuidade de arrepiar os cabelos, temos que criticar o local "arranjado" para o monumento que será o maior do mundo em suas características, em virtude de não condizer com o espírito da homenagem e nem servir de moldura para a sua grandiosidade.

HISTÓRICO O MONUMENTO

O general Maurício Cardoso foi o primeiro a idealizar a estátua em honra de Caxias, isso no ano de 1940, quando exerceu o comando da 2.ª Região Militar. A sua idéia, por ir ao encontro do anseio geral, corporificou-se, cresceu de tal forma que até mereceu da população a contribuição de um dia de trabalho para que o empreendimento tivesse um final rápido e brilhante. Depois disso, só restou encontrar-se o artista capaz de executar a obra gigantesca, dentro dos mínimos detalhes artísticos e históricos, o que foi feito em concurso assás movimentado, laureando-se finalmente o paulista Victor Brecheret, inegavelmente o mais completo escultor nacional do momento.

Brecheret na Suíça, em 1923.

Dando início aos trabalhos, Brecheret aos poucos foi dando vida à enorme figura do patrono do Exército Brasileiro, para isso tendo que enfrentar terríveis situações e obstáculos quase que insuperáveis. Foi uma luta hercúlea, tão grande como a própria estátua, a que o notável artista sustentou por longos anos, mas atualmente ela está pronta para ser erguida no local designado — a praça Princesa Isabel — contando ao mundo que São Paulo, a terra dos grandes feitos, possui a maior estátua eqüestre do mundo!

Hoje, quem passar pelo local, trepado num estribo dos terríveis e incômodos bondes da C.M.T.C. ou espremido num dos ônibus "Estações", poderá descobrir meio oculto pelas árvores, dentro do grande quadrado da madeira que esconde os trabalhos municipais, as diversas partes da estátua. Embrulhados nos encerados, jazem pelo chão o corpo bronzeo de Caxias, o enorme cavalo e as figuras decorativas, os quais aguardam o momento de serem elevados ao pedestal de granito e mármores que será previamente levantado.

Bem razão tinha Brecheret quando afirmava aos que o visitavam nas oficinas do Liceu de Artes e Ofícios, com respeito à obra grandiosa:

— "Esta estátua é mais do que uma simples escultura. Representa um pedaço da vida histórica de São Paulo e da minha própria, pois, consome para sua execução uma existência de constantes e árduas lutas. Ninguém poderá realizá-la mais do que uma vez e isso diz tudo".

Aliás, Brecheret tem razão ao dizer essas palavras, e isso se confirma quando se sabe que a estátua eqüestre de Caxias terá 45 metros de altura, pesando 18 toneladas e tendo 9 metros de comprimento. Verdadeiro monumento cívico que equivalerá por um edifício de cerca de 12 andares e que terá em todas as quatro faces gravadas as notáveis epopéias vividas pelo grande soldado na defesa de nossa pátria.

Por trás do tapume que a Prefeitura ordenou que se fizesse no largo Princesa Isabel, numerosos operários trabalham diariamente na execução das obras preliminares, dando a esperança de que em breve tempo o magnífico monumento se erguerá em toda a sua glória para honra do imortal cabo de guerra e da terra paulista que soube, como nenhuma outra, prestar-lhe a homenagem de sua gratidão. Oxalá o atual prefeito, que vem restringindo cada vez mais as despesas do erário municipal, não se lembre de embargar as obras do largo Princesa Isabel, impedindo que o povo paulistano se orgulhe de seu monumento nos festejos do IV Centenário.

Diana Caçadora, década de 20, bronze patinado, 84 x 50 cm.

Victor Brecheret

Notas de Arte — 25-11-1953

Diário da Noite

Quirino da Silva *

Vezes há em que o trabalho contínuo, ininterrupto, asfixia a emoção, muito embora o conhecimento do ofício envolva a obra com a sua dignidade artesanal. Esse maravilhoso envólucro, somente, já muito a recomenda aos olhos da crítica, mesmo que exigente.

Victor Brecheret, que ora expõe os seus trabalhos na "Galeria Tenreiro", à rua Marquês de Itu, 64, é sem dúvida alguma, um artista consciente de seu ofício. Os seus trabalhos, de um modo geral, são patinados pela beleza artesanal, apesar de neles repontar — mormente nos mais recentes — um quase amaneiramento que, as mais as vezes, teima afastá-los da pureza criadora. São maneirismos que, mesmo fortificados pelos recursos técnicos, atuam como antolhos e roubam ao impulso criador os largos horizontes do ideal sonhado.

Sem modismos, os recursos técnicos, como integração da experiência cotidiana, darão, de certo, ao artista, mais liberdade para transmitir as suas emoções. A criação surgirá, assim, livre de tramas preestabelecidas, que são o guante férreo que tolhe os acadêmicos.

Os caminhos traçados pela liberdade absoluta que os bons recursos técnicos proporcionam, levam a sensibilidade do artista a realizações imprevistas e cada vez inéditas. E, na inquietude que dá a livre escolha, afirma-se a personalidade.

Assim, livre das peias acadêmicas que amarram o artista, este realiza com mais segurança os seus anseios.

Mãe Terra, c. 1950, terracota, alt. 28 cm.

Mas, o recurso técnico só depois de muito esforço é adquirido. A conquista é pessoal, ao preço de penosa experiência. O artista, porém, de posse destes recursos, pode, sem receio, entrar em maiores intimidades com a matéria plástica, apto que está a fecundá-la.

Não queremos dizer com isso que o artista, para adquirir os seus recursos técnicos, não tenha que aprimorar-se em outras experiências. O seu recurso técnico é um instrumento de trabalho, forjado com martelo e bigorna que provavelmente não são dele.

Tais recursos, aplicados com vigor, não precisam, necessariamente, de virtuosismo. O virtuosismo puro e simples degenera no academismo, onde as receitas, os truques, as fórmulas, são agenciados, no máximo, com habilidade.

* Nasceu no Rio de Janeiro em 1902. Pintor e escultor. Crítico de artes plásticas por longos anos no jornal "Diário de S. Paulo".

Victor Brecheret

Artes Plásticas — O Estado de S. Paulo — 26-11-53

Não são entre nós tão frequentes as exposições de escultura quanto às de pintura, desenho e gravura. E mais raras ainda são as exposições de esculturas desse mestre que há longos anos se esconde em seu atelier com o devotamento e a modéstia de um beneditino, para criar gigantes.

Para julgamento total da obra de Victor Brecheret não é suficiente o acervo recolhido a um simples salão de galeria; seu campo natural, onde se expande o seu magnífico senso do monumental, é a praça pública, é o cenário capaz de comportar a grandeza alegórica do grupo das Bandeiras, e um dia, se Deus quiser, uma estátua eqüestre de imponência do **Monumento a Caxias.** Nessas obras de grandes dimensões é que o artista pode, de maneira mais adequada ao seu temperamento, dar forma à expressão plástica e todas as suas qualidades profissionais, mais características, deixando sobre a face da terra uma indelével marca da nossa cultura contemporânea simbolizada numa estatuária de colossos.

Longe de nós a idéia de afirmar que Brecheret só sabe esculpir gigantes; o que dizemos é que estes fazem falta documental a quem deseja realizar um julgamento total de sua obra, pois nela representam parte importantíssima.

Mas o mesmo homem que possui a força capaz de "monumentalizar" paisagens, também tem a delicadeza de um criador de Tanagras. O verdadeiro escultor adapta-se às qualidades plásticas intrínsecas do material que emprega. Se no granito ou no bronze Brecheret é quase sempre monumental — mesmo quando realiza pequenas estátuas — na terracota é um gracioso inventor de formas sem nenhuma outra finalidade específica que não sejam as da obra de arte que se realiza em si mesma.

O **Monumento às Bandeiras** não foge ao seu destino funcional, que é o de ser um monumento às Bandeiras; ao passo que uma pequena estatueta como a **Filha da terra roxa** podia deixar de ser uma filha da terra roxa, assim como o **Guerreiro índio** podia ter um rótulo diferente, ou nenhum; o que importa é que, ornamentando um salão grã-fino, largadas numa prateleira de loja de arte, ou isoladas em nossas mãos, são sempre estatuetas de terracota, superiores aos acessórios e indiferentes ao meio circundante.

No tempo em que na obra de Brecheret eram muito ostensivas reminiscências das lições de Mestrovic e das experiências de Brancusi, suas pequenas estátuas tinham sempre uma finalidade acessória evidente, que era a ornamentação. Alguns de seus trabalhos chegavam mesmo a um excesso de estilização polida descambando para os lados do enfeite, bonito e agradável. Hoje não há mais estilização, mas simplificação, o que é diferente. Há síntese, há concisão, há a pureza de uma linguagem despojada de toda adjetivação inútil, de toda eloqüência vazia.

Na **Filha da terra roxa,** o artista indica os membros da figura por meio de simples traços, sem perda de sua essencialidade plástica. Na **Luta dos índios Kalapalos,** os dois guerreiros realmente lutam, embora as massas esculpidas tenham chegado a um extremo de simplificação que à primeira vista pode enganar o observador, sugerindo-lhe uma composição abstrata.

É curioso observar-se como toda a formação artística de Brecheret o afasta da linha greco-romana, que modernamente produziu escultores da importância de Maillol e Despiau e, entre nós um Bruno Giorgi. Sua estatuária é de fundo religioso (os deuses helênicos eram demasiado humanos) sem nenhuma sensualidade pagã, porém hierática, severa e solene, lembrando um pouco a rigidez egípcia ou a dolorosa espiritualidade bizantina (o 'Cristo', por exemplo).

Sua tendência para a simplificação, que despe o corpo humano de toda a doçura das formas carnais, é nele instintiva e natural. Mesmo os seus torsos de mulher, trabalhados de maneira mais aparentemente realista, nada têm de sensuais; são de uma severidade e de uma rigidez que afastam qualquer sugestão de pecado terreno, elevando o espírito às regiões da beleza abstrata e absoluta. Victor Brecheret, em plena maturidade, alcança agora as formas mais puras de sua arte, de que nos dá magníficos exemplos na atual exposição realizada na Galeria Tenreiro.

Cabeça de Índio, c. 1950, terracota, alt. 63 cm.

A exposição de Brecheret

Atualidades e Comentários
Folha da Manhã — 29-11-1953

José Geraldo Vieira *

Em São Paulo, às vésperas da II Bienal de Arte Moderna, cada semana se abrem novas galerias. De modo que já vai ficando distante, relativamente, o tempo em que, excluindo os dois Museus, só contávamos com a "Domus" para exposições individuais ou coletivas de artistas vanguardistas — já que as demais galerias viviam sempre superlotadas com acervo comercial e, às vezes, artístico, importado.

Para uma exposição de escultura, o espaço é condição vital. Lembremo-nos de quanto se prejudicaram as esculturas, atravancadas por exigências em "rayons" estreitos no Trianon em 1951. Um escultor como Brecheret, por exemplo (cujas obras atuais quase todas pedem ar livre por haver uma proporção entre o seu volume e a paisagem urbana envolvente), dificilmente poderia expor num salão. Outrora, algumas de suas peças se incluíam funcionalmente em vestíbulos, aposentos e saguões, pelo maneirismo decorativista dos temas femininos e animais, simbólicos e sintéticos, que se adequavam a recintos dos pós "art nouveau". Mesmo hoje, algumas peças delicadas mas independentes de correspondência com ambientes, cabem até num desvão de escada ou de móvel: a maioria de sua obra, porém, clama por proporção e equivalência de local.

As condições da Galeria Tenreiro satisfazem qualquer escultor, tanto em espaço como em arquitetura. De modo que os espécimes diferentes, ali apresentados por Brecheret, não sofrem restrições de cubagem, podem se expandir ou se concentrar, segundo os volumes e os temas.

Tem sempre significação de acontecimento público, social e artístico, uma exposição de Brecheret, pois representa uma evolução pessoal ao longo da pauta da própria evolução da escultura moderna.

A sua primeira fase (conquanto algo revolucionária

Estudo para o índio e a suassuapara, 1951, terracota, alt. 29 cm.

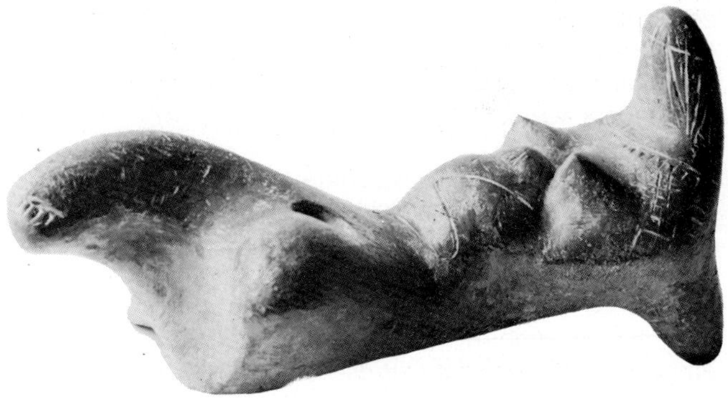

Maternidade indígena, c. 1950, terracota, comp. 53 cm

para nós, que estávamos ainda na escultura de monumento oficial tipo "porque-meu-ufanismo" ou dos bronzes de canto de sala com tendências alegóricas) já foi ultrapassada por ele próprio.

Antes, suas esculturas tinham medula espinhal felina, esguia ou indolente, por influências estéticas em voga, de ressaibo muito decorativo.
Depois, ele criou uma derivação plástica que compararíamos ao que ainda fazem Viani e Salvatore, e outrora fazia Brancusi, e onde o trato da superfície evitava sentido temporal, isto é, dava impressão de coisa de vitrina e nunca de catacumba ou de fundo de terra.

Força escultórica indomável, sua índole se afez, depois, ao artesanato quase ciclópico do monumento. Conquanto evitasse o barroco e o retórico, cingiu-se ao histórico e ao episódico, não criando temas para jardins e praças no gênero dionisíaco e olímpico, saudável e populista de escultores de campo aberto, como Gustav Vigeland ou Stig Blomberg. Tendia para a obra de encomenda, onde aliás pôs sempre escrúpulo e liberdade, dando peças que nobilitam também sua arte. Colateralmente, evoluía da primeira maneira acima citada para as figuras ainda de salão de Kai Nielsen.

Subitamente, porém, já na primeira Bienal, entrou com uma variante que era um abandono total do liso e do esguio, para o compacto e o poroso.
Ao invés de procura de vãos e saliências, dicotomizações e divergências, centrifugou os motivos em esferas ou elipses, apenas esboçando reentrâncias ou emergências. Paralelamente, caiu no artesanato da pequena figura ou grupo, e voltou a temas arcáicos, helenistas, de torsos, bustos, etc.

Hoje, o que Brecheret apresenta na Galeria Tenreiro é o resultado honesto, brioso e principalmente polivalente, de uma última fase que se manifesta em três pautas: uma de vanguarda, outra de "divertissement" e a terceira de retorno clássico. A primeira é a resultante lógica de sua evolução, acompanhando o que fazem na escultura mundial um Fabbri e um Minguzzi. Nessa sua maneira avançada, ainda experimental, porém já

Banho de Sol, 271 x 135 cm, Largo do Arouche, São Paulo, PMSP.

equilibrada e marcante, ele mostra uma evidente maturação de técnica e de estética.
No módulo que cataloguei de "divertissement", o das pequenas figuras arcáicas ou folclóricas, há o artesão de laboratório, tratando a matéria com um instinto criador puro, sem pesquisa, mero estado de satisfação da sua plenitude criadora.
Nas peças de retorno clássico, helenista ou medieval, com torsos ou com Cristos, com nús ou com cabeças, Brecheret mostra a sua índole sincera, de artista nato e vocacional.

A presente exposição é, já disse, um acontecimento. Nela temos o quociente da vida artística de Brecheret. Ali está a sua obra pessoal.
Ali está a sua inserção na escala da escultura contemporânea. Ali está a sua capacitação multiforme. Uma trindade volitiva dentro duma personalidade constante.

* Nasceu no Rio de Janeiro em 1897. Escritor, jornalista, crítico de arte. Crítico literário das "Folhas". Diretor da revista "Habitat". Publicou em 1919 "O Triste Epigrama", em 1951 "O Albatroz", "Paralelo 16, Brasília", em 1961.

Vida Rotária - Ano 1954

Palavras do ex-governador de São Paulo, doutor Armando de Salles Oliveira, referentes à idéia da construção de um monumento que evocasse a epopéia das Bandeiras.

Cabe a São Paulo fazer uma afirmação, que fixe o seu propósito de lutar para que, no naufrágio em que os outros povos se afogarão, se salve esta bela e nobre Nação, que é o Brasil, e com ela os puros ideais do homem cristão. A idéia da Pátria grande e forte, orientada no sentido do progresso social, dentro dos sentimentos tradicionais da família e da religião, é o alimento espiritual de que se nutrem os paulistas para dar um sentido e um fim aos frutos de sua admirável atividade. A nossa atitude não pode ser de defesa, mas de ação enérgica, que desperte por todo o País simpatias e emulações. Pensando assim, tomou o governo a iniciativa de mandar construir, no centro de uma nova praça de São Paulo, o monumento que, em honra dos Bandeirantes, foi ideado por um dos maiores artistas brasileiros — Victor Brecheret. A praça será

localizada no ponto em que nasce a avenida Brasil, à entrada do parque Ibirapuera, na intersecção da rua Manoel da Nóbrega. A reunião destes nomes: Brasil, Ibirapuera e Manoel da Nóbrega — na praça dos Bandeirantes, tem alguma coisa de predestinado. Não há quem desconheça a concepção de Brecheret. É uma arrancada de Bandeirantes, para a conquista da Terra Virgem. É um instantâneo da vida de uma Bandeira, apanhado com impressionante felicidade. Tudo, ali, é força, movimento e ação. Os homens, surpreendidos numa subida, caminham para o alto: é o idealismo paulista em ação. Alguns homens, ajudando com um braço a puxar o batelão, com outro sustêm companheiros desfalecidos de fadiga ou de febre: é a solidariedade, indispensável para o triunfo. Dois bandeirantes, os chefes, vão na frente, a cavalo: é o princípio da autoridade, o mais forte esteio da civilização, que o comunismo tenta destruir. As figuras decrescem em tamanho: é a hierarquia, inseparável da disciplina, e um dos mais belos princípios da organização social, porque permite ao que está no ponto mais baixo ascender por si mesmo à posição mais alta. Na frente do grupo a grande figura de mulher que representa a terra virgem, em cuja conquista os Bandeirantes partem, mostra que eles sabem o que querem e para onde vão: é o pensamento dominando a ação. E como de tudo isso, de autoridade, de disciplina, de hierarquia, de solidariedade, de ação inteligente e construtora, de um largo, generoso e fecundo idealismo — de tudo isto é que o Brasil precisa, propõe-se que esse monumento seja levantado numa praça de São Paulo, atestando o desejo dos paulistas de renovar os princípios e os feitos que constituíram os fundamentos da nacionalidade. Pela avenida Brasil, que dá acesso a todos os grandes caminhos de penetração — ao Tietê e às estradas que levam ao Sul, a Mato Grosso, a Minas e a Goiás — sairão, como saíram, grandes grupos de bandeirantes, que iniciarão uma nova etapa de sua obra, a serviço do Brasil.

O falecimento de Victor Brecheret

O Estado de São Paulo — 20-12-1955

DESAPARECE AOS 61 ANOS DE IDADE O MAIOR ESCULTOR BRASILEIRO

Na madrugada de anteontem, faleceu repentinamente, nesta Capital, o conhecido escultor Victor Brecheret, detentor do 1.º prêmio da I Bienal de Arte Moderna de S. Paulo. O extinto, nascido a 22 de fevereiro de 1894, era casado com d. Jurandy Brecheret e deixa dois filhos menores.

O corpo foi exposto à visitação no saguão da Biblioteca Municipal, de onde saiu o féretro às 10 horas de ontem, para o cemitério S. Paulo. Estavam presentes, entre outros, os srs. Gofredo da Silva Telles, Gofredo da Silva Telles Júnior, Lasar Segall, Rino Levi, Menotti del Picchia, João Acioli, secretário da Educação da Prefeitura Municipal e representantes do prefeito da Capital, René Thiollier sra. Anita Malfatti, Luiz Martins, escritor, Júlio Guerra e Arturo Profili, representando o Museu de Arte Moderna.

Victor Brecheret, o grande artista brasileiro da escultura moderna, faleceu domingo nesta Capital, onde nasceu, no bairro de Santa Cecília, a 22 de fevereiro de 1894. Filho de pai francês e mãe italiana, muito moço ainda começou a trabalhar na sua arte, movido por imperiosa vocação, tendo feito em S. Paulo a sua primeira exposição. Logo depois se transferiu para Roma, onde estudou na Academia de Belas Artes. Estava-se já em plena renovação das artes plásticas, na década decisiva dos anos de 20. Brecheret dirigiu-se para Paris, onde se integrou na corrente mais audaz dos jovens escultores, de combate às formas convencionais e à transigência com o gosto do público médio. Discípulo de Mestrovic, expôs no Salão de Outono e Salão dos Artistas Franceses. Mas, foi da sua volta ao Brasil que data, verdadeiramente, o início de sua obra mais original e da atividade mais fecunda. Na escultura monumental é que Brecheret encontra o modo adequado de expressão para o seu temperamento e São Paulo não negou, felizmente, o apoio necessário à realização da obra de Brecheret. Desde os anos heróicos da arte moderna, Brecheret, em S. Paulo, foi "magna pars" em todos os movimentos de renovação, e o seu nome está ligado a todas as suas realizações, a começar da já histórica "Semana da Arte Moderna" em 1922, ao lado de Graça Aranha, Mário de Andrade, Oswald de Andrade, para só lembrar os mortos.

Mas a maturidade do artista fez-se no contacto da sua terra, e passados os anos de uma necessária revisão de valores, as experiências de Brecheret tornaram-se afirmação de um estilo pessoal, conciso e severo. Estão aí a provar a força e austeridade da arte de Victor Brecheret as estátuas que esculpiu, e principalmente, o **Monumento às Bandeiras.** e o monumento colossal ao Duque de Caxias, ainda não colocado, e do qual falava o escultor, orgulhoso, como sendo um pedaço de sua vida.

A I Bienal de São Paulo concedeu-lhe a láurea máxima para a escultura. No estrangeiro, muitos museus e coleções particulares honraram-se com esculturas de Brecheret.

O ARTISTA

Victor Brecheret morreu feliz: de volta de um cinema, chegava à casa; abriu o portão, manobrou o carro para entrar na garagem; o carro rodou alguns metros, parou. O coração de Brecheret parou com ele.

Foi tudo assim simples, discreto, calmo. A tragédia veio depois, quando a sua senhora, estranhando a demora do artista em guardar o carro, abriu a porta e encontrou o corpo. Morrer dessa forma é a suprema felicidade para quem se vai, mas parece uma espécie de egoísmo, porque o sofrimento dos que ficam é maior.

Entretanto, esse gênero de morte está de acordo com Brecheret, que em vida foi sempre um homem retraído, parco de expansões, tímido e de poucas palavras; sua ternura manifestava-se melhor no sorriso amplo e afetuoso com que acolhia os amigos, quando o acaso os fazia encontrá-los, na cidade, numa sala de exposições, à porta de um cinema, ao atravessar uma rua. Seu tempo era demasiado curto para que pudesse dispensá-lo em outras ocupações que não fosse as duas grandes da sua vida: a família e o trabalho. Brecheret foi um formidável trabalhador. "Estatuário de colossos", ele era um dos poucos escultores brasileiros capazes de sentir exatamente a "monumentalidade" da escultura, e o que talhava na pedra, no bronze ou no mármore, tinha quase sempre essa grandeza, essa severidade, essa imponência, que fazem da escultura egípcia, mais do que da grega, um perpétuo motivo de respeito, assombro e temor. O seu **Grupo das Bandeiras** é talvez, em São Paulo, o único monumento digno desse nome.

Mestre consumado da sua arte, senhor de todos os segredos da técnica, era inspirado por uma sensibilidade aguda, instintiva, delicadíssima, que aqueles que não o conheciam bem jamais poderiam suspeitar no homem que ele era, aparentemente simples, e até mesmo simplório, no seu jeito bonacheirão de caipira que vivera longos anos em

Brecheret e a **Deusa da Primavera,** c. 1939, mármore, alt. 200 cm, dedicada ao arquiteto Botti, Col. Pinacoteca do Estado de São Paulo.

Brecheret em Veneza, 1954.

Paris, esquecendo o português, sem aprender o francês. Seu refinado bom gosto levou-o, em certo período de sua carreira artística, a exagerar a simplicidade das linhas e dos volumes, à maneira de Brancusi, numa aventura perigosa que poderia levá-lo ao fácil, ao clichê e ao gracioso.
A tempo, Brecheret reagiu, compreendendo que a sua obra tinha que ser talhada pelos moldes do seu temperamento, por essa profunda intuição da escultura ornamental (tão oposta à escultura ornamental), que mesmo em seus trabalhos de pequenas dimensões da última fase, se manifestava de maneira evidente.
No panorama da arte brasileira, o nome de Victor Brecheret surgiu mais ou menos com os de Mário de Andrade e Guilherme de Almeida, adquirindo maior evidência com a realização da Semana de Arte Moderna em 1922. Antes disso, o artista vivia em São Paulo, incompreendido de alguns e admirado por todos quantos possuíam alguma sensibilidade artística, incapaz de fazer concessões; passara larga temporada em Roma e estudara com Mestrovic. Sua escultura era avançada demais para o acanhado centro artístico que era São Paulo daquele tempo. Os "modernistas" — Oswald e Mário de Andrade, Guilherme de Almeida e outros — encontraram-nos em seu retiro e conduziram-no à "Semana" do Teatro Municipal, onde ele expôs ao lado de Anita Malfatti e Di Cavalcanti.
A arte de Brecheret passou a ser assunto de polêmica. Desde então, seu prestígio entre os artistas novos cresceu sempre. Brecheret, que, entrementes, expôs em Paris e teve um de seus trabalhos adquirido pelo Museu do "Jeu de Pomme", passou a ser considerado o mestre indiscutível e indiscutido da escultura moderna brasileira. Era um dos raros artistas nacionais cuja fama ultrapassara as nossas fronteiras.

Teve a sua consagração popular com a inauguração do **Monumento às Bandeiras,** de dimensões ciclópicas e trabalhava na montagem da **estátua eqüestre de Caxias,** já totalmente esculpida, que será uma das maiores do mundo e que, por si só, bastará para imortalizar o nome do grande escultor paulista, no sábado último desaparecido.

Vendedora de Frutas, década de 40, bronze patinado, 107 x 67 cm.

O Monumento a Caxias

O Estado de São Paulo — 21-12-1955

Luís Martins

Creio que São Paulo não poderia prestar maior homenagem a Victor Brecheret, do que apressando a conclusão da montagem do **Monumento a Caxias,** estátua eqüestre que, segundo creio, é a maior do mundo, e que, depois de inteiramente concluída pelo escultor, tem cumprido um estranho destino de Judeu Errante — ora ia para lá, ora não ia para lugar nenhum — o que enchia o artista de impaciência e desespero.

A cidade de São Paulo foi generosa com o seu maior escultor, encomendando-lhe grandes monumentos, dignos do seu extraordinário talento artístico: mas, depois de encomendá-los, exasperava-o, porque ora lhe fornecia os meios para executá-los, ora paralisava qualquer ajuda, e o artista ficava de braços cruzados, a trabalhar noutra coisa, para ganhar a vida. Quantos anos mofou o **Monumento às Bandeiras,** semi concluído, no barracão do fim da avenida Brasil, por falta de verba, que uma administração concedia, mas a seguinte cortava no orçamento! Com a **estátua de Caxias,** o que se deu foi isso um pouco, porém, muito mais ainda, uma contínua hesitação na fixação do local em que ela deveria ser erguida. Afinal, decidiram-se pela praça Princesa Isabel, a meu ver imprópria para as dimensões colossais do monumento: a exigüidade do logradouro não permite uma perspectiva ampla, que a altura da estátua está a exigir. O herói vai ficar atravancando a praça.

Bom ou mal o local, enfim já é um local. Conheço demasiado bem, entretanto, o meu país, para desde já começar a temer que a morte do escultor seja capaz de determinar a paralisação definitiva das obras, ou um eterno adiamento que se prolongue por várias gerações. E, neste caso, em lugar de uma estátua imponente espremida entre casas baixas, terão os nossos filhos, e quem sabe os nossos netos, um colossal caixão de madeira colocado no centro de um pequeno jardim; em vez de um monumento que consagre a glória de um herói, um comentário de ironia sarcástica à inépcia da burocracia nacional.

Sinto-me, de certa forma, ligado à grande obra de Brecheret, porque fui um dos membros do Júri que o escolheu, entre muitos concorrentes, para realizar o **Monumento a Caxias.** Não tenho muita certeza, mas creio que foi em 1940 ou 41, que o então prefeito Prestes Maia me convidou para integrar a Comissão, presidida por ele, que deveria julgar as maquettes.

Depois disso, nunca me encontrei com Victor Brecheret, que ele não me falasse na estátua, ora com entusiasmo, ora com desalento, ora com irritação.

Estive em seu atelier algumas vezes durante a execução da obra gigantesca, e vi o grande cavalo, já pronto, porém ainda no gesso. Era alucinante.

O escultor parecia um pigmeu junto ao monstro colossal que criara.

Esperemos que o desaparecimento do artista não interrompa a conclusão da montagem do seu trabalho, antes, pelo contrário, a apresse, para que ele fique sendo um testemunho perene da glória de Caxias — e do próprio Brecheret.

Brecheret

Gazeta — S. Paulo — 21-12-1955

Menotti Del Picchia

Da Academia Brasileira de Letras

Estou escrevendo sobre mais um morto. Mais um morto da minha equipe, este da classe dos supremos, dos que estavam mais altos entre os que ficam mais alto na hierarquia espiritual do Brasil. O primeiro da turma foi o grande Mário de Andrade, o Tiradentes e o Pontífice da Revolução Literária Brasileira. O segundo foi Lobato. Deste, comentando a biografia de Edgard Cavalheiro, recordei, ainda há dias, suas façanhas de Hércules mental em favor de um Brasil mais rico e melhor. Depois, foi Oswald, o grande polêmico da turma.

Agora é Brecheret.

Brecheret entrou para nossa equipe bruscamente. Veio feito de Roma e de Paris. Mário, eu, Oswald, Di Cavalcanti, Anita Malfatti — os pioneiros da Semana de Arte Moderna — já conspirávamos contra a ordem mental reinante: escritores, pensadores, poetas, pintores. Nunca, porém, ouvira falar de Brecheret. Foi então que Mário de Andrade me anunciou o fenômeno:
— "Descobrimos um escultor fabuloso. Está no Palácio das Indústrias. É, porém, uma fera!"

Fomos ver a fera. Já Washington Luís, que foi seu grande amigo, havia dado um agasalho, naquele prédio do Estado, para abrigar a arte estranha desse paulista taciturno e hostil, fechado numa prevenção agressiva contra o tremendo mundo plástico adocicado e acadêmico que encontrara aqui.

— Fomos num bando alegre — Mário, Oswald, Di Cavalcanti — ver o gênio feroz. Lá estava ele junto das suas estátuas, umas já moldadas em gesso, outras na carne viva da greda, em plena elaboração. Fomos todos exageradamente exclamativos. Explodimos em admiração. Os monstros plásticos, Mestrovicianos que ele plasmava pareciam-nos outros tantos 'escravos' de Miguel Ângelo ou 'pensadores' de Rodin.

— Formidável!

Nosso entusiasmo espantou ainda mais o escultor taciturno. Vindo da França onde, depois de Roma, passara longo estágio de duros trabalhos, miséria e estudos, trazia para a nossa latinidade gritante uma alma sofrida, desconfiada e amarga. Enquadrado, desde moço, por intuição, na corrente moderna, admitia, de antemão, que todos eram contra sua arte. Não lhe passava pela cabeça que no Brasil, no seu Estado, houvesse gente capaz de compreendê-lo. E justamente nossa turma esperava um Brecheret.

É fácil imaginar que afinal nos entendemos. Mais que isso: nos irmanamos. Brecheret passou a ser o fulcro de polarização de nossa revolta, uma espécie de bandeira vermelha içada pela nossa ânsia de renovação pela nossa próxima insurreição. O escultor — o mais neutro dos artistas, pois era ele o único plástico no gênero servia para denominador comum do grupo, evitando assim, na chefia, as fatais rivalidades. E teve o grande escultor, hoje de renome universal, seu marcado destino... Foi o ponto de partida de um movimento de renovação que, com Mário e Oswald, havíamos começado.

Santa Ceia, década de 40, terracota, 42 x 120 x 36 cm.

Minha amizade com Brecheret conhecem-na todos os que acompanharam meus escritos. Pelo seu gênio sempre me bati. Acompanhei-lhe a vida e a obra. Com ele sonhei o **Monumento às Bandeiras,** cujo estímulo maior devem os paulistas a Washington Luis, o verdadeiro protetor e estimulador de Victor Brecheret.

Nome universal, com peças nos museus e galerias mais representativos da Europa e da América, é, com Portinari e Villa-Lobos, um dos ângulos do trio artístico que não sofre mais restrições numa consagração que dia a dia mais eleva seus nomes.

Está morto Brecheret. Ele tem algo de um titão. Quantas vezes, mudo, no seu atelier, assisti à luta desse homem atarracado, musculoso, miúdo, contra pirâmides de greda, blocos imensos de granito, o material que ele mais amava. Se suas mãos rudes tinham sensibilidade das de um cirurgião operando numa artéria ao plasmar certos trabalhos de um lirismo transcendente, eram as de um britador de pedras ao arrancar lascas do granito ou do mármore, pondo no labor a força de um operário. Em Brecheret, como convinha ao escultor monumental, casava--se artesão ao artista. Ele amava as coisas imensas. Essa maravilha, que é o **Monumento às Bandeiras** e o **Monumento a Caxias,** o que alteará, numa nossa praça tão mal escolhida, o maior cavalo que a estatuária até hoje fundiu no bronze, atestam o gigantismo de sua arte. Ele talvez sonhasse possuir o Pão de Açúcar para nele libertar a forma palpitante e oculta que se encarcera no seu informe corpo de pedra. Morre o maior escultor desta parte da América. Eu perco um dos companheiros mais íntimos e queridos.

Victor Brecheret

Dia a Dia

Gazeta — dezembro de 1955

Gumercindo Fleury|*

O maior nome da escultura brasileira, o fidalgo e generoso artista que realizava milagres de beleza com a pedra fria, dando-lhe o calor de seu gênio, Victor Brecheret, desapareceu do mundo dos vivos, imprevistamente. A notícia de seu transpasse provocou viva emoção na cidade que o admirava — o homem e o artista — tão querido era Brecheret em todas as rodas sociais. Muito tarde vim a saber do acontecido e somente por isso não fui levar, à criatura, cuja amizade me era preciosa, a minha despedida.

O mundo artístico de São Paulo através de seus nomes mais representativos, lá esteve, acompanhando Brecheret à última morada. Como era bom e como era simples o mago do cinsel! Representa ele o marco da evolução da arte plástica no Brasil, e sua obra prima é, sem dúvida, o **Monumento a Caxias,** na América monumental moderna, baseada no tradicionalismo brasileiro.

Nos três últimos decênios, de 1933 a 1952, que assinalam a presença da Arte Moderna no Brasil, foi a figura máxima na escultura brasileira monumental, o mesmo que Cipicchia representa na escultura em madeira.

O criador do **Monumento às Bandeiras** era um eterno curioso e tinha audácias de gênio. Foi um dos vencedores da 1.ª Bienal e nunca fugiu à linha de pureza nas obras que oferecia ao encantamento espiritual dos que sabem viver as emoções do artista e ao deslumbramento das multidões que lhe admiravam a força criadora de coisas lindas para os olhos para o coração.

Bom, íntegro, camarada com um sorriso onde havia sempre algo de ternura, Victor Brecheret atraia afetos de quantos dele se aproximavam.

A última vez que pude abraçá-lo foi aqui na redação onde cavaqueamos alguns instantes, recordando outros instantes de um passado que foi ontem que sinto, agora que ele desapareceu, terrivelmente distante.

Se não pude levar as minhas despedidas ao amigo, quero ao menos deixar, nesta página da minha saudade e da minha amizade, reproduzidas as palavras de Menotti Del Picchia, à beira de seu túmulo: "Se pranteamos aqui a sua morte exaltamos a sua obra. E o ponto culminante de sua obra é a sua própria vida, exemplo de integridade, de amor e de incomparável dedicação à arte."

* Nascido em São Paulo em 1899 e falecido na mesma cidade em 1976. Jornalista, redator das "Folhas" e "Gazeta", tendo exercido a profissão por cerca de 50 anos. Poeta repentista, autor dentre outras das seguintes obras :"Para você, meu filho" (versos, s/d), "Bilhetes a meu filho", "Tragédias do álcool".

Brecheret, Alfredo Mesquita e Portinari, década de 40.

Até o fim deste ano o término do Monumento a Caxias

Os trabalhos atingem sua etapa final — Mais de treze anos sob a responsabilidade da Prefeitura Municipal de São Paulo — Brecheret, o autor da obra, morreu sem ver realizado o seu desejo — A Praça Princesa Isabel está sendo ampliada para comportar o monumento.

Correio Paulistano — 13-3-1956

Walter Bouzan

A idéia da construção do **Monumento a Caxias** surgiu em São Paulo por volta de 1940, quando um grupo de admiradores do bravo militar resolveu prestar-lhe especial homenagem póstuma. Após vários estudos, então levados a efeito, ficou assentado que uma estátua seria erguida num logradouro da cidade; montado num corcel, Luiz Alves de Lima e Silva, o patrono do Exército nacional, ali ficaria perpetuado em bronze, seu porte altivo, o braço direito para cima, segurando uma espada, para gaudio e lembrança do povo de São Paulo. O grupo que liderava os trabalhos reuniu-se em comissão — Comissão Central Pró-Monumento ao Duque de Caxias — e se lançou a cata dos recursos necessários. Teve início a memorável campanha que consistia em angariar fundos mediante a venda de estatuetas ao povo.
As primeiras peças foram compradas e assim teve início a obra que representaria a reverência especial dos paulistas àquele que se consagrou como soldado, como oficial e como condutor de tropas.

Entra a Prefeitura

A obra, porém, excedia os limites da iniciativa de um grupo. Apesar dos esforços, pouca coisa além de alguns blocos de granito pode ser adquirida com o dinheiro da campanha. Para reunir o faltante a comissão teve de recorrer aos bons préstimos do governo e isto aconteceu no ano de 1943. Por força do decreto 202, de 26 de março de 1943, baixado pelo então prefeito Prestes Maia, foi chamada à responsabilidade da Prefeitura Municipal de São Paulo a continuação do Monumento que se achava ainda na etapa de preparação. Aquilo que se limitava a algumas pedras do bom granito português deveria, mediante o auxílio dos cofres municipais, transformar-se na maior estátua equestre do mundo.

Victor Brecheret

Enquanto de um lado um grupo de homens tratava de atender as necessidades financeiras do trabalho, do outro, um artista consumia horas a fio na moldagem, a gesso, do modelo que depois seria enviado para a fundição em bronze. Victor Brecheret, autor de tantos e tão belos trabalhos de escultura, criador do **Monumento às Bandeiras** que hoje arrasta para o Ibirapuera milhões de afeiçoados, era o homem que cuidava de dar forma às centenas de quilos de gesso. O mesmo carinho que revelou para com seus trabalhos anteriores, dedicava o artista ao **Monumento a Caxias.** Contam engenheiros da Prefeitura que mesmo depois de concluida a sua parte, ainda assim Victor Brecheret comparecia às divisões encerradas, para acompanhar, passo a passo, o andamento da obra. E sempre dizia do desejo de ver tudo pronto. Sua morte brusca, todavia, não permitiu fosse alcançado esse intento.

O Monumento

Segundo informações colhidas pela reportagem junto ao eng. Gunter Sarpert, da divisão da Prefeitura, encarregada das obras de construção do monumento, todos os esforços estão sendo enviados para que até o fim deste ano possam ser retirados os tapumes. "Se não houver interrupção no fornecimento de recursos — afirma o eng. Gunter — a maior estátua equestre do mundo será inagurada ainda durante a vigência da atual Administração municipal". A estátua terá uma altura de 14 metros aproximadamente. Será assentada sobre um pedestal oco de 24 metros de altura, o que perfaz um total de 38 metros. Todas as partes da estátua já estão fundidas e prontas para a composição. Aguardam apenas o acabamento do pedestal, o qual se encontra estruturado em concreto. Sua parte inferior já está revestida por placas de granito gravado. Adiantou-nos o eng. Gunter que, dada a resistência do granito tipo Mauá, o trabalho de gravura ocasionou certo retardamento nos trabalhos, e a firma que se encarreçou dessa parte concorda em que produziu aí a sua obra prima de cantaria, pois contou com os préstimos de nomados canteiros, os quais, à talhadeira, habilmente configuraram todos os desenhos das faces externas do granito. O pedestal dispõe de um interior livre de cerca de 7 metros por 11 metros e meio, espaço que ainda poderá ser aproveitado para alojamento de um museu militar. Faltam apenas alguns toques na parte superior, onde serão colocadas pedras lisas, para que fique completamente terminado. Tão logo isto aconteça a Prefeitura passará a usar as armações de ferro que possui para os trabalhos de justaposição das várias partes da estátua. Em redor do monumento será construído piso de granito.

A fundição em bronze

Coube ao Liceu de Artes e Ofícios de São Paulo a tarefa de fundir em bronze o modelo fornecido por Brecheret. Dada a envergadura da obra, a fundição teve de ser feita em partes. O ato da entrega dessas peças à Prefeitura foi marcado por especial solenidade, da qual participou o então governador Adhemar de Barros, além de autoridades, artistas, intelectuais e demais figuras de praxe. Todos ficaram muito bem impressionados com a perfeição do trabalho executado pelo Liceu. Para caracterizar bem a opinião dos presentes conta-se que o ex-governador ,após analisar cada parte da estátua, voltou-se para um grupo e, referindo-se ao cavalo, sobre o qual seria montada a figura bronzea de Caxias, exclamou admirado: "nunca vi uma cauda tão perfeita".

Praça Princesa Isabel

Treze anos se passam desde a entrega do monumento aos cuidados da Prefeitura de São Paulo. Nesse lapso de tempo vários logradouros foram cogitados pelos encarregados, para servir à sua localização. Pensou-se na praça da Bandeira, num trecho da av. Ipiranga, no Ibirapuera, nas imediações de algum quartel do Exército, enfim, em diversos sítios que oferecessem as condições exigidas para sua fixação. Após longas demarches estabeleceu se que o local adequado seria a praça Princesa Isabel, situada num ponto de fácil acesso para os desfiles militares, entre a av. Duque de Caxias e as ruas Guaianases, Helvétia e Visconde do Rio Branco. A praça, porém, não comportava um monumento de tais proporções. Em vista disso os engenheiros da Prefeitura resolveram solicitar a expropriação do trecho mais próximo do quarteirão que a separa da rua Helvéia. Com esse aumento a praça Princesa Isabel ficaria com 165 metros de comprimento por 130 de largura. Atualmente numerosos operários ali se encontram a fim de concluir os trabalhos de ampliação. "Não nos faltem os recursos financeiros — finaliza o eng. Guter Sarfert — e no decorrer do segundo semestre deste ano abriremos ao povo o **Monumento a Caxias,** a maior estátua equestre do mundo".

Brecheret e a Capela Pararanga

(...)

José Geraldo Vieira

O artista Brecheret, um dos renovadores das concepções plásticas na escultura brasileira, jamais saiu, porém, dum gênero, o maciço, tendo ignorado a composição espacial e a experiência aberta.
O seu conjunto, reunido na IV Bienal e que constituiu com a retrospectiva de Lasar Segall a parte de maior categoria e interesse do setor brasileiro no Pavilhão Arruda Pereira, deu ensejo à vulgarização justa e indispensável de sua obra que, se na fatura formal evoluiu até certa modalidade sintética tipo Henri Laurens, todavia se dicotomizou, quanto aos temários, em duas variantes: uma ecológica, bem brasileira, de hieratismo indígena quase pré-cabralino; e outra mística, onde se alternam posturas góticas e ascetismos barrocos.

Estudo do afresco da Capela Pararanga, Atibaia, 1954.

Há ainda uma escultura dele, de proporções monumentais, resultado de encomendas cívicas e infelizmente de interação retórica, que não é a boa parte e muito menos a melhor de Brecheret, muito embora lhe sirva, perante os transeuntes, de constante publicidade póstuma; como acontece com aquele barco arrastado por cavalos e impelido por índios, sugerindo a partida da monção, ou o seu preparo na barranca de Porto Feliz. Ou como a **estátua eqüestre de Caxias,** a ser inaugurada em breve numa praça pública por enquanto ainda apertada entre sobrados art-nouveau, mas que em breve se rodeará de arranha-céus.

Assim, pois, o povo conhece nesta cidade peças de Brecheret que não caracterizam sua inspiração, mas apenas sua destridade; mesmo o conjunto acima citado, que foi reunido durante a IV Bienal, não indicou um apogeu, mas apenas serviu para se extrair um quociente da sua obra. Esse apogeu foi mostrado, talvez, há alguns anos, na Galeria Tenreiro; a **corça,** do vestíbulo do Teatro Municipal, indica uma demarragem na arte moderna de Brecheret, porém ainda com laivos de estilização; ao passo que as unidades, bustos, santos, cabeças e grupos da última fase correspondem a peças isoladas, de estimativa analítica e sintética difícil, pela heterogeneidade de temas, tamanhos e processos.

Ora, existe num outeiro da fazenda Pararanga, do dr. Zeferino do Amaral, uma capela realizada por Brecheret e onde reina uma harmonia plástica que nos parece exemplificar aquele equilíbrio de massas, volumes, espaços, intentos e efeitos aglutinados em obra-prima.

Essa obra pouco conhecida é separada da sede da fazenda por um vale ou garganta que infunde no bucolismo da paisagem uma superdominante de ecloga tropical. O casarão da fazenda adere à montanha como uma escultura em feldespato com impregnações de clorofila; a construção

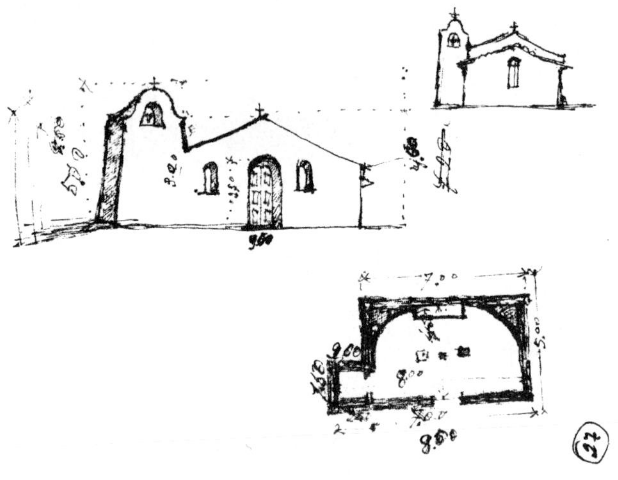

Projeto da Capela Pararanga, Atibaia, 1954.

Estudo do afresco da Capela Pararanga.

não é colonial nem imperial, devendo ter surgido gradativamente. Da varanda e da amurada se avista a capela e, pouco atrás, as ruínas da senzala, à esquerda, e um cruzeiro entre árvores, à direita.

Para atingir-se a cabeça de Pararanga — corruptela de Araranga (escarcéu acústico de araras) — se desce para o vale passando por árvores seculares de cenário para Chateaubriand e por uma ponte impressionista.

Ao chegar-se ao adro lê-se na porta de traves longitudinais um versículo de salmo: "O Senhor nos dará a sua bênção e a nossa terra nos dará seu fruto."

O dr. Zeferino do Amaral, acompanhado por duas gerações de seu clã patriarcal e urbano, constituído por elementos cientistas e industriais, agitando um bastão que lhe dava ares de labão entre as duas colinas que bem merecem os nomes alegóricos de Lia e Raquel, explicou:

— A idéia surgiu diante da chave antiga da tulha e do sino velho de chamar camaradas.

Vendo-os no recinto lôbrego da senzala, alguém considerou que a chave obsoleta tinha a majestade de vigia dum mosteiro, ao passo que o sino parecia bater a rebate avisando invasões bárbaras. "Por que não aproveitar e ergue aqui perto da senzala uma capela?" Pegada no ar a sugestão, Brecheret aceitou o apelo, preparou o projeto nas férias de setembro de 1954. Felizmente pôde terminar tudo, pois viria a falecer pouco antes do Natal.

O recinto tem pouco mais de sessenta metros quadrados. O chão é de cerâmica; o madeirame do telhado (sem forro) é pintado de azul. À esquerda fica o altar de granito rosa. A pia de água benta, em linhas alvas a Brancusi, ladeia o painel dos fundos, onde um **Cristo,** como o das prédicas das Bem-aventuranças, em posição hierática bizantina e linhas e cores de pintura da catacumba na Via Domitila, tem como base, em seus calcanhares, uma vaca, deitada. No desenho dum outeiro, o cafezal lembra carapinha de crânio de escravo.

No outro outeiro simétrico, um potro mama, e mãe e filho parecem em sua elegância ortoestática desenhos zoomórficos de tapeçaria persa. Subindo a lombada, um lavrador é acompanhado pela mulher e pela filhinha, ambas em trajes domingueiros de assistir à missa, à festança de São João, a cururus e a mutirões.

O **Cristo** do altar, entre tochas, é uma escultura da melhor concepção brecheretiana, ao passo que, do outro lado, o **anjo** maciço parece uma tela de Epstein. Do lado de fora, à meia altura da torre encimada pela cruz e na longitudinal que desce a prumo do sino, uma **Nossa Senhora com o Menino Jesus** tem o donaire duma Joana de Poitiers.

Este é, sem dúvida, o conjunto mais harmonioso de toda a obra de Brecheret. Dir-se-ia que há ali algo de atelier metamorfoseado em capela, pois as unidades místicas se articulam em função ascética e efeito plástico. A fazenda de Pararanga não é tombada pelo Serviço do Patrimônio Histórico e Artístico Nacional, pois sua história data apenas de três gerações. Mas Zeferino do Amaral, paradigma da cepa paulistana, parado ali no adro entre palmeiras agitadas pela aragem, relata-nos a crônica familiar daqueles montes e vales onde a mansão bucólica parece uma série de grutas, ao passo que, do outro lado, a capela é uma obra-prima emergindo do vão da senzala como uma pérola das abas côncava e convexa duma concha de arroio desembocando num mar azul pintado por Dufy.

(...) Não temos referências quanto ao periódico e sua data mas, pela sua importância, uma vez que é a única crônica sobre o tema, resolvemos transcrevê-la. O exemplar é de nossa propriedade. Esta crônica é da década de 50, quando da inauguração da capela.

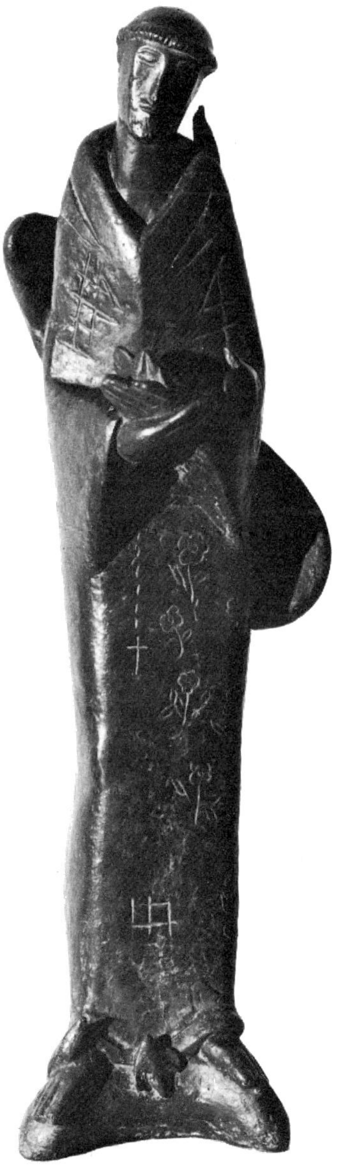

São Francisco e as pombas, c. 1945, bronze, alt. 48 cm

Contingente Brasileiro

Sala "Victor Brecheret"

Habitat n.° 44 — setembro/dezembro 1957

Para uma exposição de escultura o espaço é condição vital. Lembremo-nos de quanto ficaram prejudicadas as peças atravancadas na I Bienal do Palácio Trianon, quando ainda não chegara até nós a casuística espacial e espaço-dinâmica de certa escultura vanguardista de Robert Mueller e D'Haese. Resolvendo prestar homenagem póstuma a Victor Brecheret nesta IV Bienal, o Museu de Arte Moderna concedeu às peças de sua exposição retrospectiva um verdadeiro recinto funcional. Muitas delas pedem mesmo ar livre, gramados e parques, pela imponência majestosa de sua fatura fechada e maciça, muito embora outras caibam até em desvões de escadas e consolos de parede. Esta retrospectiva tão variada no material, gesso, mármore, pedra, bronze, dá bem uma perspectiva de sua evolução desde os temas antropomórficos e zoomórficos dum maneirismo decorativo adequado a ambiências pós art nouveau até sua arte ecológica de temas indígenas, históricos e mesmo pré-colombianos. Sua primeira fase, conquanto algo revolucionária para nós (que estamos ainda na escultura do monumento oficial tipo "por-que-meu-ufanismo" ou mármores polidos de salas e vestíbulos) foi ultrapassada por ele próprio. Fez tudo quanto é variante de escultura fechada e rematou seu ciclo de vida e de obra quando principiaram a aparecer aqui unidades plásticas de escultura aberta com vãos e ritmos. Antes, duas peças tinham medula espinhal felina, esgula ou indolente devido a influências duma estética em voga, de ressaibo muito decorativo. Depois ele criou uma derivação volumétrica que compararíamos aos que faziam Viani e Salvatore, e onde o trato da superfície evitava sentido de reentrâncias e saliências, dando impressão de coisa para vitrina com veludo, muito envernizada; mais tarde faria coisas que pareceriam extraídas da terra, de tabas e de rios.

Força escultórica indomável, sua índole se afez, mais tarde, ao artesanato quase ciclópico do monumento, conquanto evitasse o barroco e o retórico, cingia-se ao histórico ao episódico, criando temas para jardins e parques, de gênero dionisíaco e olímpico, saudável e populista. Tendeu algum tempo para a obra de encomenda onde aliás pôs sempre escrúpulo e liberdade artesanal; colateralmente, evoluia ainda para as figuras de salão no gênero Nielsen. Subitamente, porém, já na primeira Bienal, encontrou com uma variante que era o abandono total e consciente da superfície lisa e esguia, enveredando para o poroso e compacto.
Ao invés da procura de vãos e espaços, dicotomizações

e saliências, centrifugou a matéria em esferas e elipses. Paralelamente caiu no artesanato de pequenas figuras ou grupos, e voltou aos temas arcaicos, helenísticos, de torsos, bustos, etc. Houve, pois diversas fases em sua arte: desde a escultura eqüestre, desde o clássico, desde o art nouveau, até ao divertissement à pesquisa e ao encontro duma arte nacional de fatura fechada e maciça, majestosa e nobre. Seus trabalhos desde 1921, como os bronzes **Cabeça de Cristo, Soror Dolorosa** e os mármores **Cavalo, Mãe,** etc., os cimentos como **Fauno** ou as terracotas **Três Figuras,** já de 1945, e as peças mais recentes, **Bartira, São João Batista, Anunciação** e **Profeta,** indicam bem sua evolução. Algumas há, como **Morena** e **Vendedora de Frutas** que têm uma dignidade museológica, diremos mesmo clássica, no teor de Maillol. Outras, de fatura moderna, ficam equidistantes do exótico indígena e da síntese centrípeta. A série **São Francisco** constitui evidentemente o melhor conjunto, com execução cabal. Escultor ligado ao movimento modernista de 1922, teve diversas fases de artesanato, desde as peças miniaturas até aos volumes monumentais.

As 61 esculturas que constituem essa retrospectiva têm outrossim a feliz responsabilidade de melhorar o conjunto do contingente brasileiro.

A sala especial Victor Brecheret, em continuação à sala especial Lasar Segall, forma um dos pórticos da IV Bienal de São Paulo.

O Caxias de Brecheret

Novidades Paulistas — 30-10-1958 — pág. 3

Menotti Del Picchia

Caxias de Brecheret... O patrono do Exército em bronze. A maior estátua equestre do mundo. No "Homem e a Morte", cujo Criton é Brecheret — um Brecheret estilizado como convém à criatura humana se transfunde em personagem — figurei-o assim:

"Era arquiteto. Chamava-se Criton, filho de Campinas, um grego inatural sonhando coliseus nas praças das ferias. Um dia desenhou a Torre de Babel. Disse: Este é o mausoléu para um gênio." Brecheret não era arquiteto: — era escultor. A escultura de Brecheret, nas suas concepções monumentais, era, porém, arquitetura. No trecho que citei já previa que o destino o reservava para conceber a realizar algo de ciclópico.

Brecheret — que polarizou o grupo de 22 como expressão plástica de revolução modernista — foi meu amigo de todas as horas e compadre. Sonhamos, juntos, em 1922, o **Monumento das Bandeiras.** Aquela arrancada de gigantes tem na sua linha ascendente, o ímpeto desbravador e o granito — que dá um sentido de integridade e de força ao grupo mateiro — parece fremir no irreprimível impulso na avançada. O imenso bloco de pedra, diferente da maquete original, guarda a marca do gênio. O trabalho de simplificação que sofreu o modelo inicial somou majestade sem lhe tirar dinamismo. As personagens de granito marcham para o Jaraguá, primeira etapa heróica das entradas.

Depois foi-lhe encomendado o Caxias. Brecheret, cujas mãos mágicas plasmavam uma estatueta com a graça quase fluida de uma Tanagra, ansiava, entretanto, pelo monumental. Dotado de músculos hercúleos, amava fazer o camartelo tinir no granito realizando a grata música que embalou os discípulos de Donatello, nas "bottezas" florentinas e os artesãos de Rodin. Sua enorme oficina, à porta do Ibirapuera, foi um templo do qual era sacerdote único.

Brecheret fazia tudo com as próprias mãos. Seus auxiliares não eram estatuários: eram obreiros rudes, carpinteiros para as estruturas e os andaimes, serventes e formistas. Não teve um colega para ajudá-lo nas suas criações monumentais. A espátula, o martelo, o polegar tudo de sua mão — estenderam aquela imensa superfície de greda modelada, que é sua obra colossal. As criações plásticas de Brecheret, ainda não catalogadas, darão idéia do número fantástico de monumentos, estátuas, baixos relevos, frisos que nos legou.

No Caxias expandiu seu senho de gigantismo. Acompanhei, dos desenhos iniciais à fixação das maquetes, a colossal empreitada. Vi-o marinhar pelas escadas, pelos andaimes destinados a conduzir o escultor até a cabeça do imenso cavalo de cujo dorso o herói alteia o busto e ergue a mão vitoriosa parecendo ferir as nuvens com sua espada.

No pulso do soldado cabem dois homens. Cem deles podem abrigar-se no corpo do animal de bronze. Evoca, pela sua grandeza, a famoso cavalo homérico recheado de gregos e concebido pelo vulpino Ulisses.

Dentro de breve veremos numa praça o **Monumento a Caxias,** de Victor Brecheret. Será, como estátua equestre a maior do mundo. Além de um obra de arte terá São Paulo mais uma curiosidade turística: a maior estátua equestre que, desde os gregos, se alteou à luz do sol em qualquer ponto do planeta. Brecheret realizou assim um dos sonhos da nossa geração.

Brecheret

Suplemento Literário de O Estado de São Paulo, 7-4-1962

Sérgio Milliet

"Eu vejo a terra assim", foi o que Brecheret respondeu quando lhe perguntaram por que chamara Terra a uma pesada estátua de mulher. Pequeno, entroncado, uma cabeça de imperador romano, falando uma língua que mal se entendia, mistura de português, italiano e francês, de uma bondade que se escondia por trás da carranca, assim era o Brecheret que conheci em Paris por volta de 1926 num café de Montparnasse. Graças a Paulo Prado e ao senador Freitas Valle, arranjara uma bolsa e seu estudio era ao lado do de Brancusi, num beco da Avenue du Maine.

Creio que foi de uma visita minha que lhe veio a idéia da estilização tão característica de seus cavalos. Eu vira no mostruário de belchior um jogo de xadrez antigo e sugerira ao nosso escultor que fizesse o modelo de um, para reprodução em série e negócio. Brecheret não foi além do cavalo. Não era homem de se meter em indústria, embora soubesse muito bem gerir suas finanças, em verdade, muitas vezes com os conselhos do velho Ancantara Machado cotucado pelo filho Antonio. Homem simples, metódico, sem vícios, não chegava a gastar a mesada.

Falo do bom tempo em que se podia ficar horas sentado no "Rotonde" com um simples "café crême" que não era preciso tomar sequer, que não passava de uma espécie de direito à mesa.

Em 1922, quando da Semana de Arte Moderna, sua presença em São Paulo foi positivamente catalizadora, pois nada conhecíamos do modernismo escultórico e suas peças, ainda muito influenciadas por Mestrovic, eram revelações maravilhosas. Dele fez então Oswald de Andrade o herói de um romance. Menotti escreveu várias crônicas a seu respeito e todos nós quisemos possuir alguma coisa do gênio.

Do jargão que empregava, para se exprimir, tem-se uma noção pela história que me contou de uma feita. "O cão ele avançava, per Bacco, e moi je roucoulais"...

Brecheret tinha a reflexão lenta, custava a entender e a assimiliar. Por isso a influência de Brancusi só se evidenciou muitos anos depois de já estar instalado em São Paulo definitivamente. Foi quando começou a catar pedras à beira-mar e aproveitá-las mediante algumas incisões para transformá-las em lindas e sintéticas cabeças. Evoluiu então no sentido de um quase abstracionismo, partindo entretanto de temas tirados das lendas indígenas. A moda era verde-amarela...

Brecheret em sua casa em São Francisco, Osasco, São Paulo, década de 50.

É curioso analisar os gestos dos escultores. De Fiore os tinha secos e cortantes, ou extremamente matizados, como sua escultura, toda de síntese e no entanto impressionista. Brecheret era volumétrico, acentuava as massas e resolvia em curvas.

Anedotas de Brecheret, não se havia a não ser referentes à sua indigência linguística. Rebolo, Volpi, Takaoka não tinha ainda aparecido e a bagunça expressava, nada antipática, ainda não era de rigor. Havia por certo Paulo Rossi, mas já era o português do Brás a que nos havíamos habituado com as crônicas de Juó Bananére, "poeta, barbieri e giunalista". O clã modernista era bastante unido, o suficiente para descobrir gênio em quem não fazia como todo o mundo e os críticos honestos da velha geração, que buscavam entender e peneirar o movimento, pareciam-nos odiosos. Gostavamos mesmo era de Graça Aranha, a serviço interessado dos jovens até o momento em que Mario de Andrade rompeu com ele. Só depois de algumas experiências foi que começamos a respeitar Amadeu Amaral e João Ribeiro, severamente selecionadores. E bem mais Léo Vaz. De Monteiro Lobato, agradavam-me as caricaturas, o Jeca-Tatuzinho, mas tínhamos horror aos contos sérios, de português de Portugal à cata de expressões locais. Da correspondência dele com Godofredo Rangel observou Menotti que a Barca de Gleyre "podia bem ter naufragado" sem que do naufrágio algum prejuízo houvesse ocorrido.

Em meio a essa ventania, dois sujeitos passavam impávidos: Brecheret e Antonio Gomide, o injustiçado Gomide, primeiro cubista brasileiro à espera de uma valorização que só tarda porque o momento é mesmo de esculhambação. Entre parenteses, ou melhor, abram aspas, como diz o candidato Janio Quadros, de "ponderável esnobismo (porque é caro)" fechem as aspas, e não sobra tempo para se dar atenção mais demorada a quem trouxe de fato alguma coisa ao país "dici bas". Mas Brecheret teve a sorte de uma "claque" que precisava, por assim dizer, dele. E com Gomide, houve também Rego Monteiro, estilizando com gosto ,e Segall seduzido pelo exotismo tropical, e Anita Malfatti recém-chegada da Alemanha expressionista.
Foi quando encontrei Kinoshita, que não falava néris mas me afirmou que em francês ou inglês falava paca. E iniciou-se um diálogo de surdos, que Deus me ajude? Ninguém falava, finalmente, coisa alguma.

Acompanhei a evolução de Brecheret. No fim da vida voltava aos gregos, o que me faz pensar, agora, num amigo muito caro que depois de um ano de Itália, França e Bahia, só acredita em etruscos, escreve excelentes artigos político-literários e não desenha nem pinta mais. Gosto das gentes oito ou oitenta, como o Armando Pedroso D'Horta e Julinho Mesquita.

Revolto-me e os mando para o inferno porque aspiro a ser imparcial, mas, logo depois,

> "eu considerara que tenho
> de lê deixá"

e fico pensando como seria o mundo se não houvesse eles!

Até que deveria dizer, se não fosse basco, "se não houvessem eles." Silveira Bueno dava uma lição de gramática e eu me aborreceria bastante. Não tenho o direito de errar. Errar só Mario de Andrade, Guimarães Rosa e Vinícius de Morais. Errar só os grandes, que, da transgressão às regras, fazem regras.

Em nosso momento de 22, Brecheret transgredia todas as regras e os "beat" de então por isso mesmo o adoravam. Vê-se agora como eram miúdas e comportadas as transgressões, mas isso tudo é muito relativo.

Com exceção de dois ou três, nossa geração não foi uma geração politizada. Nem Brecheret nem Guilherme de Almeida se preocupavam com o martírio do povo chinês. Eu, pelo menos, tinha lido "Au dessus de la mêlée" e secretariara uma revista subversiva na Suíça, "Le Carmel", com Charles Baudouin, Stephan Zweing. Depois... o mundo deu muita volta.

Cai a tarde, querida, nesta São Paulo que não é mais das neblinas frias mas que continua a ser a cidade de meus amores, de meu amor. Só mesmo aqui Brecheret podia ter imaginado uma **Eva** tirando bicho do pé em pleno Anhangabaú e só mesmo aqui eu posso divagar sem que ninguém estranhe, sem que ninguém banque o Camarada Marques a berrar "basta!" Agora eu torci o pé, tive uma distenção muscular, isso ao que o Arapuá poria na boca de um gorila qualquer como uma distinção muscular. Vou-me arrastando pela calçada e os lindos brotos que passam olham-me com comiseração: "tão jovem e já sem solução!"

Aleijado sim, porque aleijado e com uma vontade louca de pegar alguém na esquina, na esquina de meu pecado, para que o Antonio D'Elia escrever que dançarina é com **cê** e não com **ésse,** o que me chateia consideravelmente, ou que o Domingos Carvalho da Silva me censura a tal de esquina que não é termo poético. E dizer que passamos boa parte da vida expulsando o poético da poesia! Que vivemos em busca de uma liberdade que, alcançada, deu aos acadêmicos de hoje a possibilidade e o serem em nome da revolução.

Brecheret foi o modernismo equilibrado. Foi a revolução do tipo Carvalho Pinto. Sua importância é grande, o que fez está aí, mas bem poucos sabem ou compreendem, o que isso significa.

Que faria ele hoje? Resolveria o problema do espaço ou continuaria a ver "a ver a terra assim"? Eu tenho a impressão de que como Noel Rosa, Dorival Caymmi e outros nordestinos do Rio de Janeiro ou de Cachoeira do Itapemirim, continuaria ser autêntico e, como observa o Conde Carlo A. Tamagni, paulista de quarenta anos, "dunque" um "vero e próprio" bandeirante.

História de um Monumento (I)

Diário de São Paulo de 26-6-1969

Menotti Del Picchia

O **Monumento às Bandeiras** é certamente a mais bela obra arquitetônico-plástica do Continente. Dirigindo-se esse arranco de uma entrada eternizado em granito, rumo do Jaraguá — marco inicial da partida dos bandeirantes em busca do sertão — simboliza, na pedra que é perene, toda a gesta mateira e heróica dos super-homens do Planalto. O estatuário não podia ser mais feliz ao dar ao grupo homérico a impressão dinâmica de um ímpeto irreversível.

Ali por volta de 1920, quando Victor Brecheret regressou da Europa renovado, renovado na sua técnica anteriormente dominada por Dazzi, Zanella e Bistolfi, já recebera o batismo da renovação no seu contato com Mestrovic.

Nós do grupo modernista, descobrimo-lo, solitário e hostil, num atelier que o prestigioso apoio de Ramos de Azevedo lhe destinara no Palácio das Indústrias. Foram Oswald, Di Cavalcanti e Helios Selingher que desentocaram o arisco artista do seu fojo. Eu era então redator político do todo poderoso PRP, no Correio Paulistano, e amigo e porta voz do presidente Washington Luiz. O meu contato com Brecheret transformou-se desde logo numa amizade, mercê das profundas afinidades dos nossos espíritos: sempre fui um escultor in petto, vanguardista nato, irrequieto renovador. Brecheret já surgia como supremo mestre da nossa plástica a procurar uma linguagem nova para sua escultura.

Formado artisticamente na Europa, para onde seguira muito moço, ignorava muito da nossa terra e quase tudo da nossa história. Foi com surpresa e entusiasmo que conheceu, por mim, a grandiosidade da epopéia bandeirante, da qual eu, latinamente eloquente, com gestos agressivos ilustrando o avanço e o desbravamento, descrevia o arrojo das entradas. Foi talvez a impressão plástica desse relato que lhe sugeriu então a linha ascensional e processional do grupo mateiro. É ela a espinha dorsal do majestoso monumento.

— Você poderia esculpir essa epopéia — disse-lhe, então. É o monumento que nos falta. Aí está uma oportunidade para você, paulista, realizá-lo. Sou amigo do presidente Washington Luiz, que, sobre ser um grande patriota, é também um apaixonado pela nossa história. Tenho certeza de que se interessará por uma obra desse vulto.

Falei ao presidente sobre o escultor novo. Ele não o conhecia. Disse-lhe que ele já era o líder plástico do nosso grupo modernista.

Foi então que, em menos de uma semana, Brecheret, que sempre foi, além de genial artista, um vigoroso artesão, concebeu e esculpiu a primeira maquete do **Monumento às Bandeiras.** Essa admirável versão da epopéia das entradas está hoje exposta na Pinacoteca do Estado. Quando a vi, já em gesso, fiquei extasiado. Aquele atropelo ascendente de gigantes, tendo à frente o empuxo dos cavalos épicos, grupo hercúleo que arrasta na retaguarda a canoa das monções, tem o dinamismo, na sua pétrea imobilizada, de um ímpeto que o milagre de um deus houvesse estatuado. Foi esse o impacto que me causou a concepção de Brecheret.

Dali, avisado, o presidente Washington Luiz apressou-se em querer ver a maquete.

Organizamos, então, na Casa Byington, na rua 15 de Novembro 26, a exposição do trabalho. Redigi, para Brecheret, o memorial descritivo do monumento, que, aliás, Mário da Silva Brito, na sua notável História do Modernismo Brasileiro, reproduz na íntegra. Esse historiador, baseado nas minhas informações através de artigos e notas insertas no Correio Paulistano que ele cita, da minudente notícia do nosso encontro com Washington Luiz e seu secretário do Interior. Alarico Silveira, também meu amigo e saudoso companheiro, e assinala ter sido, exatamente, às 15 horas do dia 28 de julho de 1920, na Casa Byington, recebido por um Brecheret muito comovido e atemorizado, que Washington Luiz examinou a maquete, admirou a surpreendente obra do jovem escultor, felicitou-o e prometeu-lhe apoio. A cena me reportou à Renascença, quando os geniais estatuários da era medicia eram visitados pelos príncipes ou pelo Papa.

Radiantes com essa vitória, organizamos imediatamente uma comissão para levar avante a patriótica empreitada. Integravam-na Monteiro Lobato, presidente; eu, secretário, e Oswald de Andrade, membro.

Pois bem: nessa altura, quando imaginávamos vencida a batalha, começaram os entraves a trancar nossos passos. Travou-se nova luta, já com outros personagens. Estávamos em 1920. Somente trinta e três anos depois, em 1953, já então remodelada a maquete pelo artista, sem, porém, modificar-lhe a linha e o conjunto, pudemos ver inaugurado, no Ibirapuera, o **Monumento às Bandeiras.**

A história da longa batalha para que Brecheret visse sua obra-prima brilhar sob o sol glorioso de Piratininga é, porém, outra história. É uma linda história de tenacidade e paciência que contaremos depois.

História de um Monumento (II)

Diário de São Paulo de 3-7-1969

Menotti Del Picchia

A euforia da vitória com o apoio do presidente Washington Luiz dado ao **Monumento às Bandeiras,** de Brecheret, durou pouco. A comissão organizada para sua ereção (Monteiro Lobato, Menotti Del Picchia e Oswald de Andrade) esbarrou com um entrave: a oposição da colonia portuguêsa radicada aqui. As razões que alegava eram as mais ponderáveis.

Afinal os bandeirantes eram descendentes dos quase míticos mareantes que haviam realizado o mais espantoso périplo da História: alargaram a área do mundo cristão com a heróica audácia dos descobrimentos. Na realidade o Brasil nascera mercê do atrevido gênio povoador português. As bandeiras surgiram como uma transferência das investidas lusas contra o Mar Tenebroso para o desafio do mistério selvagem do sertão.

Silva Brito, o mais informado e exato historiador dos acontecimentos artísticos e políticos do movimento modernista de São Paulo, do qual, então, a obra de Brecheret era o mais expressivo padrão, esclarece, a página 108 da sua História do Modernismo Brasileiro: "Brecheret, apesar de vitorioso, malogra com o **Monumento às Bandeiras.** É que, concomitantemente, os portugueses radicados em São Paulo decidem ofertar à cidade o monumento comemorativo do Centenário com o mesmo tema de Brecheret a ser executado pelo escultor lusitano Teixeira Lopes". Urge anotar que este era o mais famoso estatuário de Portugal e já consagrado no mundo. "Menotti Del Picchia — informa Silva Brito — ante essa notícia apressa-se a salientar que somente um paulista poderia compreender em toda a sua majestade a grandiosidade do tema das bandeiras e concebê-lo num todo simbólico, pois outro escultor, grande que fosse, minguaria o feito na estreiteza de uma façanha episódica traduzindo em bronze, com justa-corpos e arcabuzes, ridiculamente humanizados, os semideuses das entradas". "Prega, então, a nacionalização da arte asseverando: o monumento

Detalhe do **Monumento às Bandeiras.**

brasileiro deve ser integralmente brasileiro".
"Em vão o autor de Juca Mulato reclama e protesta. A idéia dos portugueses e paulistas entra em choque dando como conseqüência que nenhuma fosse realizada".
"Diante da polêmica, a solução que o presidente Washington Luiz encontra foi adiar o empreendimento e, pouco a pouco, o assunto morreu". (Silva Brito, História do Modernismo Brasileiro).

Já sem apoio do governo, traumatizado o povo pela polêmica, a comissão, desajudada, se esforça para levar avante seu trabalho. Sobrevém a Revolução de 30.
O digno e nobre presidente Washington Luiz é deposto. A comissão se dissolve. Uns poucos modernistas continuam a amparar Brecheret, acalentando-o apenas com esperanças. Estoura a Revolução de 32. A ditadura a esmaga e a pressão federal sobre São Paulo cresce e torna clandestina a fé

Piroga, bronze, comp. 103 cm, 1954

na ereção de um monumento que sagra a glória paulista. Os modernistas, vencidos mas não convencidos, viram brasa dormida. Aguardam imprevista oportunidade para reavivarem sua chama. Essa ressurge quando, pressionada a ditadura, vê-se forçada a entregar a interventoria de São Paulo ao grande paulista Armando de Salles Oliveira. Um estadista humanista, fundador da nossa primeira gloriosa Universidade, sensível espírito florentino de artista e político.

Cassiano Ricardo, o poeta de Martim Cererê, criador do poema da raça, então secretário do interventor, incorpora-se ao nosso grupo defensor do monumento. Propõe-se levá-lo, com Brecheret à frente, à presença do culto estadista. Armando de Salles Oliveira, já candidato à presidência da República, repousava no Guarujá. Ali recebeu, com alma de artista e sabedoria de técnico (engenheiro que era) o jovem escultor nervoso e os dois poetas esperançados. Com sua elegante fleugma, examinou a maqueta, avaliou a majestade arquitetônica do conjunto monumental e não conteve seu entusiasmo e seu orgulho paulista, aplaudindo e adotando imediatamente a construção do monumento. Seria erigido no Ibirapuera, com a frente voltada para o Jaraguá, ponto inicial da partida das bandeiras. A seguir, deu instruções a Cassiano Ricardo para que providenciasse, desde logo, o que fosse necessário para dar início à obra. Começaria com a construção de um enorme atelier capaz de conter a imensa mole de granito. Saímos dali radiantes! São Paulo tinha um grande governador. Afinal Brecheret realizaria seu sonho.

Durante seu curto governo proviu o escultor de tudo o que necessitava. Das toneladas de barro às figuras gigantes iam saindo das mãos demiúrgicas do genial estatuário. A ereção da ara-pátria já era agora irreversível.

Mas veio o golpe de 37. O paulista ilustre, democrático chefe do civilismo, foi destituído do poder. A fatalidade perseguia o monumento.

A teimosia do nosso grupo não desanimou, apesar do novo colapso que sofreu sua construção. Esta ia-se arrastando quando raiou uma nova esperança: Prestes Maia, que foi nosso maior, mais operoso e honesto prefeito, fora nomeado administrador da metrópole com poderes quase ditatoriais. Era a nossa chance. Procuramo-lo em meio de planos e projetos, poeirada de demolições, barulho de máquinas, alarido de operários, ordens de engenheiros — A cidade era desmontada como o cenário de um teatro e reconstituída toda lampeira e nova. O afobado alcaide não se sensibilizou com nosso sonho. Tinha um montão de obras prioritárias, pouco tempo, escasso dinheiro.

Entregamos, então, a sorte de Brecheret, acolitado ainda por alguns fiéis, ao destino. Nascida em 22, começada em 35, reabandonada em 37, nutrindo-se de migalhas que lhe davam algumas administrações. levou ainda mais de quinze anos para ser concluída essa obra que, pelo seu significado épico e pela genialidade da sua concepção, tornou-se a ara sagrada da gente paulista.

Não participei da parte final da gloriosa empreitada. O eleitorado me mandava para Brasília. Lá tive notícia da apoteose que foi a inauguração do monumento.

Para os que, como nós, acompanharam o longo calvário da construção, aquele granito, que lhe assegura a eternidade, parece a cristalização do gênio, das ânsias, do suor, do amor e da esperança dos que, trabalhando nela, muito amaram o sacrifício e o heroismo dos gigantes hoje míticos que construíram a legenda de uma pátria.

Giuseppe Cantelli *

A crítica de arte do nosso século se disperdeu muitas vezes em discursos literários verbosos desviando assim a visão geral necessária da história que, como sempre acontece, condicionou e influenciou a vida artística da nossa época. A solidão interpretativa das sugestões figurativas, a não sociabilidade da arte em prol da própria arte liberada de esquemas burgueses e consumísticos que se tornam causas latentes e diretas, são as causas primárias, mas não as únicas, de uma arte fechada e culturalmente muito aristocrática. A vida e o itinerário artístico de Victor Brecheret é um caso típico desta situação.

Tenho notado que a crítica européia tende a relegar a cultura dos artistas sul-americanos a uma espécie de nostalgia cultural dos longos períodos passados na Europa. Estes anos de vida européia, fundamentais sim para a formação mas que talvez sem os quais não tivessem existido me parece um grande racismo cultural. No traçado artístico de Brecheret, se assim o quisermos, encontramos sugestões que são de Duchamp, de Lipchitz, de Zadkine, de Boccioni e quem sabe quantos outros mais se existisse uma história da escultura no século XX, trabalho este ainda a ser realizado. Mas a este ponto deveríamos nos perguntar quanto pode ter frutado e influído por sua vez a presença de Victor Brecheret em Roma e Paris em anos tão importantes como os de seu período europeu que vai de 1913 a 1934. Nestes anos o encontramos ativo com exposições e obras que não podem deixar de ter causado alguma impressão. Neste mesmo laço de tempo que se realizam e se determinam os destinos figurativos do século XX, Brecheret deve ser incluído naquela cultura como intérprete que é e que não pode absolutamente ser esquecido ou, pior ainda, mal interpretado.

Assim sendo, seria curioso e importante recordar um episódio da sua vida: quando em 1917 morre Rodin, Brecheret se sente no dever de partir para Roma e ir até Paris para seguir o funeral do escultor. E como ele, esta homenagem deve ter sido feita por muitos escultores jovens daqueles anos que não podiam reconhecer em Rodin, como também em Medardo Rosso, um dos pais da escultura moderna apesar de todos aqueles limites que a crise figurativa das artes plásticas estava vivendo. Realmente não podemos nos esquecer que, seja Rodin que M. Rosso, como justamente observou Argan, "não chegam a reconstruir a forma plástica". Os motivos ideais que provocavam na escultura a representação do mito, de história e da alegoria ligada a uma moral política naufragaram definitivamente e com este naufrágio também os valores estéticos se deterioraram. O esforço de Rodin e de M. Rosso de qualquer modo serviram, na realização em termos plásticos da visão cromática luminosa instaurada a partir seja dos impressionistas que dos "macchiaioli", "a romper a concepção tradicional da relação entre forma plástica e espaço, mas não a renovar a estrutura da forma plástica" (Argan). É exatamente nesta crise de valores plásticos que deve ser lida a obra de Brecheret que sabe justamente

encontrar a própria objetividade superando a quarta dimensão e o objeto em si mesmo através das formas primárias intimamente ligadas e conexas com a sua brasilidade, ajudado, como aconteceu com Arp e Moore, pelos elementos plásticos geométricos de Brancusi. Esta é uma grande prova de sensibilidade e inteligência criativa. Mas Brecheret sabe renovar também o seu classicismo ancestral em termos sócio-políticos na longa gestação do Monumento às Bandeiras. Os motivos arcáicos que determinam a escultura do século XX, além dos elegantes formalismos "Deco", permitem a Brecheret, como insistimos em dizer, a definição de sua brasilidade e a consciência da própria historicidade. Isto se demonstra justamente no que reputamos como uma das maiores obras-primas do nosso século, dedicado ao trabalho do homem, isto é, ao moderno Bandeirante sem os quais não existiriam cidades como São Paulo, que é o Monumento às Bandeiras onde a moralidade supera os limites da "figuratividade". Este enorme "mural" plástico, se nos permitíssimos esquecer por um momento de classificá-lo como tão simplesmente a maior escultura do mundo, é uma das mensagens sociais mais verdadeiras e palpitantes da arte sul-americana, a ponto de ofuscar a retórica temática dos murais de Siqueiros, e ao qual todos os trabalhadores-bandeirantes do mundo deveriam levar guirlandas de flores.

* Professor de História da Arte Medieval e Moderna do Instituto de História da Arte da Universidade de Estudos de Siena – Itália.

Flan

A SEMANA PAULISTA

ANO I ☆ S. Paulo, 19 a 25 de Abril de 1953 ☆ N.º 2

O Caminho da Gloria

TIETÊ Rio Que Movimenta o Estado

O fenomeno das bandeiras foi unico no mundo. A area por elas devassada orça por 10 milhões de quilometros quadrados, compreendendo o Brasil atual e ainda grande superficie da America espanhola. Elas precederam de dois seculos a travessia do Atlantico ao Pacifico, levada a efeito no norte do Continente.

No tempo das bandeiras os mapas eram inexatos e fantasiosos. Neles, o Tietê desemboca em Cabo Frio. Há o lago Eupana, de onde partem os maiores rios. E a cidade de Manoa, capital do Reino do El Dorado. Ulrico Schmidel, que em 1552, aventurou-se do Paraguai a São Vicente, fala de coisas assombrosas. Teve noticia dos sucuriús, cobras de uma braça de diametro, que vivem no fundo do rio das Anhumas. E se outras informações pretendesse de tal genero te-las-ia de monte, pois era corrente a lenda de gigantes curuqueans e pigmeus guaiazis, assim como de incriveis mutuaius, que fugiam pelo mato com os pés voltados para trás. E nesse mato, às vezes, as arvores eram de vidro, ou de fogo...

A fauna das assombrações era arripiante. O canoão fantasma do Juzarte, o Passo de Piratanaes, com os seus minhocões, e as hordas maleficas de caaporas... Ao longo do tempo, falou-se tambem em milagres de Anchieta, do padre Pompeu, do padre Belchior de Pontes, de frei Antonio de Santana Galvão. O rio, só por si, era coisa pouco vista: nascia à beira-mar e corria para o interior...

Em seguida à ultima bandeira surgiu a primeira monção. Isto é, já estava estabelecido o roteiro; nas varações, ao pé das cachoeiras, já havia caminhos. Numa dessas primeiras monções, viajou uma senhora de muita fidalguia. Foi D. Vitoria de Sá, a fluminense, que se casara com Dom Luis de Cespedes, governador castelhano. Procedente do Rio, ela embarcou num canoão em São Paulo ou Porto Feliz e foi encontrar-se com seu marido, em Assunção. O comboio teve como navegador André Fernandes. Essa viagem, naquele tempo, levava de seis a sete meses, como da Guanabara ao Tejo, ou da torre do Bugio às praias do Panguim, perto de Gôa.

Se D. Vitoria de Sá tivesse feito o relatorio dessa viagem, seria uma das historias mais lindas daquele tempo, em que o Brasil amanhecia...

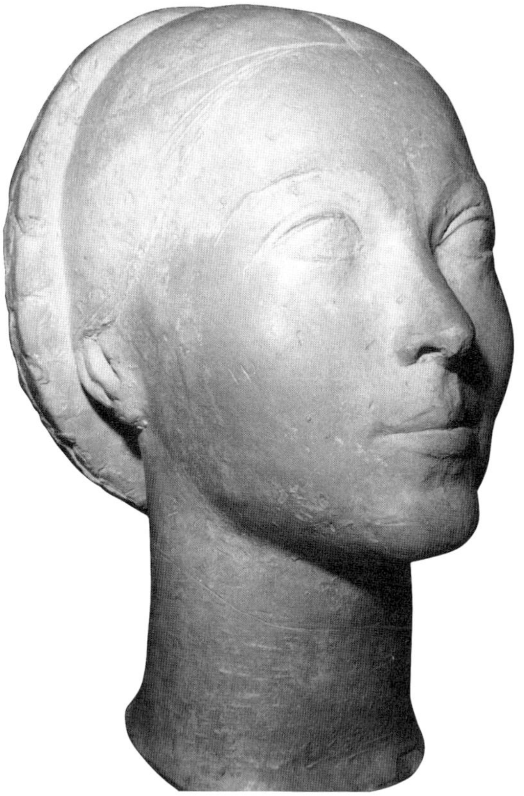

Cabeça de Itacy Pellegrini, década de 30, terracota, 30 x 51 cm.

Nesta mostra, as obras do maior escultor brasileiro

Diário Popular — 1-10-1969

O salão, bastante amplo, está dividido em três alas: na central, mulheres de bronze, gesso, mármore e até mesmo granito; de um lado, peças sacras chamam a atenção do espectador para os detalhes e toques de genialidade dados às figuras sagradas; e do outro lado, a beleza alegre de esculturas que evocam nossa gente, nossas coisas. São mais de cem esculturas do mais famoso e genial escultor que o Brasil já teve. O salão é do Museu de Arte Brasileira da Fundação Armando Alvares Penteado. Ali, desde anteontem à noite, está aberta ao público a Exposição Retrospectiva de Victor Brecheret. Diariamente, o público poderá ver ali esculturas famosas em todo o mundo, como **Deusa da Primavera, Vendedora de Frutas, Adolescente, O ídolo, Bailariana, Bartira** e, inclusive, **O Beijo I** e **II** e as **Três Graças** que foram expostas na Semana de Arte Moderna de 1922. Desde o momento em que entra naquele salão do Museu de Arte Brasileira, o espectador inevitavelmente sentir-se-á envolvido pela beleza das esculturas, pela expressão e toques dados por Victor Brecheret. Sentir-se-á envolvido por aquela mesma beleza que fascinou a França, onde o escultor vive muitos anos admirado por toda a Europa e condecorado pelo Governo. O diretor do Museu de Arte Brasileira professor Carlos von Schmidt, conseguiu reunir nesta mostra o melhor de Victor Brecheret. Mas, infelizmente, a falta de dados mais precisos não permitiu reunir a obra completa do escultor. Esse é o único lamento do professor Von Schmidt, apesar dos dois meses de intensos trabalhos de pesquisas, levantamentos de dados e colaboração espontânea da Prefeitura Municipal de São Paulo e de colecionadores. Contudo, é do maior interesse do Museu de Arte Brasileira tomar contato com todos os colecionadores que não participam desta

retrospectiva. Com um levantamento geral da obra de Brecheret poderemos, no futuro organizar uma publicação em que constarão todas as suas obras ou pelo menos a maioria das existentes. O diretor do Museu gostaria também de ter exposto uma obra que considera de excepcional importância: **Porteuse de Parfum,** que se encontra na Pinacoteca do Estado. Entretanto, a sua retirada teria que ser feita pela janela, com o uso de escadas de bombeiro e correndo ainda o risco de ser danificada. Outra importante obra que deixou de participar da mostra pelos mesmos motivos: **Diana,** que se encontra no Teatro Municipal. Os levantamentos feitos sobre a possibilidade do seu transporte revelou que ela poderá trincar-se no momento de retirá-la da base. É preciso ressaltar que todas as obras transportadas foram antes analisadas e estudadas, procurando-se resolver todos os problemas referentes à sua remoção Sabíamos, assim, exatamente a solução para cada problema que pudesse surgir. E foi também exatamente por causa desses levantamentos que o professor Carlos von Schmidt e seus auxiliares não tiveram grandes dificuldades no transporte das esculturas. Somente aquelas que se encontravam na Galeria Prestes Maia, Anhangabaú e Largo do Arouche deram maior trabalho. Principalmente devido o peso, algumas delas pesam mais de uma tonelada.
A minha maior satisfação ao realizar esta retrospectiva foi poder concretizá-la dentro do tempo e dos prazos estabelecidos. A operação transporte, por exemplo, foi realizada num domingo, conforme o plano estabelecido, evitando assim problemas de tráfego e grande número de curiosos, que sempre prejudica trabalhos desse tipo. Para realizar tudo isso, o diretor von Schmidt formou uma equipe com marceneiros, pedreiros, pintores, fotógrafos, moldureiros, pessoal burocrático cuidando da parte de secretaria e na expedição de cerca de 4 mil convites. Enfim, cerca de 50 pessoas participaram da realização. Tínhamos no momento em que obtivemos do presidente da Fundação Armando Alvares Penteado, sra. Lúcia Pinto de Souza, luz verde para irmos à frente, com a retrospectiva, uma série de problemas. Um deles era de verba. Se tivéssemos aprovado os orçamentos para a realização de nosso trabalho por firmas que se dizem especializadas, não teríamos obtido o que obtivemos. Além disso, teríamos gasto o triplo do que gastamos. Agora, ao vermos a Retrospectiva de Brecheret inaugurada, quando pensamos que todas essas peças poderão ser observadas detalhadamente pelos visitantes, sentimos apenas que elas não permaneçam para sempre aqui no Museu. Mas o professor von Schmidt tem uma compensação que lhe dá bastante alegria: ao olhar em frente ao prédio da Fundação, vê lá uma valiosíssima e representativa obra de Brecheret, um cimento chamado por alguns de **Bagneuse,** e por outros **Adolescente Reclinada**. Essa peça foi adquirida em

1937 por Armando Alvares Penteado, que pagou 30 contos. Hoje, quem for à Fundação, poderá vê-la e admirá-la em seus jardins.

Mais de cem obras na retrospectiva de Brecheret

Jornal do Brasil — 5/6-10-1969

Victor Brecheret — considerado o maior escultor brasileiro de todos os tempos — tem toda sua sensibilidade mostrada numa exposição retrospectiva, no Museu de Arte Brasileira, da Fundação Armando Alvares Penteado.

A sensibilidade de Brecheret pode ser facilmente demonstrada analisando-se a leveza que suas obras apresentam aos olhos de qualquer espectador. São enormes pedaços de granito, bronze, gesso e terracota. Grandes, mas delicados, através do trabalho neles empregado pelo escultor.

Em 1951, Victor Brecheret ganhou o Prêmio Nacional

de Escultura da I Bienal de São Paulo. Sua exposição retrospectiva prosseguirá até o próximo dia 29 de outubro. Para a mostra, a viúva Brecheret cedeu 43 obras; a Fundação Armando Alvares Penteado, 5; e particulares, 55 trabalhos, dos quais quatro pertencem à prefeitura do município de São Paulo e foram retirados de locais públicos, até com auxílio de guindastes.

Sempre moderno

A idéia da mostra retrospectiva de Victor Brecheret nasceu dois meses antes do início da X Bienal de São Paulo e é uma homenagem ao ganhador do primeiro prêmio de escultura, na I Bienal. Algumas de suas obras expostas no Museu de Arte Brasileira apresentam características eróticas e outras sacras.

Brecheret foi um artista que sempre esteve a um passo à frente dos demais. Suas obras são atuais, embora algumas tenham mais de 20 anos de existência. Participou da Semana de Arte Moderna de 1922, com três, que havia deixado com os organizadores do movimento modernista, antes de uma viagem que realizou até Paris.

O **Monumento às Bandeiras** é a sua obra mais popular, considerada um ponto de atração turística, no Parque do Ibirapuera. Foi feita a pedido do governador Armando Salles de Oliveira, em 1937.

Uma das esculturas mais famosas de Brecheret, **Bartira,** está na mostra do Museu de Arte Brasileira, numa versão em terracota, já que a de bronze permanece em Brasília.

Uma outra peça importante de Brecheret, que não consta desta retrospectiva, pois seu proprietário não a cedeu, é **São Francisco,** esculpida em 1954 e 55.

A vida do artista

Victor Brecheret nasceu em 1894 em São Paulo. Em 1921, com o **Fragmento de o Templo de Minha Raça,** classificou-se entre 4 mil candidatos, no Salon d'Automne, de Paris. Neste mesmo ano esculpe **Eva** e **Idolo.**

Em 1922, participou da Semana de Arte Moderna; em 1942, esculpia o **Fauno;** em 1934, o Musée du Jeu de Pomme adquiriu um grupo de suas obras em granito, e o Governo Francês o condecorou com a Legião de Honra; em 1937 esculpiu o **Monumento às Bandeiras;** em 1940, venceu o concurso realizado de um **Monumento a Caxias;** em 1942, o **Banho de Sol;** em 1945, **Depois do Banho;** em 1950, participou da Bienal de Veneza; em 1951, participou da Bienal de São Paulo, obtendo o 1.° prêmio com sua escultura, **O Indio e a**

Suassuapara; em 1952, participou do Salão de Santiago, no Chile e do Salão de Maio, em Paris; no dia 17 de dezembro de 1955, morreu de um colapso cardíaco.

Veado, década de 50, mármore travertino, 74 x 45 cm.

Beijo, década de 20/30, bronze patinado, 94 cm.

São Francisco, década de 40, bronze patinado, 60 x 18 cm. Banco Interamericano de Desenvolvimento — BID, Washington, EUA.

Almoço na barriga do cavalo, Monumento a Caxias, década de 40. Entre outros, governador Adhemar de Barros e general Lott.

Tocadora de Guitarra, c. 1923, bronze, alt. 78 cm, Col. MAM, Rio de Janeiro.

Saci, década de 50, bronze patinado, 34 x 7 cm. Prêmio Jornal "O Estado de São Paulo".

Brecheret - Artes - Reportagem - 16/7/1972

Luiz Ernesto Machado Kawall

Brecheret era um artista atormentado com sua arte, consciente e admirável; um pai de família extremoso e afável; um homem afetuoso, introvertido, sensível, tímido, educado, dinâmico e simples. . .

Sua vida de artista foi de muitas lutas e vitórias, enquanto sua vida familiar foi sempre exemplar. . .

Ao morrer deixou para o nosso país um legado de estatuária autêntica, em bronze, cimento, gesso, granito e mármore, e, mais que isso, um patrimônio de arte verdadeira, uma imagem de artista que desde cedo encontrou sua vocação, não desperdiçando as oportunidades que seu gênio artístico abriu para si próprio em sua vida.

Obra de Brecheret no Brasil

Correio da Manhã — 4-4-1970

A filha do escultor brasileiro Victor Brecheret, uma das principais figuras da Semana de Arte Moderna de 1922, vai à França tratar da vinda das obras de seu pai para o Brasil.

Os entendimentos para o transporte já foram feitos pela Embaixada do Brasil na França, mas a licença para a saída das obras ainda não foi dada. As esculturas estão todas na casa de uma amiga da família Brecheret, que é bastante idosa, sem herdeiros, e teme pela sorte das peças, quando morrer.

Brecheret e amigos em Dakar, c. 1940.

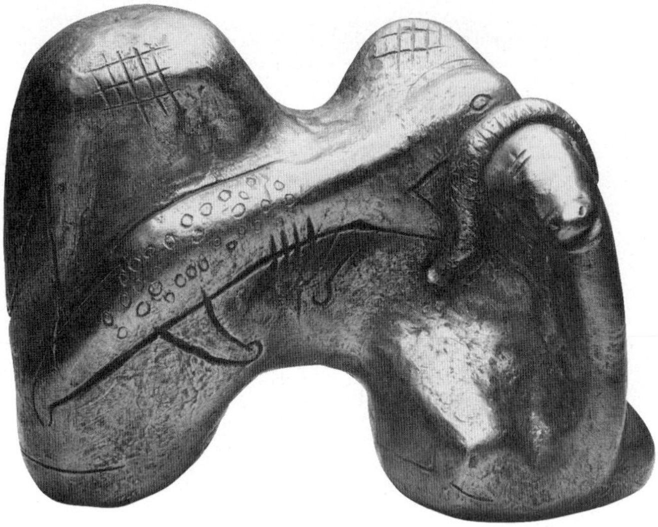

Zebú, década de 50, bronze patinado, 24 x 19 cm.

Drama amazônico, bronze, 64 x 64 cm, 1955.

Brecheret em seu atelier.

Sem título, década de 50, bronze patinado, 22 x 19 cm.

Em Brecheret - A renovação da escultura

Correio Braziliense, 14 de setembro de 1976.
Hugo Auler

De há muito o nosso país está devendo a Victor Brecheret uma exposição desse artista que marcou nas primeiras décadas do Século XX a renovação da escultura brasileira contemporânea. Agora, a partir do dia 16 do mês corrente, no Museu Lasar Segall, instalado na mansão da Rua Afonso Celso n.º 362/388, na Vila Mariana, na capital de São Paulo, esta dívida estará parcialmente paga, por isso que a família desse escultor magistral irá apresentar uma grande mostra de suas obras, incluindo peças inéditas de suas fases indígena e, mais especificamente, marajoara, a qual, desse modo, poderá servir de base para pesquisas acerca da evolução da arte escultórica no Brasil.

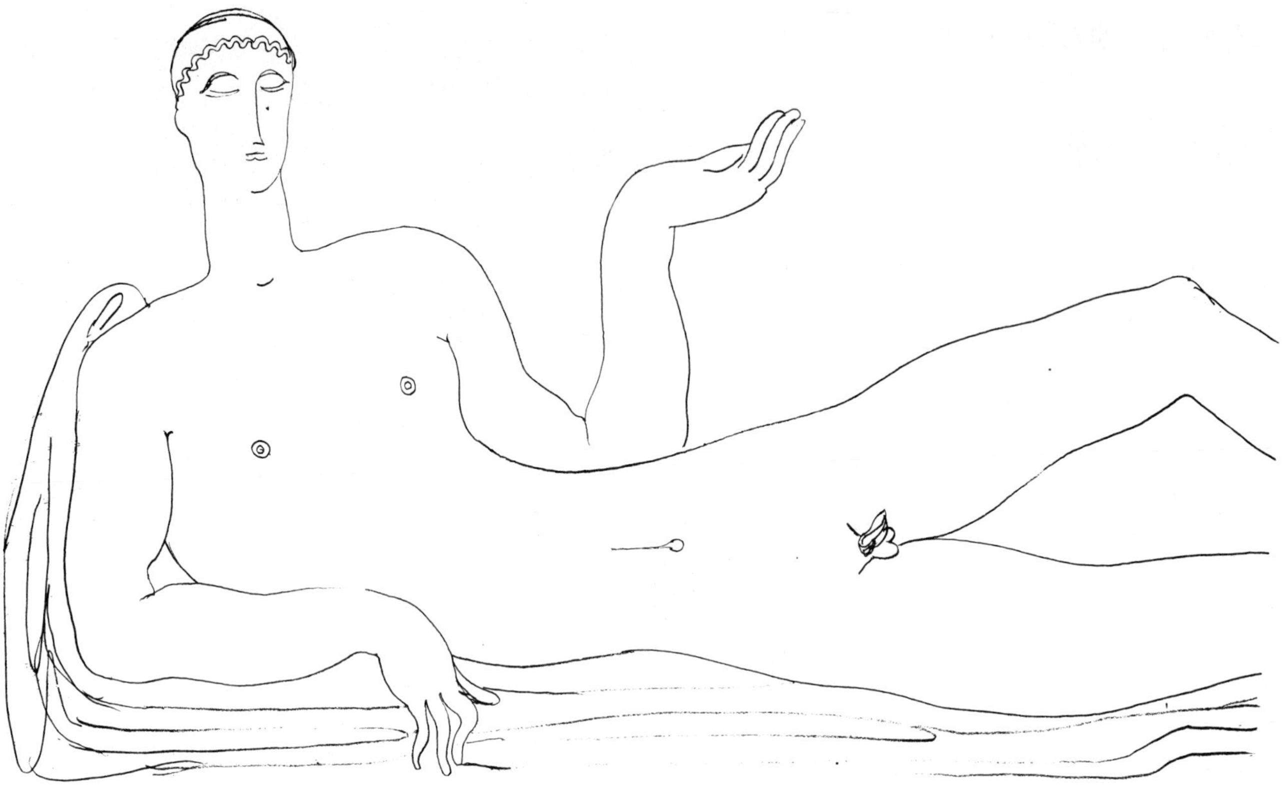

Victor Brecheret nasceu no dia 22 de fevereiro de 1894, na capital de São Paulo. Após haver estudado no Liceu de Artes e Ofícios de São Paulo, viajou com destino a Roma, onde foi aluno de Dazzi durante o período compreendido entre os anos de 1913 e 1916, tendo, então, participado da mostra "Amaratori e Cultori", com **Despertar,** a mesma obra que lhe proporcionou o 1.º Prêmio da "Exposição internacional de Belas Artes de Roma". No ano seguinte, esteve em Paris, sendo que três anos após, novamente na Itália, tomou parte na "Mostra degli stranieri alla Casina del Pincio". No ano de 1920 de regresso ao Brasil, entra em contato com o movimento modernista de São Paulo, ocasião em que expôs a maquete do **Monumento às Bandeiras** e a escultura **Eva.** Em 1921, com uma bolsa de estudos, segue com destino a Paris, mas não deixa de participar da Semana de Arte Moderna de São Paulo, com obras que foram expostas no saguão do Teatro Municipal, ao lado das de Vicente do Rego Monteiro, Anita Malfatti, Di Cavalcanti e outros tantos artistas mais. Nos anos de 1923 e 1925, é premiado no "Salon d'Automme" e no "Salon des Artistes Français", em Paris. Em 1926, realiza a sua primeira exposição individual, em São Paulo. Mas, no ano de 1934, o Governo da França adquire a sua obra **Grupo** para o Musée du Jeu de Paume", condecorando-o, a título de belas-artes, com a Cruz da Legião de Honra. Nos anos de 1934 e 1935, realiza exposições individuais no Rio de Janeiro e em São Paulo. No ano seguinte, inicia finalmente os trabalhos para a execução do **Monumento às Bandeiras** e participa do I, II e III Salão de Maio. Em 1941, vence o Concurso Internacional para o **Monumento de Duque de Caxias.** Em 1948, realiza mais uma exposição individual em São Paulo e, dois anos após, representa o Brasil na XXV Bienal de Veneza. A seguir, conquista o Prêmio "Melhor Escultor Nacional", na I Bienal de São Paulo. Em 1952, representa o nosso país no Salão do Museu de Arte Contemporânea da Universidade do Chile, e, mais uma vez, agora na XXVI Bienal de Veneza. Em 1953, assiste a inauguração do **Monumento às Bandeiras,** na capital de São Paulo. No ano seguinte, faz uma viagem à Europa em 1955, retorna ao Brasil, participa da III Bienal de São Paulo e falece no dia 22 de dezembro, quando contava 61 anos de idade, na capital desse Estado. Esse grande escultor pátrio possui obras em praças públicas e órgãos da pública administração. Como sejam **Duque de Caxias,** na Praça Princesa Isabel, **Monumento às Bandeiras,** no Parque Ibirapuera; **Fauno,** no Parque Siqueira Campos (antigo Trinon): **Banho de Sol,** no Largo do Arouche; **Eva,** no Anhangabaú;

Portinari, senador Freitas Valle e Brecheret, década de 40.

Graça I e **Graça II,** na Galeria Prestes Maia; **Busto de Santos Dumont,** no Aeroporto de Congonhas; **Diana Caçadora,** no Teatro Municipal; **Via Crucis, São Paulo** e **Cristo,** na Capela do Hospital das Clínicas, bem como **Joana D'Arc,** no Teatro Maria Della Costa, além das que existem no Palácio do Governo em Campos do Jordão e Palácio dos Bandeirantes, todas em São Paulo. As suas esculturas **Morena, Depois do Banho** e **Bartira** estão no Ministério da Educação e Cultura, em Brasília. Por sua vez, através de suas obras, Victor Brecheret marca presença no Museu de Arte de São Paulo Assis Chateaubriand, no Museu de Arte Moderna de São Paulo, no Museu de Arte Contemporânea da Universidade de São Paulo, na Pinacoteca do Estado e no acervo da Fundação Armando Alvares Penteado e no de Mario de Andrade. A sua arte cemiterial está representada pelas seguintes obras: **Sepultamento** (Mise au tombeau), premiada em 1923 no Salon d'Automne", em Paris, pertencente à Família Guedes Penteado; **Pietá,** da família Salini, e **Anjo,** da Família Betti, todas no Cemitério da Consolação e **Anjos,** da Família Scuracho, no Cemitério de São Paulo. Um dos grandes méritos da obra de Vcitor Brecheret, influindo há mais de meio século sobre os jovens artistas do movimento de vanguarda que antecedeu a Semana de Arte Moderna de São Paulo, foi empostada nestes termos por Mario da Silva Brito, que, aliás, dedicou a esse escultor magistral um longo capítulo em sua obra História do Modernismo Brasileiro. Antecedentes da Semana de Arte Moderna: "A Descoberta de Brecheret é decisiva para os modernistas. Sincronizam totalmente com a obra produzida pelo escultor e admiram-no sem restrições. Disso é um testemunho o fato de ser Brecheret tomado como modelo por Oswald de Andrade para a criação de um personagem de sua futura Trilogia do Exílio. Mario de Andrade, por sua vez, atribui à escultura de Brecheret a responsabilidade do estado de espírito que faria eclodir os versos da Paulicéia Desvairada". Aliás, nessa altura, devemos dizer que todos, inclusive Menotti Del Picchia e Mario de Andrade consideravam um gênio esse artista criador. E aquele historiador justifica essa posição do escultor pátrio, afirmando: "E que Brecheret representa para eles a primeira vitória da causa e do espírito modernistas. Embora seja combatido e até zombado, estão a seu lado nomes ilustres, entre os quais avulta o de Monteiro Lobato que é o grande argumento de que se servem para justificar o escultor junto aos arrais conservadores e retrógrados, que se agitam e se enfurecem. Também para o contista de Urupês, Brecheret é

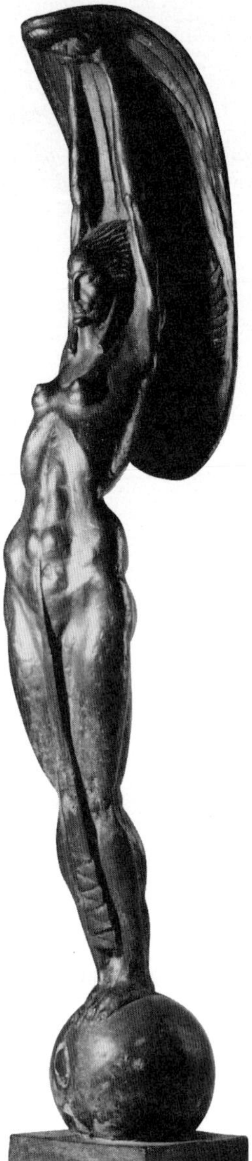

Vitória, 1922, bronze patinado, 69 x 11 cm. Participou da Semana de Arte Moderna de 1922.

genial". A força desse argumento estava no fato de haver Monteiro Lobato atacado impiedosamente Anita Malfatti, que, depois de Lasar Segall, introduziu a corrente estética do expressionismo no panorama da arte brasileira contemporânea, muito embora em ambos estivesse a chama de destruição do academismo. E por essa razão adianta Mario da Silva Brito: Anita Malfatti alcançara o triunfo pelo escândalo, era a heroína sofrida que afrontara as opiniões dominantes e por isso imponderáveis.
Já Brecheret conquistava simpatias, encontrava quem o elogiasse, mesmo na ala oposta. Era discutido, porém, apesar disso, na contagem final dos pontos, estava vitorioso, e, com sua vitória, triunfavam os inovadores paulistas". E Menotti Del Picchia, que já o havia elogiado anteriormente, ao saber do êxito de Victor Brecheret em Paris, escreveu: "Foi sua arte magnífica reacionária, moderna que abriu nos nossos cérebros esta insaciável sede de rebeldia contra o carrancismo do meio, criando entre nós uma arte forte, liberta, espontânea, nova. Aleitados com o academismo, naturalistas na escultura, parnasianos nos versos, anotolianos na prosa, nós estávamos secularmente atrasados em matéria de pensamento. O camartelo de Brecheret pulverizou fetiches". Realmente, o expressionismo de Anita Malfatti, na pintura, e de Victor Brecheret, na escultura depois da vista que Lasar Segall fizera a São Paulo, para onde voltará logo após, a fim de não mais retornar, teve o mérito de acusar os primeiros abolos na arcácia do academismo que até então era a arte oficial.
Em verdade, Victor Brecheret não foi apenas o mestre na arte e na técnica de esculpir e modelar. Posto obedecesse a essa definição clássica da escultura, ele foi a revelação de uma nova idéia traduzida em inéditas formas plásticas de expressão que mais se aproximavam da originalidade da criação e da invenção na medida em que mais se afastavam do processo imético, de representação composicional. Daí, a sua passagem consciente da figuração, através de um processo de transfiguração, para a abstração que caracterizou toda a série das Pedras. E nesse abstracionismo foi que se apoiou a expressividade simbólica de sua obra escultórica com evidentes raízes autóctones, éticas, fundada na imagética marajoara e indígena que distinguiu últimas criações, nas quais se impuzeram as formas simplificadas e maciças de grandes efeitos plásticos. Essa plasticidade formal esteve sempre presente em suas obras revestidas de monumentalidade ou marcadas por pequenas dimensões. Ela está, por exemplo, tanto no **Monumento às Bandeiras,** pendendo mais para a figuração, chantado no Parque Ibirapuera, como em **O Indio e a Suassuapara,** tendendo mais para a abstração, no Museu de Arte Contemporânea da Universidade de São Paulo. Se fizermos uma retrospecção da escultura brasileira contemporânea, realizada nas primeiras décadas do século XX, vamos encontrar duas personalidades de artista criador, que, não obstante a diversidade de linguagens, realizaram obras que têm um caráter antropológico e telúrico ressaltado pela tônica indígena a impor-se na figura humana e elevada a um ideal de divinização: Victor Brecheret e Celso Antonio. Neles talvez esteja escultoricamente a arte brasileira, se a entendermos como forma plástica de tudo quanto possamos ter de mais étnico e autóctone em nossa civilização amerígena, estruturada com um alto sentido de contemporaneidade e universalização.

Uma homenagem a Victor Brecheret

Folha da Tarde Ilustrada — S. Paulo — 16-9-1976

O Museu Lasar Segall (rua Afonso Celso, 362) abre hoje ao público, a exposição comemorativa do 20.º aniversário da morte do escultor Victor Brecheret, um dos principais pioneiros do modernismo entre nós e cuja obra representa um dos mais importantes acervos da escultura nacional.

Com esta exposição, o Museu Lasar Segall pretende, segundo seu diretor Maurício Segall, "sanar uma séria omissão", quando em 1975, decorridos 20 anos da morte do escultor, não houve comemoração por parte do museu. "Brecheret foi amigo pessoal de Lasar Segall, e não haveria melhor local do que este, para esta exposição, o que, com indesculpável atraso, fazemos agora", afirmou Maurício Segall.

Como em todas as mostras de escultores, foram reunidas apenas peças de porte menor ou mais leve, do artista. Em complementação, estão expostos os desenhos do artista, a maioria compreende estudos para esculturas, assim como fotografias de esculturas e monumentos em praças públicas ou em túmulos e ainda de motivos decorativos existentes em capelas e outros edifícios. Neste caso, incluem-se o **Monumento às Bandeiras,** no Parque do Ibirapuera, e o **Monumento a Duque de Caxias,** na praça Princesa Isabel, entre diversos outros.

A exposição permanecerá aberta ao público até o dia 31 de outubro, de terças a quinta-feiras; e domingos, das 14h30 às 18h30 e, às sextas-feiras e sábados, das 14h30 às 22 horas.

Brecheret, lembrado hoje no Museu Segall

Jornal da Tarde — S. Paulo — 16-9-1976

Para comemorar o vigésimo aniversário da morte do escultor Victor Brecheret, o Museu Lasar Segall inaugura hoje, às 14h30, uma grande mostra retrospectiva com obras originais e reproduções fotográficas, como no caso do imenso monumento eqüestre a Duque de Caxias, feito em bronze em 1941/1960 e instalado na praça Princesa Isabel, ao lado da Rodoviária de São Paulo.
Também reproduzido em fotografia, o **Monumento às Bandeiras** (granito) realizado no período 1920/1953 e instalado no Parque Ibirapuera, ao lado da Assembléia Legislativa.

Outras esculturas de Brecheret que estão em locais públicos: **Fauno** (em frente ao MASP); **Banho de Sol** (Largo do Arouche); **Eva** (Anhangabaú); **Graças** (Galeria Prestes Maia); **Joana D'Arc** (Teatro Maria Della Costa). O Museu Lasar Segall fica à rua Afonso Celso, 362 (Metrô Santa Cruz).

Museu Lasar Segall inicia a mostra seletiva de Brecheret

O Estado de S. Paulo — 16-9-1976

Numa semana rica em vernissages, os acontecimentos plásticos continuam reunindo artistas em transição, como Antunes, que abre hoje sua exposição de pinturas na Galeria Paulo Prado (rua Engenheiro Alcides Barbosa, 41), e mostras retrospectivas como a do importante escultor do Modernismo, Victor Brecheret, cuja obra representará, pela primeira vez, a escultura no Museu Lasar Segall (rua Afonso Celso, 352).

Victor Brecheret, amigo e contemporâneo de Lasar Segall (ambos desaparecidos em idade jovem), segundo os historiadores de arte, foi um artista decisivo no movimento modernista. O crítico Jacob Klintowitz, ao se referir à sua atuação, diz que ele não era um líder de idéias: "Victor Brecheret era um homem de fazer. E o seu fazer traduzia-se em pedra e barro e com esses materiais ele ajudou a implantar novas idéias, porque foi capaz de oferecer um modelo de arte que servisse como bandeira de luta. Essa foi a sua contribuição à implantação da arte moderna no Brasil: ele foi o ariete, o fato concreto, o estopim."

A exposição das esculturas de Brecheret foi montada no Museu Lasar Segall, com a colaboração da família do artista e de outros colecionadores. O museu optou, segundo os organizadores, por uma mostra seletiva e não extensiva, complementada por desenhos (estudos de esculturas) e fotografias de obras expostas em lugares públicos, assim como motivos decorativos existentes em capelas ou em edifícios.

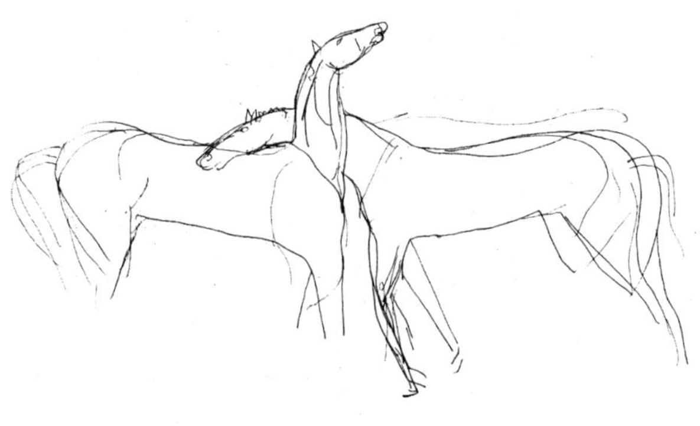

Os Conquistadores, década de 10/20, gesso, 44 x 24 x 180 cm.

Relevo em mármore travertino, Jockey Club de São Paulo, década de 50.

Revista Manchete

sta propaganda da Comissão do IV Centenário juntou, em uma só peça, quase toda a sua iconografia.

O Esforço, 1925, arenito, 110 x 28 cm. Museu Julio Prestes, Itapetininga — SP.

O estopim da nossa arte moderna

Jornal da Tarde — 28-9-1976

Jacob Klintowitz *

O contato com a obra de Victor Brecheret pode ser surpreendente para muita gente. A sua exposição (Museu Lasar Segall, rua Afonso Celso n.º 162) mostra o escultor de maneira didática e é possível observar, como ao final da vida, a sua escultura permanecia em evolução numa permanente resposta ao tempo. E, se considerarmos que foi a obra de Brecheret o principal estopim da arte moderna no Brasil, teremos um quadro impressionante da atividade desse artista.

Na nossa alegria de país emergente ainda não se disse, suficientemente, que a arte moderna, talvez, ainda não seja inteiramente vitoriosa entre nós. Se as galerias, em sua maioria, dedicam-se às expressões contemporâneas, as praças, os monumentos e obras públicas pertencem à academia. Salões, nós os temos simetricamente distribuídos entre a arte moderna e as belas artes. Se esse é o panorama agora, em 1976, imagine-se as dificuldades que encontrou em 1920 o escultor Victor Brecheret, para realizar o seu trabalho.

O que parece hoje claro para todos, é que o único artista, entre nós, com um conjunto de obras capaz de fazer frente às idéias acadêmicas foi Brecheret. Vontade de mudar, liderança, espírito, tinham Mário de Andrade, Del Picchia, Oswald de Andrade. Mas faltava a eles a obra com que levantar, de maneira concreta, a idéia da arte moderna.

Quem emprestou concretitude à idéia de uma nova arte foi justamente Brecheret. Antes dele, em 1911, Lasar Segall; em 1917, Anita Malfatti, realizaram exposições. A primeira passou em brancas nuvens. A segunda foi classificada de esquizofrênica por Monteiro Lobato, e perdeu-se nisso. Os tempos ainda eram verdes. . .

A obra de Brecheret percorre de Rodin a Arp, Brancusi, Bourdelle. Isso significa que ele começou com o realismo expressionista e terminou voltado para a forma e a sua colocação no espaço. Na sua vida de escultor ele fez o caminho da arte moderna só e inteiramente voltado para as emoções que sentia diante dos materiais.

Hoje nós escutamos falar em arte brasileira, em cultura nacional. E muitas vezes essa discussão torna-se uma pregação puramente obscurantista e xenófoba. Brecheret foi um artista seriamente preocupado com os temas brasileiros. A sua fase marajoara procurou as formas e os ritmos de uma cultura brasileira. E, as suas pedras, pedras brutas nas quais ele gravava cenas da vida brasileira, são testemunhos de uma preocupação cultural e mostram o artista a par do que se faz no mundo.

Essa é uma exposição da maior importância. Ela comemora mais do que os 20 anos da morte do escultor Victor Brecheret. Ela recomeça uma tardia reavaliação do trabalho desse artista, impostante historicamente e capaz de resistir numa consideração minuciosa e severa, ao mais crítico exame pela excelência da obra que deixa gravada em pedra e construída em formas tradicionais e avançadas, num percurso que é a própria vida do artista.

* Crítico de arte do "Jornal da Tarde".

São Francisco e **Três Graças**, dois dos três únicos afrescos executados por Brecheret; bairro de S. Francisco - Osasco

Brecheret, meu pai

Artes Visuais — Folha de São Paulo — 03-10-1976

Lemk

Sandra Brecheret Pellegrini recorda aspectos humanos do homem Brecheret, seu pai.

As lembranças de Sandra a Artes Visuais mostram o outro lado do artista, ainda desconhecido do grande público.

— Os poucos anos de convívio com meu pai, e que me propiciaram logicamente minhas únicas lembranças dele, foram extremamente importantes, não apenas no relacionamento pai e filha mas, por poder viver um pouco a sua arte.

— Morávamos em uma casa grande no Jardim América (onde mamãe até hoje mora), com alguns móveis de qualidade, originários da Bahia, de linhas retas e simples, como por exemplo a mesa de jantar, com grande área. Dava a impressão de que a casa fora feita em função da obra de meu pai (esta casa como algumas outras, foram projetadas por papai).

— Uma das coisas que guardo com muita saudade eram as nossas idas nos fins de semana à casa de campo em Osasco (Bairro de São Francisco) adquirida por intermédio do Cicillo Matarazzo, que jogava golfe no clube em frente, até hoje existente.

A casa pertencia a um adido cultural que não tinha tido oportunidade de habitá-la. Senti que daí em diante essa casa faria parte de nossa vida. E assim foi.

— Iamos habitualmente no antigo (novo na época) Mercury passar as tardes de domingo. Lá, uma das coisas que meu pai fazia era o cultivo de plantas, sendo que a maioria dos pinheiros existentes foram plantados por ele.

— Essa casa servia de certa forma como um local

Auto-retrato, c. 1935, bronze, alt. 35 cm, **Retrato de d. Jurandy,** c. 1939, bronze, alt. 28 cm

de descanso e às vezes de trabalho, pois foi aí que ele fez algumas tentativas de pintura, coisa rara na sua vida. São dois murais enormes, coloridos, retratando temas que ele muito gostava.
De um lado as **Três Graças** e de outro um **São Francisco com pombas** e um rosto triste e seu coração enjaulado. Esses afrescos foram efetuados a crayon colorido.

Passamos algumas férias na fazenda de Tarsila do Amaral, e foi lá que eu e meu irmão Victor aprendemos a andar a cavalo. Tarsila sempre nos procurava, e sempre demonstrou ser uma pessoa muito afetiva e carinhosa, dando a impressão que a nossa companhia também fazia um pouco parte da sua vida. Isso aliás é perfeitamente compreensível, dado o convívio de papai com Tarsila na Europa, no início da carreira de ambos.
— Uma outra faceta de papai, uma característica sua, era o falar pouco e observar muito.

— Lembro-me bem quando papai esculpia **Joana D'Arc,** tendo como modelo a nossa grande artista Maria Della Costa. Uma das coisas curiosas é que mamãe sempre oferecia muitas frutas para ela durante o trabalho, por solicitação da própria Maria, para não engordar...

— Fomos uma vez com papai à inauguração da casa do arquiteto Francisco Beck, em São Sebastião, onde papai realizou um **São Francisco,** de grandes dimensões e que até hoje se encontra lá.

— Raramente papai ia à cidade (não gostava, só ia quando precisava) e voltava sempre trazendo queijo e vinho. Fazíamos um pequeno lanche e então ele se sentava na cabeceira da mesa para desenhar e nós fazíamos os deveres escolares. Ouvíamos sempre a Rádio Gazeta, principalmente o "Ensaio Musical da Itália" e "Enciclopédia do Ar", este último conduzido por seu amigo, o ilustre jornalista Fernandes Soares. Aliás, foi nesse programa que foi efetuada a única gravação de papai, hoje pertencente ao MIS (Museu de Imagem e do Som).

Tocadora de guitarra, c. 1927, bronze patinado, comp. 110 cm. Fundação Cultural de Curitiba.

— Uma coisa que fazíamos com frequência, era após o jantar ouvir alguns discos numa antiga vitrola — Bach, Vivaldi, inclusive alguns discos japoneses importados.

— Durante as férias escolares íamos também a São Vicente, numa casa que só foi vendida muitos anos após a sua morte. Foi nessa época que ele se interessou pelas pedras que eram apanhadas na Praia das Vacas, numa espécie de mutirão, pois eram muito pesadas. Geralmente apanhávamos as pedras à tardinha e voltávamos cantando músicas regionais francesas. Ele ria muito, nós não sabíamos, mas eram bastante picantes.
Segall, fico um pouco emocionada ao sentir que, de certa forma, também faço parte disso tudo.

— Sempre soube que tinha dois grandes amores.

A família e a arte; arte essa feita com grande esforço pessoal. Papai veio do nada. O que fez foi sozinho e com grande esforço retratado em muitas de suas obras, como por exemplo o **Monumento às Bandeiras.**

Foi um homem que conheceu a fome, durante a primeira Grande Guerra na Europa.

— Quando papai resolveu se fixar definitivamente no Brasil, pouco antes do seu casamento, não sabia provavelmente que tinha deixado raízes tão profundas, que somente nós, muitos anos depois, viveríamos os seus reflexos, como a existência de obras suas no mercado europeu. Por exemplo, uma pequena peça em bronze, medindo 27 cm, representativa da década de 20, leiloada pela Christie's (International) S. A., no Hotel Richemond, em Genebra, em 29-4-74 — figurando na galeria

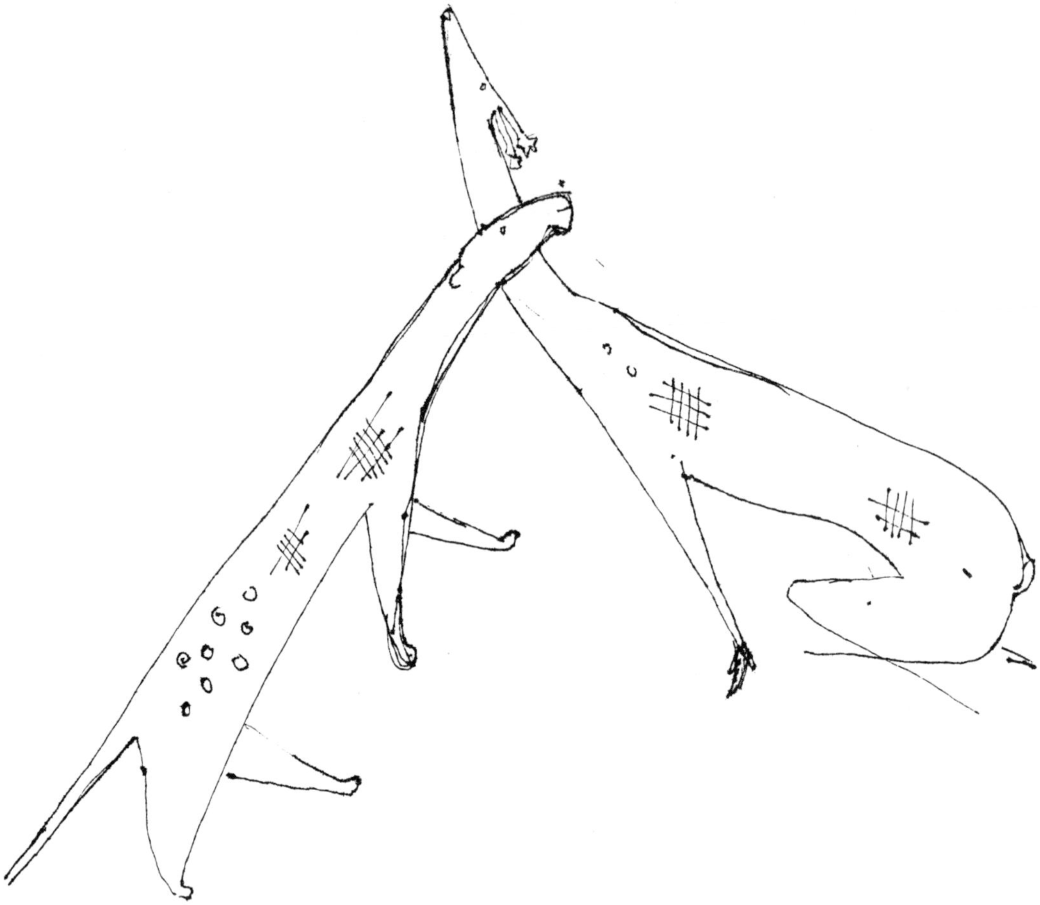

dos grandes mestres, ao lado de Brancusi, Bourdelle e outros.

— Posso acrescentar que papai nunca esteve tão presente, pois as obras representativas da sua última fase marajoara e indígena, da década de 50, concebidas por conseguinte há um quarto de século, são extremamente arrojadas, como aquelas apresentadas no saguão do Teatro Municipal, em 1922.

— Diria ainda, que muitas vezes se comete um engano em enfocar a arte de papai apenas como um marco na história da arte moderna, mais precisamente na Semana de 22, quando em verdade, como disse, sua arte continua extremamente moderna e arrojada.

Sandra fala agora do Brecheret, hoje, que estaria escalando acima os 80 anos. Fala da Retrospectiva no Museu Segall e da alegria que dá ver a criançada dos colégios ali no Museu, vendo a estatuária brecheriana. No rio tem, mas S. Paulo não tem praça pública com o nome "Victor Brecheret".

Brecheret, 1940.

Madona, terracota, década de 40, 41 x 13 cm.

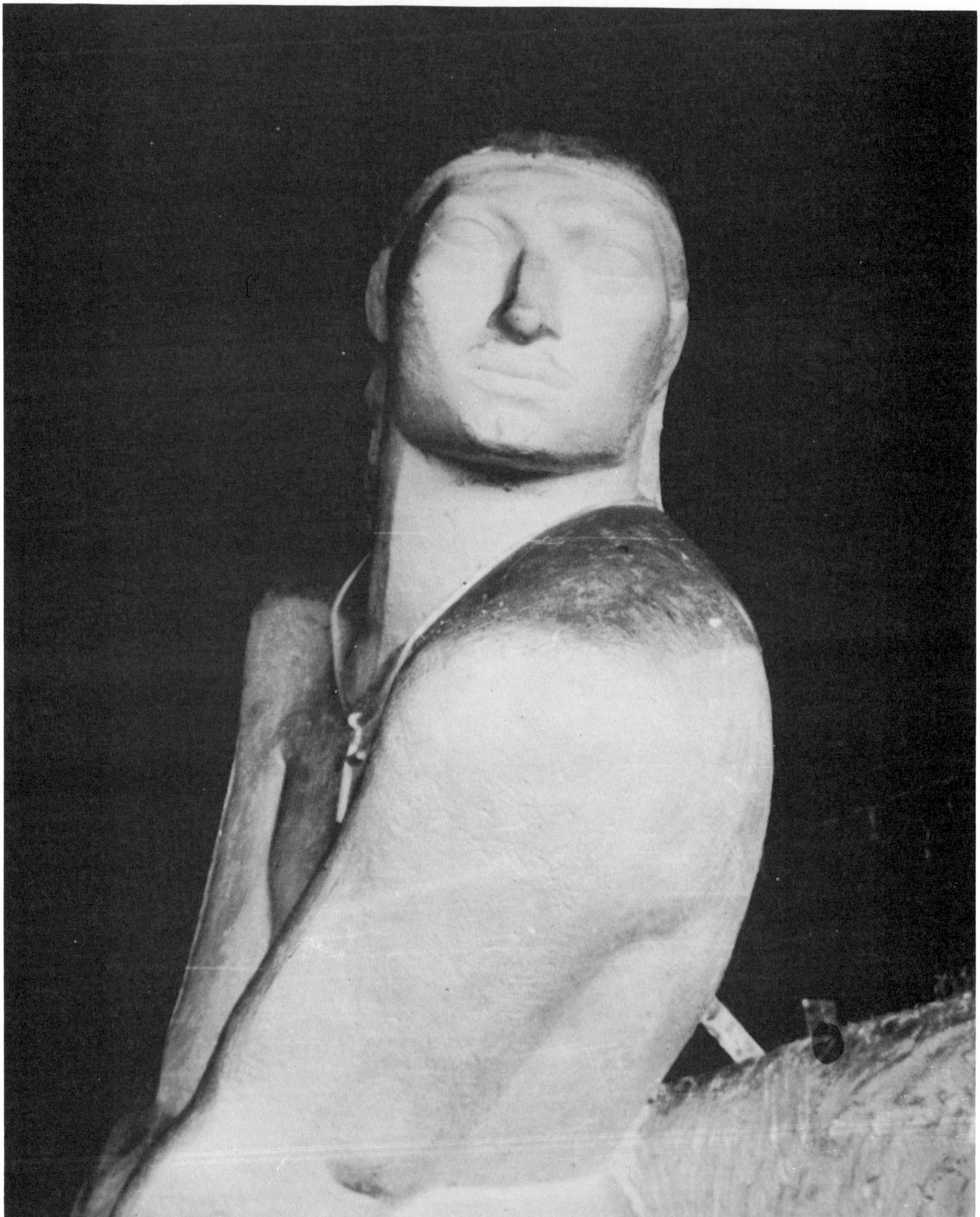

A última bandeira parte
da clareira do Ibirapuera.

Homens levam a rosa dos ventos
tatuada nos gibões,
e botas principiam a tingir-se
de distância.

Os noivos do horizonte
penetram a dimensão do sonho.

Mestre-de-Campo Victor Brecheret comanda
seus mamelucos de granito.

Abre-se o ciclo da imortalidade.

Paulo Bomfim

14-12-76

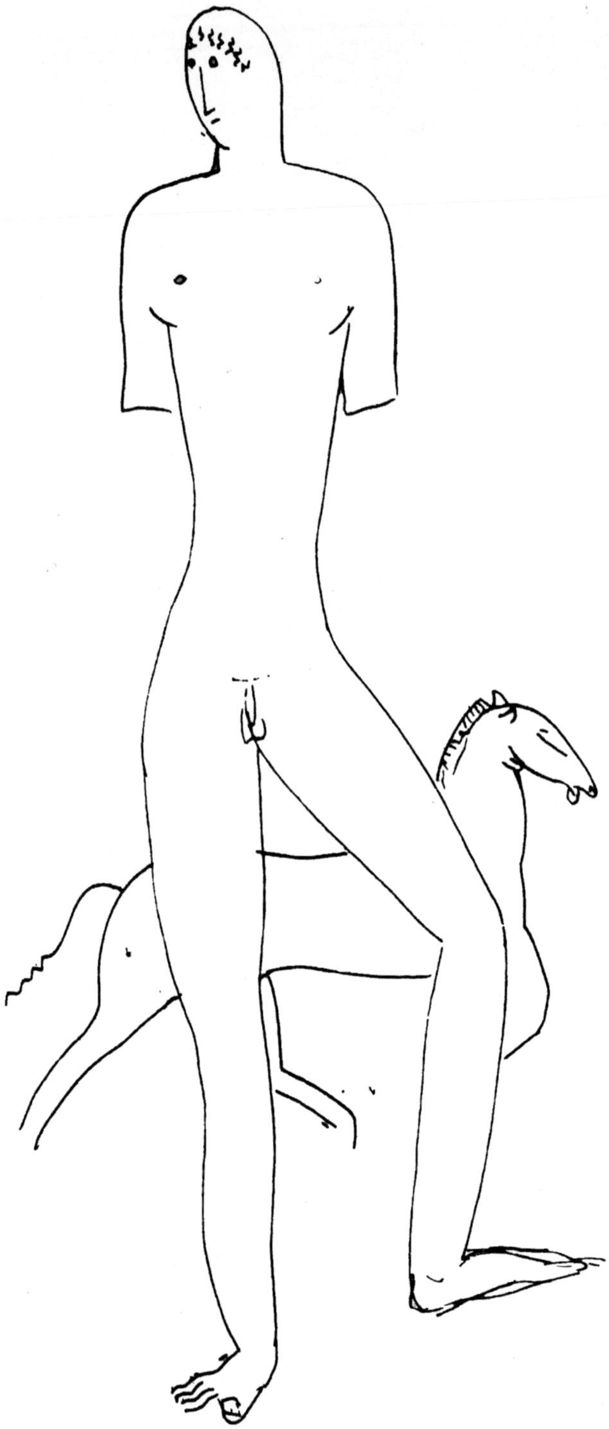

Art Nouveau
and
Art Deco

including:

Furniture by Gaudi, Carlo Bugatti and Leon Jallot
Bronzes by Gauguin, Brecheret, Etienne-Martin,
Milles, Sandoz, Vibert and others

A Vase by Marinot
A rare Gallé Flowerform Table-Lamp
Gallé Marquetry and Mouldblown Glass
An important Daum Table Lamp
Pate-de-Verre by Walter, Argy Rousseau

WHICH WILL BE SOLD AT AUCTION BY

CHRISTIE'S (INTERNATIONAL) S.A.
A. J. H. du Boulay   Dr. Géza von Habsburg   Hans Nadelhoffer
8, Place de la Taconnerie, 1204 Geneva

Tel. (022) 24 33 44   Telegrams Chrisauction Geneva   Telex 23 634

AT THE HOTEL RICHEMOND

Geneva, 8-10 rue A.-Fabri, Tel. 31 14 00

ON MONDAY APRIL 29th 1974 at 15.00

Huissier: Me. Henri Scagliola

Illustrated Catalogue s.Fr. 15,—

In sending commissions or making enquiries this sale should be referred to as 'CAMEO'

JAMES VIBERT

135 LA TERRE, a bronze, vo. 3/12, 40 *cm high*

James Vibert, forefather of Symbolisme, was haunted by the Beginnings of Life. La Terre, an important work, obtained the *place d'honneur* at the *Paris Salon* in the autumn of 1921. This sculpture was later realised as a monument and placed in the *Parc Barton* in *Geneva*

BRONZE 'LA TERRE' de James Vibert

See plate 26

VICTOR BRECHERET

136 Bronze of a KNEELING WOMAN
27 cm high, only existing example
Prix de Rome in 1925 also the Premier Prix de scupture à la biennale de Sao Paulo

After Victor Brecherets' death, Sao Paulo organised an important exhibition in his honour in 1957

BRONZE 'FEMME A GENOUX'

See plate 28

Brecheret e Segall retornando da Europa, em 1932.

VICTOR BRECHERET

(SÃO PAULO, 1894-1955)

EXPOSIÇÃO COMEMORATIVA DO 20.°
ANIVERSÁRIO DE FALECIMENTO

SETEMBRO/1976

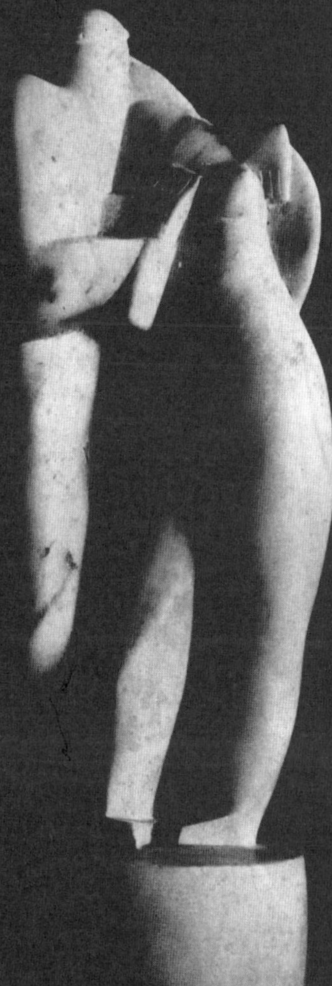

MUSEU LASAR SEGALL

RUA AFONSO CELSO, 388
SÃO PAULO — BRASIL

A Sombra e a Luz

Dominique-Edouard Baechler

Tanto em sua expressão Rodiniana como nas suas fases posteriores, o problema da luz, ligado ao da forma, persegue Brecheret. Na bela crítica de Mário de Andrade sobre a exposição que o escultor apresentou na sua volta da Europa, em 1930, percebe-se a importância do fenômeno: "Outro ponto digno de observar e admirar é a luminosidade a que o grande artista já chegou. Na evolução de Victor Brecheret se notam duas fases características: a fase da sombra e a fase da luz. A primeira vem até a ida para a Europa como pensionista do Estado. É o tempo das musculaturas ressaltadas, com as sombras lanhando vincos e permanentes entre os cordões fugitivos de luz, como na "Cabeça" (coleção Paulo Prado); é o tempo das cabeças abaixadas completamente como na "Ave Maria" e no admirável "Cristo" em que, além da inclinação da cabeça, sombrejando o rosto completamente, o artista escancarou a boca da figura, borrando um O de sombra bem no meio da escultura; é finalmente o tempo dos gestos retorcidos, das composições detalhadas e complicadas, que nem o Monumento às Bandeiras e a "Eva" do Anhangabaú, em que sempre as sombras se valorizam mais que a luz. Foi com a ida a Paris que Brecheret aprendeu a gostar mais da luz que da sombra.
Na última exposição que fez aqui, percebia-se isso bem. Além do alisamento geral dos volumes, a própria disposição deles era uma aspiração à luminosidade. A técnica de polir o material empregado, o emprego sistemático das formas acilindradas, a disposição piramidal das massas para melhor aproveitar a luz vinda de cima, tudo isso demonstra a aspiração à luminosidade que estava animando o escultor. E culminava na impressionante "Pietá" (atualmente túmulo de Ignácio Penteado,

REMINISCÊNCIAS DO MODERNISMO

MENOTTI DEL PICCHIA
VICTOR BRECHERET
JOHN GRAZ

18 DE NOVEMBRO A 31 DE DEZEMBRO

GOVERNO DO ESTADO DE SÃO PAULO
SECRETARIA DE ESTADO DA CULTURA
RTC-RÁDIO E TELEVISÃO CULTURA

na Consolação) onde na lâmina de granito a luz bate de chapa, reduzindo a sombra quase que a simples linhas." (*)

Nota-se o toque pessoal quanto à técnica de alisamento das figuras tanto em pedra como em metal. Em Brecheret, o polimento da forma, à perfeição, até a eliminação da menor irregularidade, ao menor sopro que a maculasse, é um aspecto muito marcante. Assim pois, em suas peças das décadas de 20-30, nota-se um certo preciosismo, deixando transparecer um aspecto *objet de luxe*, característico dos grandes momentos do Deco, que contrasta com a rudeza viril das primeiras obras expressionistas.

A fase cubista de Brecheret se inscreve no seu estudo de reflexão da luz, reagindo diferentemente pelo jogo dos planos oblíquos e dos arredondados, tanto quanto a vontade de evitar a expressão subjetiva. Já antes de 1912, observa-se, tanto nos pintores como nos escultores, esta tendência de "objetivar" as representações por meio de elementos geométricos anônimos. Evitando-se todo vestígio de grafismo individual, pretende-se eliminar, como diz Lissitzky, "o traço como marca pessoal do artista". "A grande arte é científica e impessoal" dizia Flaubert.

Brecheret, em numerosos exemplos característicos de sua época parisiense, entrega-se ardentemente à simplificação das formas, conservando ao mesmo tempo o volume. Em sua "Tocadora de guitarra", bronze de 1925, de face fortemente "modiglianesca", no "Beijo" de mármore e no grande "Beijo" de pedra, dos anos 30, admira-se a composição em volumes geométricos, ritmada pelo jogo das linhas curvas e oblíquas, características da orientação estética da época.

---

* Mário de Andrade — "Diário Nacional", São Paulo, 24-1-1930, transcrito in Marta R. Batista, Telê P.A. Lopez, Yone Soares Lima, "Brasil: 1.o tempo modernista — 1917/29 Documentação" I.E.B.-USP, São Paulo, p. 105.

Ilustríssima Senhora
Sandra Brecheret Pellegrini
Rua Bucarest , 198
01447 - São Paulo, SP.

Brasília, em 26 de fevereiro de 1982

Ilustríssima Senhora
Sandra Brecheret Pellegrini
Rua Bucarest, 198
Jardim Europa
São Paulo, S.P.

Tenho o prazer de acusar recebimento de sua carta de 8 de dezembro último, em que encaminha o instrumento de doação a este Ministério da obra "Depois do Banho", de autoria de seu pai, o escultor Victor Brecheret.

2. Em resposta, apraz-me informá-la de que é com a maior satisfação que aceito, em nome deste Ministério, a doação da referida escultura, que vem enriquecer o acervo do Palácio Itamaraty com a obra de um escultor de indiscutível valor artístico, que ocupa lugar de preeminência na história da arte contemporânea brasileira.

3. Peço aceitar e transmitir a seus familiares, signatários do ato de doação, os meus agradecimentos e a minha apreciação pelo gesto generoso.

Aproveito a oportunidade para apresentar os protestos da perfeita estima e consideração com que me subscrevo,

de Vossa Senhoria,

cordialmente,

R. S. Guerreiro

Carta do Ministro das Relações Exteriores Saraiva Guerreiro, recebendo a doação da obra "Depois do Banho".

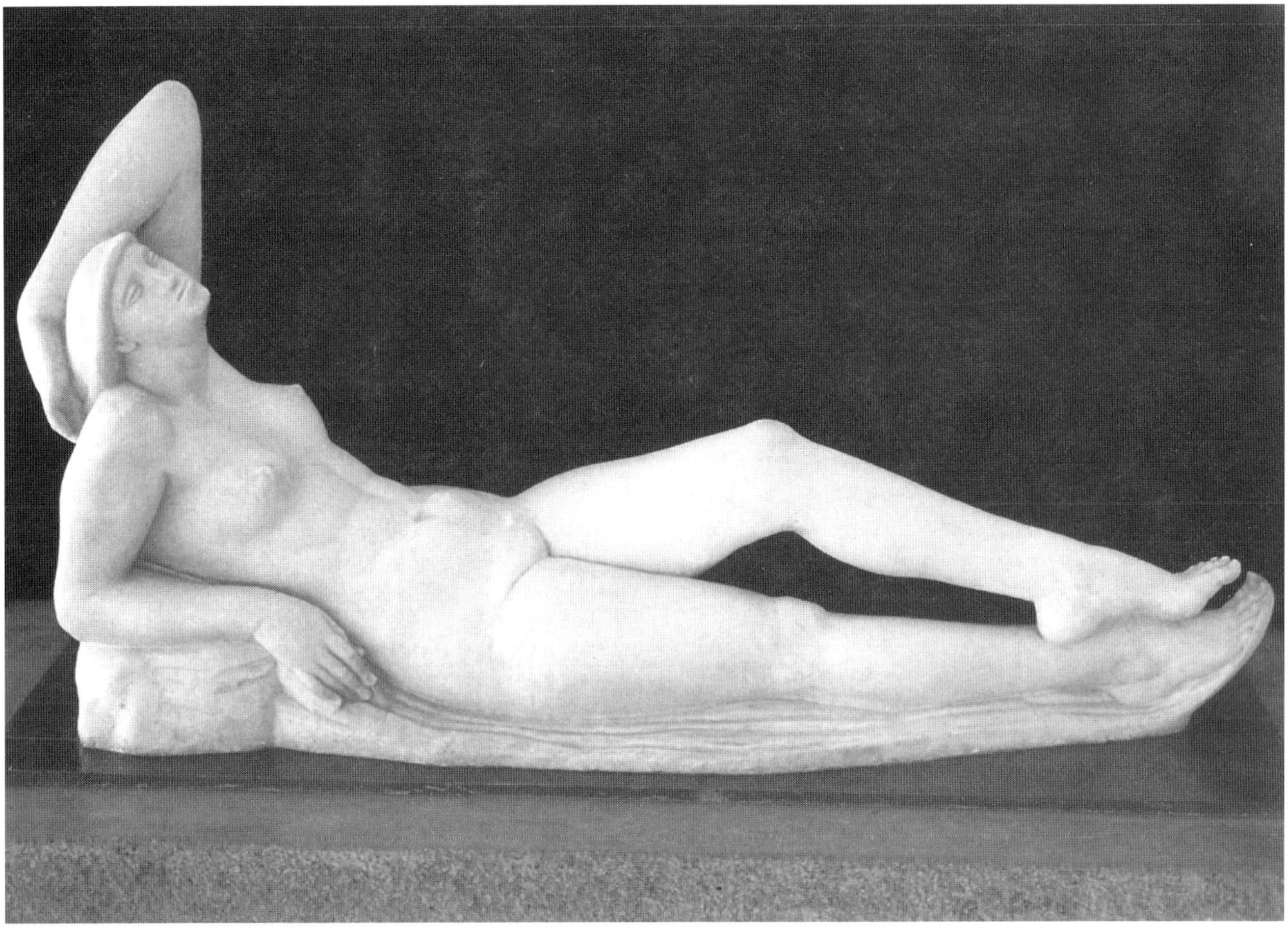

Depois do Banho, gesso, 65 x 130 x 27 cm, Coleção Ministério das Relações Exteriores – DF.

Selo comemorativo
Homenagem ao escultor Victor Brecheret
Monumento às Bandeiras
1984

Selo 20.ª Bienal Internacional de São Paulo

Limões – Danilo Di Petre
O Índio e a Sussuapara – Brecheret
Francisco Matarazzo

1989

Brecheret 100 Anos, Centro Cultural Banco do Brasil, RJ, 1994

Brecheret 100 anos, Centro Cultural Banco do Brasil, RJ, 1994

O Ídolo, 1919, bronze patinado, 39 x 48 cm. Participou da Semana de Arte Moderna de 1922.

CENTENÁRIO DO ESCULTOR VICTOR BRECHERET

CARACTERISTICAS

Espécie	Ouro	Prata	Bronze
Diâmetro	50 ± 0,2mm	50 ± 0,2mm	50 ± 0,2mm
Peso	100 ± 0,5g	64 ± 0,64g	55 ± 1,65g
Título	900	900	—
Emissão	limitada	limitada	limitada

A Casa da Moeda do Brasil homenageia as artes plásticas, lançando medalha comemorativa do centenário de nascimento de Victor Brecheret, escultor que se engajou no movimento modernista de 1922 e tem várias obras em locais públicos e museus de São Paulo.

No pequeno disco de ouro, prata e bronze estão eternizadas a sensibilidade de Victor Brecheret e suas esculturas, que se caracterizam pela simplificação das formas humanas e apresentam aspectos do folclore e tradição indígena brasileira. Emitida pelo Clube da Medalha, setor da Casa da Moeda que perpetua e revive fatos ou personalidades nacionais, produzindo cultura através da arte medalhística, essa peça que utiliza técnicas de escultura na sua confecção, representa um importante período da arte nacional.

De autoria de Nelson Neto Carneiro, gravador numismata da CMB, a medalha reúne o artista e sua obra: no anverso a efígie de Victor Brecheret e no reverso o "Monumento às Bandeiras", obra que é um símbolo da cidade de São Paulo.

Esta pequena obra de arte é numerada e tem certificado de autenticidade, além de vir acondicionada em lindo estojo. Faça seu pedido ao Clube da Medalha pelos telefones (021) 305-2375 e 305-2567.

Criação e gesso: Nelson Neto Carneiro

CASA DA MOEDA DO BRASIL
CLUBE DA MEDALHA DO BRASIL

BRASIL UNIÃO DE TODOS

Rua René Bittencourt, 371 Distrito Industrial de Santa Cruz - Rio de Janeiro RJ
CEP 23569-900 Telefones: (021) 305-2567/305-2375 FAX (021) 395-2525

CORREIO POPULAR
Caderno C
CAMPINAS, SÁBADO, 5 DE MARÇO DE 1994

ESCULTURA COMO CARTÃO POSTAL

São Paulo lembra centenário do escultor Brecheret com exposições, debates e documentários

ANTONIO SANTOMAURO
Sucursal de São Paulo

Ele é um dos maiores nomes na escultura brasileira de todos os tempos. Mas o centenário de seu nascimento, acontecido no último dia 22, teve até agora pouquíssimas comemorações em São Paulo, cidade para a qual ele criou monumentos que se destacam na paisagem urbana quase como cartões-postais. Para ser mais exato, até agora a comemoração desse centenário resume-se a uma pequena exposição organizada por sua filha. Há ainda algumas coisas programadas, como outras exposições, debates e um documentário de tevê. Nada porém à altura da importância de Victor Brecheret (1894-1955) para a arte brasileira.

Brecheret nasceu em São Paulo, mas abriu seu primeiro ateliê em Roma, para onde ele havia se mudado com 19 anos de idade (há alguma controvérsia sobre o local do nascimento de Brecheret: para alguns estudiosos, ele nasceu na Itália). Foi influenciado inicialmente por Auguste Rodin, e chegou a viajar de Roma a Paris apenas para acompanhar o enterro do escultor francês, em 1917. Tendo retornado ao Brasil em 1919, participou da Semana de Arte Moderna de 22, expondo suas obras no saguão do Teatro Municipal. Antes disso, em 1921, Brecheret havia sido premiado no Salão de Outono de Paris, e com isso deu maior confiança aos modernistas que, como ele, ansiavam por uma renovação estética.

A obra de Brecheret inclui desde pequenos e delicados mármores e bronzes até gigantescos monumentos; desde trabalhos de figuração mais clássica até outros próximos do abstracionismo

Monumento às Bandeiras, no Ibirapuera em São Paulo: algumas estátuas têm mais de 6 metros de altura

(abstração conseguida principalmente pela simplificação formal da imagem humana, seu grande tema). Além de Rodin, ele teve ainda outras influências, como a *art déco*, e no final de sua vida trabalhou também com elementos da cultura indígena. Brecheret morreu em 55, vítima de um enfarte.

Quem quiser conhecer algo da obra de Brecheret não precisa ir a algum dos diversos museus do Brasil que contam com ela em seus acervos, ou conhecer algum felizardo possuidor de seu trabalho em coleções particulares. Brecheret criou também diversas obras para locais públicos de São Paulo, algumas conhecidíssimas como o Monumento às Bandeiras, próximo ao Parque do Ibirapuera, ou a estátua de Duque de Caxias (ver ao lado relação completa). Há também algumas obras de Brecheret em cemitérios paulistanos, como a belíssima *Sepultamento*, premiada no Salão de Outono de Paris, em 1923.

Além da exposição organizada por sua filha (ver texto ao lado), a comemoração do centenário de Brecheret deve incluir, ainda, um evento intitulado *Brecheret _ O Escultor e a Cidade*, com ciclo de palestras e uma exposição na Biblioteca Mário de Andrade (provavelmente em junho). Outra exposição, com 60 obras pertencentes principalmente à família de Brecheret, inaugurará em setembro o Museu Brasileiro de Escultura. É uma exposição que deveria ter começado no último dia 26 e foi adiada porque o prédio da Pinacoteca do Estado, onde ela aconteceria, está em reformas (ainda não há uma nova data). A *TV Cultura* está produzindo um documentário sobre a vida e a obra de Brecheret, para ir ao ar provavelmente em maio.

Filha de Brecheret faz.exposição

Por enquanto, há uma única exposição paulistana dedicada ao centenário de Brecheret, no Centro Cultural São Paulo. Organizada pela filha do escultor, Sandra Brecheret Pellegrini, não é uma grande exposição, em termos quantitativos, mas, didaticamente, é um evento importante. Há lá obras, quase todas de pequeno porte, nos vários materiais com os quais Brecheret trabalhou _ mármore, terracota, gesso, pedra, bronze e cimento _, das várias fases de sua carreira. O caráter didático é reforçado por documentos, fotos, material jornalístico e estudos de Brecheret para suas obras (ele era um artista que esmiuçava o trabalho no papel antes de iniciar sua execução.

Ao todo, a exposição do Centro Cultural tem dez obras, incluindo a grandiosa *Eva* em mármore produzida em 1920, que já é uma atração fixa do local e valeu a Brecheret uma bolsa para estudos em Paris. Sandra, a curadora da mostra, prefere creditar a timidez das homenagens ao centenário de seu pai às atuais dificuldades econômicas do País. "Eu estou tentando editar um livro para a comemoração deste centenário, e não estou conseguindo patrocínio", diz. Sandra também quer deflagrar uma campanha para a preservação das obras de Brecheret expostas em locais públicos de São Paulo. Segundo ela, essas obras estão muito abandonadas.

Victor Brecheret - 100 anos _ No Centro Cultural São Paulo (Rua Vergueiro, 1.000 - F. (011) 270-1119) - até 20 de março, de 3ª a domingo, das 9 às 17 horas.

PELAS RUAS

Obras de Brecheret em locais públicos de São Paulo
Monumento às Bandeiras _ Parque do Ibirapuera
Estátua de Duque de Caxias _ Praça Princesa Isabel (cruzamento das avenidas Rio Branco e Duque de Caxias)
Fauno _ Parque Siqueira Campos (altura do nº 1.600 da Avenida Paulista)
Eva _ Centro Cultural São Paulo (Rua Vergueiro, 1.000)
Banho de Sol _ Largo do Arouche (cruzamento da Avenida Duque de Caxias de com Rua Jaguaribe)
Via Crucis, São Paulo e Cristo _ Capela do Hospital das Clínicas (Avenida Dr. Enéas de Carvalho Aguiar, 255)
Joana D'Arc _ Teatro Maria Della Costa (Rua Paim, 72)
Fachada do Jockey Club de São Paulo (Avenida Lineu de Paula Machado, 1.263)

Em cemitérios

Sepultamento _ propriedade da família Guedes Penteado, no Cemitério da Consolação (Rua da Consolação, 1.660)
Pietá _ propriedade da família Botti Sesso, no Cemitério da Consolação
Anjo _ propriedade da família, no Cemitério da Consolação
Anjos _ propriedade da família Scharachse, no Cemitério São Paulo (Rua Cardeal Arcoverde, 1.217)

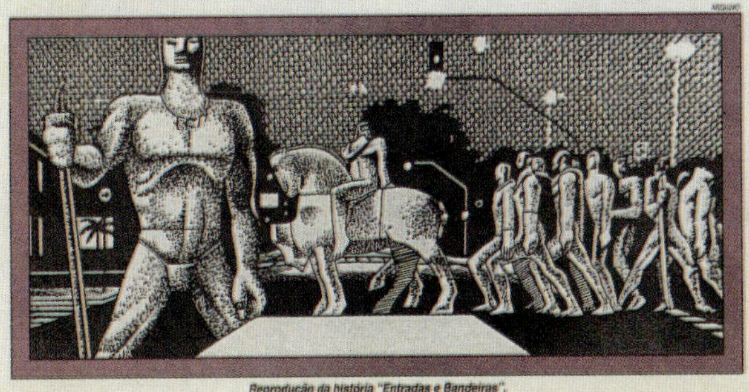

Reprodução da história "Entradas e Bandeiras", de Luiz Gê: vida para estátuas

Estátuas ganham vida e caminham pela ruas

Madrugada em São Paulo. Um casal volta para casa pela Avenida Brigadeiro Luís Antonio. O sinal do cruzamento com a Avenida Brasil fecha. O motorista pára por precaução. Surpresa e espanto: um índio gigantesco de granito posiciona-se como um guarda de trânsito à frente do carro. Logo atrás, surgem homens, comandados por um cavaleiro, arrastando uma grande pedra.

Este é o mote de uma das mais paulistanas e impressionantes histórias em quadrinhos de Luiz Gê, *Entradas e Bandeiras*, uma homenagem a um dos maiores monumentos de Brecheret, o Monumento das Bandeiras, vulgo Estátua do Empurra. A história é de 1984 e foi republicada no último livro do quadrinista, chargista, cartonista e arquiteto, *Território de Bravos*, lançado no final do ano passado.

Luiz Gê conta que a estátua, um dos monumentos urbanos de maior valor artístico do país, havia preenchido por um certo tempo a difícil função de símbolo da cidade. Gê explica o motivo pelo qual o monumento "decide" mudar de local na madrugada em que se passa sua história: "Naquele momento (quando idealizou a história), estava aprentemente 'ultrapassada' e parcialmente pichada. A cidade dos parques, jardins e monumentos dos bandeirantes, do cidadão, havia desaparecido desde o início dos anos 60. Agora era a cidade dos carros, e aquele local não passava de uma rotatória com uma estátua no meio. Estava na hora de puxar os carros".

A arte de Brecheret, enfim em exposição.

ADIADA VÁRIAS VEZES, É INAUGURADA AMANHÃ A GRANDE MOSTRA QUE REUNIRÁ 136 OBRAS DO ARTISTA NO MUSEU BRASILEIRO DA ESCULTURA.

Depois de diversos anúncios da inauguração oficial, o Museu Brasileiro da Escultura (Mube) finalmente abrirá as portas nesta quarta-feira com uma extensa exposição do escultor Victor Brecheret (1894-1955).

Coincidentemente, a mostra de Brecheret acontece no mesmo período em que São Paulo e Rio de Janeiro recebem as obras do escultor francês Auguste Rodin, artista responsável pelo interesse de Brecheret na arte.

Geórgia Lobacheff

Victor Brecheret — Abertura dia 10 no Museu Brasileiro da Escultura (Av. Europa, 218, ou Rua Alemanha, 221). Tel. 881-8611. De 3º a domingo das 13h às 20h. Entrada: R$ 4,00. Até 25 de junho. Livro da obra do artista estará à venda no museu por R$ 100,00.

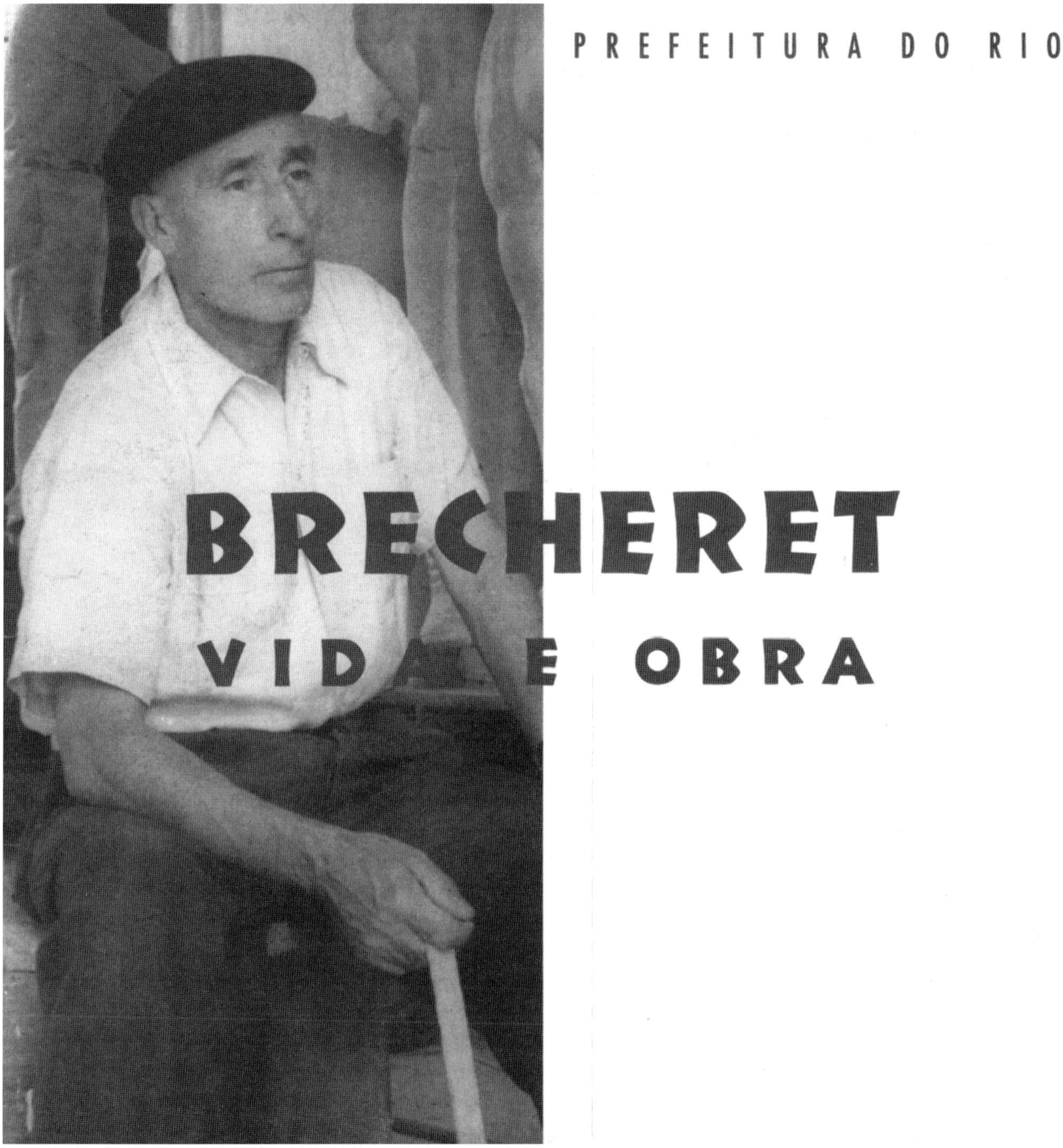

Capa do catálogo
Exposição Instituto Cultural Villa Maurina, RJ, 1995

JOCKEY CLUB

Órgão de divulgação do Jockey Club de São Paulo - abril 1998

ANO 2 - Nº 1

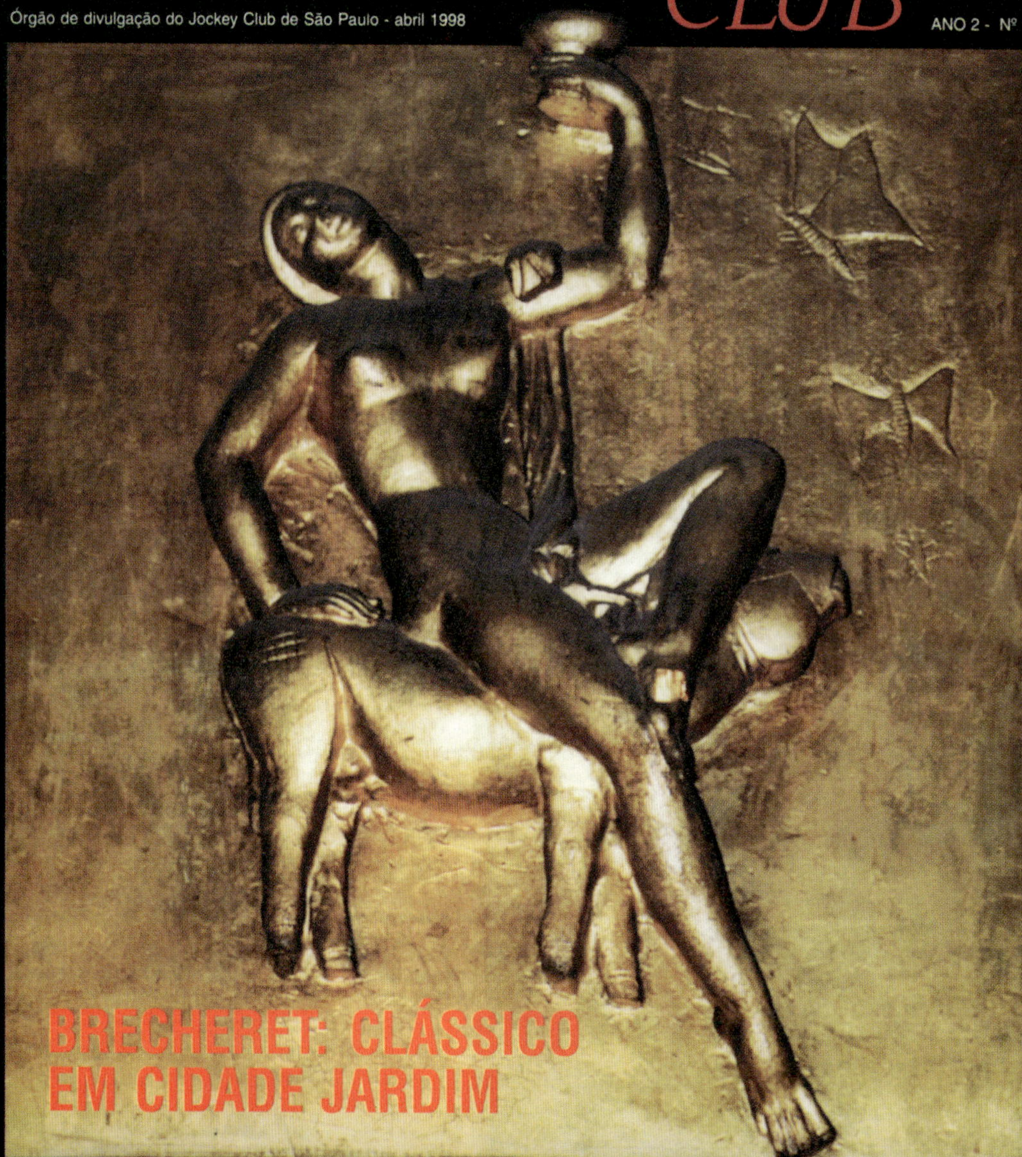

BRECHERET: CLÁSSICO EM CIDADE JARDIM

Foto: Julio Vilela

VICTOR BRECHERET

Esculturas

PALÁCIO DO ITAMARATY
Brasília

FAAP
Fundação Armando Álvares Penteado

O ESTADO DO PARANÁ

ALMANAQUE

CURITIBA, DOMINGO, 1 DE AGOSTO DE 1999

Admiráveis esculturas de Brecheret

☐ *Exposição envolve várias fases do escultor, um dos mestres do modernismo.*

O Memorial de Curitiba recebe na próxima quinta-feira, quando abre ao público, uma exposição inédita de obras de Victor Brecheret, escultor paulista que viveu até meados deste século e um dos participantes ativos do movimento modernista brasileiro. É ele o autor do famoso "Monumento às Bandeiras", existente em São Paulo. Chegam a Curitiba vinte esculturas, em diversos materiais e de todas as fases de sua produção, pertencentes à coleção de sua filha, Sandra Brecheret Pellegrini.

"A mostra é uma oportunidade muito especial para conhecer mais de perto a trajetória profícua de um artista de técnica impecável", afirma a presidente da Fundação Cultural de Curitiba, Margarita Sansone, lembrando que os trabalhos trazidos de São Paulo vêm fazer companhia à obra "Tocadora de Guitarra", também de Brecheret, e adquirida para a Coleção dos 300 Anos da cidade pelo então prefeito Rafael Greca. "Curitiba recebe a obra magistral e sensível de um dos mestres do Modernismo", completa.

Poucas capitais foram agraciadas com uma mostra completa do artista, segundo Sandra Brecheret, que cuidou de escolher pessoalmente as peças dessa exposição. Além de São Paulo, onde seus trabalhos estão espalhados por vários museus, somente o Rio de Janeiro e Brasília tinham visto esta coleção.

"Selecionei o que temos de melhor, para realmente encantar o público curitibano", garante. São bailarianas, mulheres, anjos e madonas em mármore, bronze e terracota.

Embora participante e responsável pelos movimentos de maior importância no contexto do Brasil de sua época, Victor Brecheret foi um escultor de formação clássica. Estudou na Itália e na França, onde viveu duas décadas em contato com grandes artistas internacionais (de 1913 a 1936). Sua produção no Brasil se deu principalmente a partir dos anos 30, período bastante fértil em criatividade e produção.

Seu trabalho ficou imortalizado por meio de criações que ocupam diversos espaços urbanos. Além do "Monumento às Bandeiras", fez o "Monumento a Caxias", esculpiu o "Fauno Depois do Banho" (no Largo do Arouche), a fachada do Jockey Clube, os baixos-relevos do antigo "Moinho Santista", todos em São Paulo.

Em 1951, foi o vencedor da primeira Bienal Internacional de São Paulo, com a obra "O Índio e a Suassuapara", cujo exemplar em bronze se encontra no "Middelheim Museu", na Antuérpia, Bélgica. "Este trabalho e os demais expostos naquela Bienal apresentam uma visão do artista no mundo abstrato cuja concepção ainda hoje é extremamente moderna e um marco pioneiro na escultura contemporânea brasileira", descreve Sandra Brecheret.

Victor Brecheret nasceu em São Paulo, em 22 de fevereiro de 1894.

Aos 22 anos de idade, obteve o primeiro prêmio na Exposição de Belas Artes de Roma, na Itália, com a escultura "Despertar". Teve participação fundamental na Semana de Arte Moderna de 1922, ao lado de Di Cavalcanti, Oswald de Andrade e Helios Seelinger. Participou de salões internacionais e obteve premiações no Brasil e no exterior.

Em 1934, o governo francês adquiriu a escultura "O Grupo" e concedeu a Brecheret a "Cruz da Legião de Honra", a título de Belas Artes. Em Brasília, no Ministério da Educação e Cultura, também estão esculturas do artista, com destaque para Banho de Sol, Depois do Banho, Morena e Bartira.

Brecheret faleceu em São Paulo, em 17 de dezembro de 1955.

***

A exposição fica no Memorial de Curitiba, no Largo da Ordem, de 5 de agosto (vernissage às 19h), a 19 de setembro. Visitação de terça a sexta das 9 às 19h e aos sábados e domingos das 9 às 15h. Entrada franca.

Exposição no Memorial de Curitiba, PR, 1999

REPUBLICA DOS ESTADOS UNIDOS DO BRASIL

ESTADO DE S. PAULO — COMARCA DA CAPITAL

Palacio da Justiça

Mandado

O Doutor Renato de Toledo e Silva
Juiz de Direito da primeira Vara de Orphams, Ausentes e Provedoria desta Comarca da Capital do Estado de S.Paulo

MANDA.

ao Official do Registro Civil do Districto do Jardim Amarica, desta Capital, que faça o registro do nascimento de VICTOR BRECHERET, nascido a vinte e dois (22) de Fevereiro de mil oitocentos e noventa e quatro (1894), á Av. Rebouças, desta Capital, filho legitimo de Augusto Brecheret e de D.Paulina Nanni Brecheret e neto: Pelo lado paterno de Pedro Brecheret e D. Annunziata Silvestre Brecheret; e pelo lado materno de Augusto Nanni e D. Maria Tacconi Nanni, devendo pelo interessado Victor Brecheret ser paga, na fórma da lei, a multa de vinte mil reis (20$000). CUMPRA-SE. São Paulo, 14 de Agosto de 1930. Eu, Sebastião [illegible], escrevi e subscrevi.

CUSTAS EMOLUMENTOS
CERTIDÃO
Ao Oficial R$ 8,51
A Cart. Prev. R$ 1,70
Total R$ 10,21
Guia n.º 129/99
Recebido

CERTIDAO

Certifico e dou fé que, a presente cópia reprográfica, foi extraida nesta Serventia, do original aqui arquivado.

Registro Civil do Vigésimo Subdistrito Jardim América - Capital - SP, treze de julho de mil novecentos e noventa e nove.

REGISTRO CIVIL DO JARDIM AMÉRICA
RUA TEODORO SAMPAIO, 1121 - SÃO PAULO / SP
CEP 05405-100 - PABX 881-9388
NIVALDO LUIZ FERREIRA
Escrevente Substituto Designado

Republica dos Estados Unidos do Brasil

ESTADO DE S. PAULO

Municipio de São Paulo

Comarca de São Paulo

Districto de Jardim America

Certidão de Nascimento

CERTIFICO que no livro numero 6 de registro de nascimentos deste districto a folhas numero 248 sob o termo numero 834, consta o de Victor Brecheret do sexo masculino de côr branca nascida em 22 de Fevereiro de 1894, neste districto a Avenida Rebouças as 15 horas solteiro, filho legitimo de Augusto Brecheret, fal.do e de Dona Paulina Nanni Brecheret, fal.da naturaes da Italia profissão — casados — e residentes — neto paterno de Pedro Brecheret e de Dona Annunciata Silvestre Brecheret e materno de Augusto Nanni e de Dona Maria Taconi Nanni.

Foram testemunhas da declaração Vicente Varca e Antonio da Silva e declarante Hugo Nanni.

O referido é verdade e dou fé.

Cartorio de Paz de Jardim America

26 de Agosto de 1930.

O Official do Registro Civil, subst.

Luiz Borges Netto

Typ. Camargo – São Carlos